除了野蛮国家，整个世界都被书统治着。

司母戊工作室

Indelible Ink

永不消逝的墨迹

美国曾格案始末

[美]理查德·克鲁格（Richard Kluger）著

杨靖 殷红伶 译

人民东方出版传媒

东方出版社

图书在版编目（CIP）数据

永不消逝的墨迹：美国曾格案始末 /（美）理查德·克鲁格著；
杨靖，殷红伶译. — 北京：东方出版社，2018.6
书名原文：Indelible Ink: The Trials of John Peter Zenger and the Birth
of America's Free Press
ISBN 978-7-5207-0379-6

Ⅰ.①永… Ⅱ.①理… ②杨… ③殷… Ⅲ.①言论自由—研究—美国
Ⅳ.① D771.209

中国版本图书馆 CIP 数据核字（2018）第 142329 号

版权合同登记号：01-2018-2907

永不消逝的墨迹：美国曾格案始末
（ YONGBUXIAOSHI DE MOJI: MEIGUO ZENGGEAN SHIMO ）

作　　者：（美）理查德·克鲁格
译　　者：杨　靖　殷红伶
责任编辑：黄珊珊　葛　畅
出　　版：东方出版社
发　　行：人民东方出版传媒有限公司
地　　址：北京市东城区东四十条 113 号
邮政编码：100007
印　　刷：北京联兴盛业印刷股份有限公司
版　　次：2018 年 11 月第 1 版
印　　次：2018 年 11 月第 1 次印刷
开　　本：640 毫米 ×950 毫米　1/16
印　　张：23.75
字　　数：300 千字
书　　号：ISBN 978-7-5207-0379-6
定　　价：68.00 元
发行电话：（010）85924663　85924644　85924641

在细致研究的基础之上，克鲁格展示出高超的叙事技巧，这一技巧使得全文活泼生动，同时也赋予全文一种精妙的平衡感——既尊崇该国新闻自由的核心理念，又没有过分美化其先驱人物。

——比尔·凯勒《纽约时报书评》

简明而生动……克鲁格所摘录的《周报》中最具讽刺性的段落读来饶有趣味……克鲁格对《周报》中莫里斯和亚历山大所运用的修辞策略的分析也非常精彩，引人入胜。

——《洛杉矶书评》

这部文笔流畅、研究透彻的著作非常及时，它提醒美国民众：不存在一成不变或不可变更的权利。

——詹姆斯·施罗德《华盛顿时报》

讴歌新闻自由的伟大力量……一部向曾格案致敬的杰作：反对新闻审查，反对公权报复。

——《出版人周刊》星级评论

我们都知道塞勒姆女巫审判，但你可能不知道十八世纪的这场审判，堪称元审判。想象一下汉密尔顿与约翰·格里沙姆交锋的场景。正因为书中描述的颇具爆炸性的内容，我们才有了第一修正案和美国革命。

——布拉德·索尔《今日秀》

一个接一个惊心动魄的事件，读者追随曾格的足迹，直至他以诽谤罪被判入狱——1735 年，一个热爱自由的陪审团宣判他无罪开释，这清楚地表明美国人的信念：即自由的媒体可以防范滥用公权。这是今天的新闻头条迫切需要的按语。

——《书目杂志》星级评论

克鲁格提出今天仍能激起反响的一个重要问题……这部启迪人心的叙事作品值得每个人阅读。

——《图书馆杂志》星级评论

触动人心，发人深省……一本适合所有人阅读的美国历史书籍，但律师和记者将会特别喜欢。

——Kirkus 评论

在维基泄密和斯诺登事件背后，在关于新闻自由的所有现代理念的背后，是纽约殖民地当局对一位德裔美国印刷商的审判。理查德·克鲁格对曾格案的描述见解深刻，细节完备，丝丝入扣。

——萧拉瑟《世界中心的岛屿》作者

《永不消逝的墨迹》是一份胜利宣言……关于曾格案的全新视角，令人信服。我发现自己陶醉其间，完全赞同他的观点和发现。这本书写得精彩绝伦。

——斯坦利·N.卡茨《纽卡斯尔的纽约：英美政治，1723-1753》作者，普林斯顿大学艺术文化中心主任

Contents | 目录

作者附记

为了便于阅读，本书从历史文献中节选的材料，作者对拼写及标点已做相应改动。原文中出于文字简约原则所做的省略，则据其原意补全并以括号标记。总之，一切以遵从原文之意为最高宗旨。

自由的根本

1941 年年初，在史无前例（也无来者）地三度连任美国总统两个月后，富兰克林·D. 罗斯福对国会发表了第九个国情咨文报告。这次被称为"四大自由"的讲话是第二次世界大战在欧洲引爆的十六个月后发表的，被许多历史学家称为罗斯福最令人难忘的演讲。尽管罗斯福宣称将竭尽所能使美国远离这一全球性的灾难，但 1941 年 1 月的演讲却明确无误地表明了美国加入反对极权专制斗争的立场，因为极权专制侵害了美国人政治信念中关于权利和自由的核心价值观。

总统说："未来的岁月，我们将确保人们生活在奠基于四大自由的世界。首先是言论和表达的自由——在世界各地。"他列举的其余三个分别是宗教信仰自由，免于匮乏的自由，以及免于恐惧的自由。正如林肯的葛底斯堡演讲倡导普世平等和民主长存的政治信念，无须担惊受怕、自由表达思想是美国人与生俱来的最为迫切的价值诉求——这一点不言自明。这一自由一旦丧失，必定殃及其余。

在政治犬儒主义盛行、维护社会正义显得刺耳的当下，人们不禁要问：美国人为何要多管闲事？答案只有一点：罗斯福四大自由的首要一条神圣不容侵犯。言论和书写的自由难道不是亘古长存，经得起任何挑战的吗？难道世上还有比言论自由更紧迫、更重要的事情？美国人目前面临着日益增长的贫富分化的鸿沟，社会群体也裂变为激情似火与麻木不仁两大类别，我们珍贵的民主政体本身也可能被撕裂，但遗憾的是，我们的公共话语却满怀怨愤，不仅没有试图修复这一鸿沟，相反却将政府与民众对立，使之功能失调，变得离题万里。但处于当今形势下，外有极端组织，内有暴力冲突，人们的恐惧与焦虑与日俱增，幻想我们的自由不加以精心呵护便能自带免疫功能，这样的想法未免过于天真。

假如我们留意的话，会注意到一些迹象，那就是美国的新闻自由或平常所说的媒体自由，近来有被污名化的趋势，而记者或媒体从业者，其群体价值更是被严重低估。自 20 世纪 70 年代延续至今的盖洛普民意调查要求公众就各个职业的诚信度及道德标准进行排名。2012—2014 年度，护士职业高居榜首，有 80% 的受访者给出"好"和"相当好"的评价。排名其次的是工程师，好评率 70%；然后是内科医生、牙医和药剂师，好评率在 63%—65%；各个层次的教师，平均 57%；45% 左右的则包括教士、法官、殡葬师和会计等职业。比他们更低的是汽车修理工（29%）和建筑承包商（26%）。然后才是记者，好评率仅有 24%——与 1976 年的 33% 相比下降近 10 个百分点。唯一能令人稍感欣慰的是，毕竟这一排名比传统意义上的"垫底者"们，如银行家（23%）、律师（21%）、商界领袖（17%）、保险推销员（15%）、汽车推销员（8%）以及政界说客（5%），要略高一些。

上述数据很可能被捍卫新闻自由的斗士所忽略，因为它不够精准，缺乏稳定性，或由于政治偏见而受曲解，但这样的疏忽相当危险，因为这些数字表明了美国人对现状的不满。新闻自由，在托马斯·杰斐逊于 1787 年写给弗吉尼亚友人的信中被赞誉为最根本的自由："政府的存在是为表达人民的意志，这是确定不移的首要目标；要是由我来决定是要没有报纸的政府，还是没有政府的报纸，我将毫不犹豫地选择后者。但同时我也会让每个人都有报纸可读，并且有能力阅读。"

作为一名历史学者，杰斐逊深知专制政权会习惯性地掩饰其过恶——除了媒体，人民对此一无所知，又如何知晓是应该维护这一政权，还是在必要的时候通过暴力将其推翻？杰斐逊相信，只有保持选民的信息渠道通畅——哪怕有时信息会被一厢情愿地或别有用心地歪曲——才能造就美国民主的繁荣而不致沦为暴政的牺牲品。四年以后，他的信念广受认同，有关"权利宣言"的第一修正案在国会获得通过。

当然，切不可将这一人类编年史上带有启蒙性质的政治创新，误读成是出于美国人对媒体的普遍好感。事实上，从合众国诞生之日起，报刊媒体的评论无论何等刚毅果敢，从未能逃过权贵的抨击——他们怀疑，媒体通过不断揭露与抗议，足以对现行体制和主流价值观构成威胁。其中的部分原因，显然是由于媒体自身参与党争，造谣构陷，以致自贬身价；杰斐逊本人在他政治生涯的绝大部分时间里一直深受其害，因此在前引的"言论自由颂"发表二十年后，即在他总统任期的第六个年头，又对另一位友人大吐苦水："报上所登载的全不可信。刊登即是受污染，连真相也会变得可疑。"

反过来说，美国媒体似乎也不必为此而自责。美国早期新闻记者揭发各种社会不公和丑陋现象——银行的恶意欺诈、奴隶制惨无人道、政府的结党营私、收受贿赂、教会人士招摇撞骗、帝国主义的垄断、劳工遭受剥削、公司高管瞒天过海等，不一而足——促使民粹派在印刷术普及、人人可得报纸而读之的前提下倡言社会改革。但作为坏消息的病原携带者，记者职业往往会引发恨乌及屋的情感反弹，这也是记者的职业病（以及工资微薄、酗酒成瘾）。因此，长期以来，公众对媒体人的态度一直模棱两可。表现最好的时候，他们被视为公德和私利忠实的看门人——消息灵通，无私无畏，不仅彰显人类的伟业，也洞烛人性的幽冥。而在表现不佳的时候，他们则饱受攻击，被视为口若悬河、恶意毁谤、谣言惑众的伪艺术家，是自封的权贵的乏走狗。

假如盖洛普的调查结果真实可信的话，对待媒体人这一种传统的模棱两可的态度，在最近几十年间不知何故更升级为一种对媒体穷追猛打的态势。与其说是由于媒体从业人员畏首畏尾、缺乏韧性、文笔枯涩，不如说更由于科学技术的快速全面发展影响了社会集体意识。我们已身处云技术时代，自动编排、数据处理和传输技术使原始信息在数秒钟内便会像病毒一般传播出去，此时其内容的真实性如何，其意义何在，既未经证实，也无人关注。日渐膨胀的新闻素材是五个多世纪以来生物进化的副产品，同时也令我们深受其害——每一台个人电脑、手提电脑、平板电脑以及智能手机界面上自由漂浮的信息，使得人脑不堪负载。要将真正的新闻从众声喧哗和巧妙穿插的广告中甄别出来，显然并非易事，后者宣称如此方能体现新闻的价值，但事实上却不可避免地将原本作为情报人员的记者降格为与之合谋的摊贩。

我们不得不承认美国新闻自由在大踏步后退，但我们依然保有一线希望。正如上文所见，近四分之一世纪以来，美国新闻自由及新闻业由于科技革命的兴起而遭受重创，尤其是传统的纸媒行业。很少有社区订阅超过一份报纸。勉强幸存的纸媒，则不得不忍看其发行量、广告数量及员工人数急剧萎缩，自然也极大影响了新闻的覆盖面和质量，读者则苦不堪言。当然，也会有人争辩说，这一损失可以由电子媒体的介入与快速繁殖而得以弥补。如果用"新闻媒体"来指代今日对公众进行信息轰炸的工具，那无疑是指代谬误。"纯净派"攻击电视与网络的新闻报道质量参差不齐，极其无聊，甚至近乎愚蠢，但在纸媒的全盛时期情形同样如此。

无可否认，电子媒体也有其缺点。总体而言，地方台电视节目对本地新闻的报道乏善可陈，为迎合观众喜好，内容往往局限于凶杀案报道和天气预报——对着一堆谁也不懂的云图说上半天；而对于市政府的施政方针及其他事项，一向很少有人加以关注和探究。网络电视新闻则充斥各类广告，尽管它也试图报道一些重大事件，但播出的节目大多是浮光掠影，缺乏深度，仅仅是为追求视觉效果。早间节目更接近于头条新闻、坊谈巷议、脱口秀以及娱乐八卦的大杂烩。而晚间"半小时"节目（有整整十八分钟没有插播任何广告）则类似于先锋新闻主持人约翰·卡梅伦·斯韦兹所说的"头条剪辑"——从当天的重大新闻中选取一两分钟的素材（最长不超过三分钟）进行加工。每周日的早间"新闻聚焦"会有一些爆料，但许多时候不过是为那些渴望出镜的政客提供秀场，并不能获取他们内心的真实想法。公共广播公司（PBS）的"夜新闻时段"相比于其他新闻类节目挖掘更深，视野更为开阔，但是由于经费预算有限，访谈类节目尽是面部特写，令人昏昏欲睡。周五晚的老牌新闻节目"华盛顿周"简讯，内容上乘，可惜时间太短；扼要的分析被一带而过，更多的时间却浪费在简讯上。该公司长达数小时的纪录片《前线》（《Frontline》），尽管选材有点刁钻古怪，但论及信息量的广度与深度却是无人能比。

　　有线电视本应是新闻自由内涵的有益延伸，但作为一个经济实体，它又不能不做出抉择：或者像美国有线电视新闻网（CNN）那样不持任何党派立场，不偏不倚，哪怕观点相左的新闻报道也同等对待；或者像福克斯新闻（Fox News）以及微软全国广播公司节目（MSNBC）那样，效忠于某个政治派别，为宣传自家的主张不遗余力。美国有线电视新闻网是全天候出勤，堪称工作认真、恪尽职守，但新闻的锐度不够，因此每周七天、每天二十四小时的滚动播出应为专题报道所取代。有线电视行业有两位另类人物，其中之一是有线电视新闻网的法里德·扎卡赖亚，他的新闻分析鞭辟入里、咄咄逼人；还有一位是自称自由主义者的蕾切尔·玛多，她对针对大公司的深度调查不时加以抨击、冷嘲热讽。私家电台广播里的谈话节目，照理也应该归于全民言论自由的范畴，很可惜它们却算不上是新闻。它们的主要目的与其说是启人心智，不如说是封闭心灵。公共广播则与此相反：别人忽略的素材，它却深挖猛打、穷追不舍，并因此而备受赞誉。

当今新闻报道和言论自由传播最显著的变化体现在互联网上。网络上的各种信息往往是松散的报道，未经剪裁，甚至其源头也未加证实，但其中也有一些——特别是通过所谓网络大 V 的博客发布的内容——即使与传统媒体精心裁剪的新闻调查相比也毫不逊色，某种程度上也弥补了其不足。富于想象力的人才开始创建诸如石板（Slate）、政客新闻网（Politico）、沙龙（Salon）、嗡嗡喂（BuzzFeed），甚至德拉吉报道（Drudge Report）之类的网络杂志，收获大量点击率，尽管其创办人的门户之见与党派主张一望可知。

所有这一切都表明美国的言论自由（这一历史悠久的称谓）仍然极具生命力，尽管时常受到强权的威压——以人民利益的名义，以国家安全的名义，其实质不过是为工商业大亨的利益。一些批评者出于善意，就某些特定的事例归纳出美国言论自由衰退的结论，然而却漫不经心地忽略了当下信息（其中包括批评美国的言论）自由流动的滚滚潮流。事实上，当下媒体制作的新闻，几乎不受任何利益团体的左右（虽然偶尔会被嘲弄）。美国仍是当今世上言论自由最具活力的地方。

当然，在关涉自由的问题上，盲目自大显然不合时宜。时至今日，在许多国家和地区，媒体追踪报道政府行为并阻止其恶意冲动的职责受到当局的破坏和阻挠，美国也不例外——正如某些官员宣称的，为了子虚乌有的恐怖主义和颠覆政府的暴乱，他们有权对任何公民进行监听和跟踪——这是他们天然的权力。由此可见，自古登堡印刷术发明以来，在这个纷争日益加剧、矛盾日益激化的星球上，一个有良知的自由媒体的存在，比历史上任何时候都来得重要。至少，通过无畏地运用法律赋予的最基本的言论自由权，要求美国政府为它的行为负责，其价值和意义绝不下于当初这一基本权利的创制和确立——那是在18世纪30年代中期，距美国立国尚有四十年时间，地点在纽约市。承担这一职责的工匠名叫约翰·彼得·曾格，尽管他和他所印刷的文字在当时对大英帝国毫发无损，但直到今天仍为人们纪念。他们值得被纪念。《永不消逝的墨迹》讲的就是他们的故事。

理查德·克鲁格

Chapter. 01 | 第一章

危险的生意

A Perilous Trade

一

约翰·彼得·曾格（John Peter Zenger）在成年时便已声名远扬，他在纽约殖民地一个生气蓬勃的小海港城市里备受赞誉。这个海港城市位于英属北美最大港口的顶端，无论是在小镇铺满鹅卵石的街道、车道、蜿蜒的小巷，还是在喧闹的酒馆、烟雾缭绕的咖啡馆里，或是在那座历史悠久的荷兰归正教堂——这个他有时会在安息日表演口风琴的地方，抑或是在印刷店附近码头工人和牡蛎渔民劳作地，在嘈杂拥挤的露天市场，在殖民地官员和城市官员协同管辖庄严的市政厅里，几乎每个人都知道曾格，即使他同该殖民地唯一的印刷商相比还稍显逊色。

人生的最后十三年里，他的名字经常出现在一份长达四页的报纸上。曾格每周一发行此报，前两年间，内容多是写给曾格的书信，事实上，大部分书信出自殖民地少数天资聪颖又富于权势者之手，他们不想泄露身份，也不想因贬低皇家当局而遭到迫害。尽管他很希望别人谈论他的相貌、个性、品格、学历、信仰以及家人（但家人的名字和年龄除外），或者谈论他是怎样开始出版期刊，如何由此为新大陆的新闻自由迎来了黎明的曙光，然而，后人对曾格知之甚少。曾格发行的每期报纸的原稿，外加一份关于曾格审判的实录存留了下来，它们成为美国法学史上的一座丰碑，至今仍被人们铭刻于心。这些文件和其他一些档案材料让他的故事得以重现。也许曾格本人并不是这段故事中最为精彩的一部分，但当时除他之外，很少有人愿意或敢于支持以下主张——言论自由是不可剥夺的天赋人权。

基于种种逸事和少许书面证据，一开始，我们可以这样说：

1697 年，曾格出生在巴拉丁领地一个叫兰巴赫的村子里[1]，该领地位于德国西南部莱茵河沿岸，由部分诸侯国领地与公爵领地松散地结合在一起。这些诸侯国和公爵领地曾隶属于神圣罗马帝国，但因宗教改革，大部分地区已经脱离天主教。在野心勃勃的法国国王侵占之前，该地就好似人间乐园一般，土壤肥沃，乡村富饶，城镇繁荣。

法王路易十四统治着欧洲人口最多的国家，军事实力雄厚。他一边着手重建 9 世纪前查理曼大帝开拓的法国疆域，一边又力图恢复一个完全由太阳王（即路易十四本人）统治并信奉天主教的神圣罗马帝国。自 1673 年起，四十年来，法国军队一直寻衅企图扩大其东部边界以期在新大陆建立帝国，并且为争夺全球海上霸权不断向西班牙、英国以及荷兰发起挑战。与战乱的欧洲其他地方相比，巴拉丁领地遭受的破坏最为严重：敌军没完没了地对其发起地面进攻和炮击，甚至肉搏战，导致人员伤亡惨重。掠夺成性的法国军队摧毁城镇，践踏农田，强行在被占领的地区征收粮食和生活用品，还在信奉新教的莱茵兰地区实行宗教迫害（那是信奉天主教的国王最喜欢的一项消遣活动），由此导致经济衰微、饿殍遍野。西班牙王位空置时，路易十四变得愈发好战——此时适逢西班牙各方势力在王位继承顺序上争执不断，路易十四便借机安排自己的一个孙子安茹公爵腓力遥领西班牙国王，以此谋求控制其邻居伊比利亚并掠夺它丰富的海外资产。此举也将形成一个受法国掌控的天主教大国，其范围遍及西属尼德兰（大致位于现在的比利时）以及德国境内所谓的路易十四军队所能占领的任何地区。为消除这种受欧洲大陆控制的威胁，惊慌的英国新政府和欧洲一些国家形成了强有力的联盟。这些国家包括荷兰、哈布斯堡家族统治下的奥地利、普鲁士以及位于意大利西北部的萨瓦——另一个身临险境的法国邻邦。随后的 1702 年——彼得·曾格 5 岁时，西班牙王位继承战争爆发，大批军队投入这场惨无人道、持续了十数年的血腥战争之中。大不列颠的元帅约翰·丘吉尔（John Churchill），这位不朽的英雄，人们多称其为马尔伯勒公爵，可以说他的存在很大程度上直接粉碎了路易十四的美梦。由此，法国在欧洲实行的军事冒险主义被遏制长达百年，英国当之无愧地赢得了加拿大最东端领土以及直布罗陀海峡和米诺卡岛的军事基地，英国皇家海军也获得地中海区域的交通控制权。与此同时，路易十四被迫接受了议会继承法案，该法确保布里塔尼亚绝不再受天主教徒统治。

巴拉丁领地的情况更是不容乐观。除了蒙受战争的破坏外，该地还遭受着重重磨难——寒风刺骨，农作物歉收，人们忍饥挨饿，贫病交加。尽管没有现存的资料让我们了解彼得·曾格的童年生活，但有位由一家位于华盛顿的德国历史研究所资助的学者曾写道：彼得·曾格在尼古劳斯和乔安娜·曾格的四个孩子中排行老大，他的父亲是兰巴赫村的校长，该村靠近法国最东端延伸区。不管他的父亲姓甚名谁，也不论这户人家所住何处，我们可以大胆地说，只要战争还在持续，曾格一家一如他们的邻居，仍旧要过着饥饿、绝望无助的生活。1709年，战争结束前，一则幸运的消息传到了可怜的巴拉丁人耳中。据说这一不确切的消息来自英格兰女王。

如果当时就有我们现在所谓的新闻报道，曾格这个五口之家（那时的曾格还有两个年幼的弟妹）或许就能借此获悉将要帮助他们脱离困境的英国国王的只言片语。自一百年前伊丽莎白一世去世后，44岁的安妮女王已经在位执政七年。人们都知道她曾怀孕17次，但1714年她去世时，她和丈夫丹麦乔治亲王并未留下子嗣。对于斯图亚特王朝这个主张极端利己的王朝而言，她是最后一位国王，同时也是最为出类拔萃的一位国王。安妮继承王位仅因姐姐玛丽二世和姐夫威廉三世死后无嗣。尽管安妮继位时国家一片祥和，日益繁荣，但她执政的前景并不明朗。她不像伊丽莎白女王那样足智多谋，能够掌控胸有城府却对女性统治者缺少尊重的大臣和政客。此外，她相貌平平又威严不足，受多次流产的影响，身体状况十分糟糕。30岁起，她就饱受痛风、狼疮、糖尿病等病痛折磨。年复一年，她愈发肥胖，因为病痛，难以自由活动，只能依靠轮椅或者推车活动。然而，她并不愚笨，作为君主，她异常勤奋，时刻关注着国家大事。她明白王室有必要和新的议会势力周旋。她很聪明地向马尔伯勒公爵寻求帮助，并幸运地得到了他的支持。马尔伯勒公爵是一名颇受英国人民爱戴的军人和政治家。对安妮来说，是否能够在执政期间取得这场艰难持久战的胜利，打败才华横溢却性情残暴的国王路易十四，马尔伯勒公爵的谋略至关重要。在其任期内，她组织领导了联合行动，实现英格兰和爱尔兰两国的统一，从此统称为大不列颠王国。于是，臣民们都称她为"贤明"安妮女王。

1709—1710年，安妮女王对身处困境中的德国巴拉丁人表示同情，表现出其最为仁慈的一面。她向1.3万名战争受难者发出邀请，让他们即使在连天战火中也要想方设法进入荷兰，然后穿越海峡到达避难地；她也希望这些难民在英国能够恢复以往的生活。除此之外，巴拉丁人还了解到，安妮女王承诺，无论他们是选择留在英国还是免费移民到海外，都将会得到工作安排。要知道，若是他们远赴美洲，每人至少要花费10英镑，这对于像曾格这样一贫如洗的家庭来说，确实是一笔不小的开支。在英国殖民地，劳动力供不应求，因此工人们宁愿放弃人身自由，签订长达八年的服务契约——作为回报，服务期满后他们将获得50亩田地（在少数情况下，平均每人都能获得50亩田地）、家居用品和生活用品等，也将重获自由。

但可以肯定的是，安妮女王的仁慈之举并非完全大公无私。尽管她早就知道这些德国难民不同于早期来自法国、荷兰和佛兰德斯的移民——英国欢迎那些因反对本国宗教而来到英国的早期移民，他们中既有技艺娴熟的中产阶级工匠、技工，也有博学多才的文员，而巴拉丁人大多只是受过一点基本教育的乡下农民罢了——但英国需要拥有强健体魄的新移民。英国人口仅相当于法国人口的三分之一，出于军事需求，大批青年男性又应征入伍。为了增加国民数量、增强国民身体素质，德国劳动力的涌入也许会对其有所助益。与此同时，这些身强体壮、勤奋刻苦的劳动力也可能促进工业革命的兴起。如果仍有剩余的巴拉丁人，他们会被送到美洲，从事伐树开荒、建立定居地的工作，从而为英国积累物质财富。

巴拉丁人很快就发现，此番设想与现实大不相符。1709 年下半年，曾格一行前往阿姆斯特丹，途中没有获得任何能够宽慰他们的生活设施。在阿姆斯特丹，他们和那些毫无怨言的同胞们一样，纷纷为远离地狱般的战争区而兴奋不已。与此同时，他们又翘首期盼地等待着救济。最终，当他们到达英格兰时，这些移民便发现，即便是出于善意，政府也不能妥善解决如此大规模的人口流入问题。仅是解决伦敦郊区那些住在帐篷里的巴拉丁人的温饱住宿问题，所需花费就远超预期。此外，由于语言差异、文化差异、新移民的健康消耗以及当地人民毫不掩饰的排外心理等原因，将他们送到急需劳动力的爱尔兰或英国偏远地区也会带来诸多麻烦。

没有任何关于曾格他们家住何处或是从事何种劳动的记录，但若有的话，多半也是这样记录的：曾格一家最初是在英国劳动，到了次年春天，他们打算赌一赌运气，接受政府的帮助，免费去到美洲，但必须为那些对他们的生活给予帮助的人提供长期服务。我们仅能想象的是，1710 年春，共有十艘船搭载着 2200 名巴拉丁人去往纽约殖民地，曾格一家登上其中一艘时就悲哀地发现这是一次多灾多难的跨大西洋航行[2]，欣慰、希望和恐惧交织在一起，涌上孩子们的心头——13 岁的彼得，他 10 岁的妹妹安娜以及 7 岁的弟弟乔纳斯。纽约新一任总督罗伯特·亨特（Robert Hunter），这位颇受王室青睐的官员，正于同一时间穿越大西洋抵达这里，这一消息可能会让移民们得到些许宽慰。尽管亨特不在那些拥挤的船上，但他仍敦促有关部门为巴拉丁人制订计划，并承诺会保护德国移民。他们一旦平安到岸，就会帮助他们有条不紊地安置新家。

与曾格一家和那些流离失所的乡下人相比较而言，新任总督在船上享受着更为舒适的住宿条件，这一点不足为奇。曾格他们所在的船只狭小拥挤，饭菜粗糙，卫生条件更是差得让人咋舌。大多时候，因天气恶劣，他们不得不待在令人窒息的甲板下——无疑，所有这些因素都加剧了疾病在乘客间的蔓延。随后，作为善意之举，亨特总督向伦敦发回报告，称此次航行夺去了 470 名巴拉丁人的生命，船上每五名乘客中就有一名病故。从登陆记录来看，几乎可以肯定的是，死者中便有曾格的父亲，因为其母亲乔安娜将自己作为一名寡妇列在登陆名单里。

这个悲伤的家庭失去了顶梁柱。如今，当那艘命途多舛的船只在六月中旬的某一天驶进了纽约港海峡时，在这片陌生的土地上，为了能够应对生活中的突发状况，他们不得不怀着沉重的心情环顾着周围的一切。一百年前，一位英国船长首次发现了这个地方；一百年后，这个德国小伙子和他的家人也来到了这里。

二

纽约殖民地和英国其他十二个殖民地相比起来，在某些方面截然不同：除纽约外，其他殖民地均由英国人建立。作为通往浩瀚内地的必经之路，这座岛屿的海港比其他海港吸引了更多各式各样的定居者。而其他十二个殖民地主要吸引一些志同道合的宗教人士，例如保皇党圣公会教徒在弗吉尼亚很受欢迎，清教徒涌向马萨诸塞，长老派成员去往新泽西，贵格会教徒迁居宾夕法尼亚，天主教徒则前往马里兰。但纽约欢迎所有来自不同民族、不同种族、拥有不同宗教信仰和文化特色的移民——这也预示了当今时代所谓融合各国人民的美国大熔炉的形成。当然，这种融合也给纽约带来了压力和冲突。然而，纽约人口的多元化可以追溯到荷兰人建立纽约之时，与其他殖民地相比，这种多元化促使纽约的商业、社会和公民间交流更富活力，也更具包容性。终有一天，纽约首府也将因此成为美洲首个以印刷出版形式公开表达政治不满的地方。

首先，纽约的地理位置得天独厚。其他殖民地都没有像纽约一样拥有如此宽广幽深、源远流长的海港。1610 年，亨利·哈德逊（Henry Hudson）乘坐一艘悬挂着荷兰国旗的航船来到此地时，便请求其赞助人将此地变为新荷兰。而以他名字命名的那条河流可自北航行 150 英里，流经土壤肥沃地势起伏的山谷，河流上游同与之等长的莫霍克河支流相连。莫霍克河自西流向五大湖区，流经一块无边无际人间仙境般的内陆腹地。纽约还有另一个无与伦比的地理优势，那便是地势低洼且宜于耕作的长岛。长岛自纽约港向东绵延 120 英里，是一个巨大沉降弧形基底，该基底从曼哈顿岛——一个即将成形的大型港口中心中转站的南部顶端向四周扩散。荷兰人将此地命名为新阿姆斯特丹。

荷兰人占领了这块富饶的领土，其他欧洲人却还未染指此地，就连英国的探险家们也没能占领这块广阔楔形区域的东北部和南部。1624 年，荷兰官方将新阿姆斯特丹划定为一个殖民地。而他们的目的，与其说是通过建立一个能持久欣欣向荣的殖民地来彰显获得它带来了多么巨大的荣耀，不如说是为了成立一家国家商业银行分支机构，以便能够同英格兰和其他信奉新教的航海大国以及当时两大天主教国家——法国和西班牙进行贸易竞争。到此时为止，同这几个对手相比，荷兰虽然实力较弱却财力雄厚。17 世纪的多数时候，荷兰都是欧洲的银行和商业中心，文化发展也空前繁荣。当不列颠群岛深陷宗教和政治分裂的困境，无法吸收到海外资源之时，荷兰却吸纳了很多非正统的宗教、哲学和科学思想。英国在美洲海岸和加勒比海殖民地实行贸易垄断，但仍有不怕事的荷兰货船公然违抗。为此，英国财政部每年要在关税收入上损失数千英镑。对于意图垄断全球商业的英国而言，荷兰共和国变成了它前进路上最大的阻碍。

贪婪的荷兰资产阶级将他们那遍布各处的贸易站从俄罗斯的阿尔汉格尔斯克扩展到巴西的累西腓，又再度延伸到日本的长崎。但在北美殖民地，他们没能发现任何的利润前景，此地既不能长期种植农作物，也不能生产异国香料，更没有其他欧洲竞争者在他们的殖民地上开采到的贵金属。除此之外，当地居民也不愿成为苦役，去开垦新荷兰，使其成为一个农业资源丰富区。荷兰也不能任意招募自己的子民，让他们仅因一次冒险的越洋之旅就离开自己原本舒适繁荣的家园。当然，更为糟糕的是，他们还可能会面临危险，感到不适，缺乏边境生活的所需物资。因此，荷兰政府和荷兰西印度公司都不愿投入足够的人力和物力来建立定居地、开垦周边之地并以此作为荷兰的霸权中心。作为一家阿姆斯特丹商人间的私人合作公司，荷兰西印度公司已获准在殖民地实行贸易垄断。

然而，荷兰人想出了两个权宜之计，希望殖民地居民能完全发挥其潜在价值。海牙政府慷慨地将土地赠送给荷兰人，在某些时候有多至数千亩哈德逊河谷的农田，所以他们愿意赌上自己的未来，带着一份许可状来到国外，像封建地主一样管理他们所获赠的土地。那时，荷兰准许其美洲领土成为少数人的避难之地，这些人包括：遭受迫害的宗教教派成员，诸如路德会教徒、胡格诺教徒、清教徒、贵格会教徒，以及犹太人；政治逃犯（他们可能来自英国、苏格兰或爱尔兰、法国，最常见的也可能来自德国）以及有前科的轻罪犯。来此谋生的所有人都受到了欢迎，他们有的成为工匠、劳工，有的成为契约农场工或佃农，自新阿姆斯特丹向上，分布在哈德逊河谷，远至奥兰治堡（后改名为奥尔巴尼），甚至遍及长岛。不少英国异端者也被吸引而来，他们来自清教思想盛行的新英格兰。

但荷兰没有什么有价值的东西可用于出口，与之相反，在新大陆，法国人大量贩卖毛皮，英国人种植烟草，西班牙人开采黄金白银，而荷兰殖民地人口却增长缓慢，落后于周边的英国殖民地。只有新阿姆斯特丹，拥有各式各样的居民，十分繁荣。但到了17世纪中叶，新阿姆斯特丹也无异于一个衰退的村庄。尽管西印度公司最后一任管理者，彼得·史蒂文森（Peter Stuyvesant）使殖民地重新焕发活力，但在殖民地采取的防御措施仅是让一个瘦骨嶙峋的民兵操纵一枚生锈的大炮。更为重要的是，防御者还缺乏毅力，以抵抗来自英国与日俱增的压力。此时，英国内战以及克伦威尔的独裁统治已经结束，打着精明强干但生活奢靡的查理二世的旗号，新斯图亚特王朝复辟了。1664年，因荷兰阻碍英国向大西洋中部海岸线的扩张，英国皇家海军明目张胆地取代了荷兰对新阿姆斯特丹的统治，这是一次非暴力征服。

与大多数的英国殖民地不同，这个新的殖民地并没有被指定为英国直辖殖民地。英国国王将它赐给了他的弟弟约克公爵詹姆斯，此地也因此被重新命名。因为国王没有授予此地特许状，对其范围内的皇家特权作出明确限制，所以总督与其高级随员便在纽约实行独裁统治。高级随员们计算从伦敦到纽约的空间和时差，以此决定是加紧还是放宽对殖民地居民的控制——他们毫不担心会因此受到责罚。的确，英国人比荷兰人更善于监管控制，荷兰人管理此地就像管理一个企业生活区，并不在此地灌输公共自豪感或沙文主义思想。荷兰的土地所有者允许保留自己的财产，但英国的法律和税收政策也在此迅速实行，所有公职均由英国人掌控，殖民地居民（他们大多不是英国人）对他们的管理形式也没有发言权。这里没有能够宣泄不满的选举大会，也没有新英格兰式的城镇议会。然而，英国的接管并没有演变成专制。驻守在曼哈顿西南端的几百名士兵很少受命去强迫荷兰人服从管制。尽管在表面上，这彰显了英国的威望，但在第一代英王代理（总督）统治期间，纽约境内仍允许荷兰人保留其文化特色。纽约的自耕农和哈德逊河谷具有荷兰血统的大地主仍旧是当地贵族。后来到达美洲的英国移民更愿意在弗吉尼亚、新英格兰地区和宾夕法尼亚定居，因为他们大多数同胞也居住于此。

但文化适应很快就取代了人口分化。尽管英国人和荷兰人性格不同，但就宗教、语言以及贪婪的本能而言，他们却保持高度一致。异族通婚数量增加，来自不同地区、不同种族且拥有不同信仰的移民的稳步增加进一步加剧了殖民地，尤其是纽约殖民地的文化融合。大体上，他们相处融洽，也没有激起新任统治者采用斯图亚特王朝惯有的绝对专制。但这并不意味着纽约就受到了皇家统治者良好公正的管理。

他们并没有严格地遵循规章制度。前两代的殖民地总督大多数是退伍军官或失去家族财产继承资格的小贵族，他们将海外公职视为其对外谋求财富、扩充利益的手段。他们充其量也就是些冷漠无情的管理者，擅长在授予不动产所有权、商业垄断、公职任命这些事情上收受费用、吃拿回扣。一些颇受欢迎的奖赏，他们会赠给自己的朋友、阿谀奉承者以及当地名流。为了未来能够从事土地投机买卖，一些总督成功地请求国王及参事将大片荒地赐予他们或他们的亲戚。任人唯亲的精英主义统治者很少实行勤勉的管理措施或政策，来满足殖民地居民的需求，扩大他们的公民权利。这种松弛、冷漠以及缺少有效管理的现状在总督们的频繁更替中可见一斑：总督的平均任期为三年，其中前后任交接便需要大约十一个月。在英国统治初期，纽约经济和人口增长停滞，但其他殖民地的经济和人口却急剧增长。

查理二世因玩弄女性获得家喻户晓的"快活王"绰号，与斯图亚特王朝的先辈们相比，他更精于谋略，注重实际。他与议会达成一份临时协议，对日益泛滥的皇家特许状进行制约。于是，到了17世纪80年代，纽约殖民地的管理有所改善。国王授予当地居民自由特许和特权，虽然总督有权否决殖民地立法者制定的法规，但两院制议会有权增加税收，修订法律。1685年，约克公爵承袭他哥哥的王位，成为詹姆斯二世，纽约也由此成为皇家财产而非前亲王私有财产。此时，该殖民地的前景却愈发暗淡。为了巩固英国在美洲的领地，詹姆斯二世指定纽约周边地区为刚刚命名的新英格兰领地的一部分，停止召开不久前才成立的议会。当拥有特殊关系的英国新移民在财富和权利上很快超过他们时，大部分殖民地居民尤其是非英国人士，感觉他们自己就像是来自战败区的投降者。然而，国王的痴心妄想也让国内的宁静氛围随即变得愈加紧张。身为天主教徒，他对威仪赫赫的教廷心怀眷念，希望重回罗马教廷的怀抱，从而得以推翻英国法律，剥夺议会来之不易的宪法权利。因失策和固执，詹姆斯二世在位仅三年，之后便逃往法国——居留法国期间，他一直密谋复辟。

1688年是一个重要转折点，所谓的光荣革命恰好避免了新一轮全面内战的爆发。议会代表国家意愿，邀请奥兰治的威廉亲王继承英国王位，威廉亲王既是一位广受荷兰人爱戴的军人政治家，也是詹姆斯二世的长女玛丽的丈夫（玛丽不赞成詹姆斯二世的天主教信仰）。作为条件，玛丽和威廉必须接受权利法案，同意在英国实行君主立宪制，禁止国王干涉法律的实施、干涉下议院的选举、维持常备军；未经议会同意禁止国王征税，并且不得废除人民保留武器的自卫权。威廉三世和玛丽二世上台，国内如释重负，这也预示着，在他们统治的十四年里，国家将不再受到来自宗教、宪法和意识形态上的压力束缚。17 世纪的大多时候，这些压力曾给这个国家带来不安、流血和牺牲。现在，随着两党议会制的出现，允许下议院（尽管它远非一个真正的民主机构）制定国家政策，掌管国家财政，而国王通过枢密院和政府部门（这些部门很快成为国王的内阁）在议会的监督下管理政府，成立政府须协商一致稳步进行。政治不再是一场致命的博弈或有毒的游戏；野心勃勃者不再为了谋求高位而分裂国家，但他们行使权力仍是出于自身利益，获得赞助和社会地位才是其主要目的。

在相对平静的氛围下，英国经历了一场前所未有的社会转型。信用制度、新债务工具增加，商业工业迅速发展。应用科学，尤其是牛顿力学的应用，提高了农业生产力，这反过来促使 18 世纪英国人口急剧增长。艺术领域蓬勃发展，文学方面更为突出。与此同时，英国军队击退法国、西班牙和其他敌国军队，获得了海洋控制权，扩大了其在北美、西印度群岛以及印度的领地。尽管如此，这种蓬勃发展也没能解决下层人民的困境，他们依然一贫如洗、体弱多病、愚昧无知，作为无业阶层——这个占据国家最多人口的阶层——他们在政治上仍居于屈从地位。

三

1710 年夏，贫困的德国人还没进入曼哈顿，纽约市参事会参事就已经得知了一个糟糕的消息：前来的若干巴拉丁移民已在船上感染疾病，不幸身亡。尽管在整个殖民地身强体壮的劳动力供不应求，但这些步履蹒跚的新移民远非身体康健之人，所以即便是有人英勇无畏敢于应对巴特里海港以及英国要塞海港的骚乱困境，当选参事和王室任命的市长也都一致同意要在短距离内对坚果岛（后更名为总督岛）的巴拉丁人实行隔离，直到所有新移民都能得到诊治，城外移民开始康复为止。

小彼得·曾格在美洲的第一个家可能便是那些小木屋中的一所。市参事会要求在海港中心的小岛上迅速建造这些小木屋，毫无疑问，这是安全抵达美洲的亨特总督的要求。他毫不耽搁地履行自己对安妮女王和大臣们的承诺，为德国人提供生计。据市参事会统计，由于周边殖民地的居民垄断小麦买卖，纽约殖民地居民特别是住在城中的居民，食物极度匮乏。在这种情况下，可能是出于亨特的要求，也可能是预料到巴拉丁人民结束隔离后就会面临的困境，市参事会规定，如果当地面包店和食品供应商胡乱提价，或使政府花费更多的财力来解决无力养活自己的难民的温饱问题，他们就会面临惩罚。

亨特接下来便要为巴拉丁人安排工作——他们有的在哈德逊河谷成为庄园和小农场的契约工人；有的在殖民地的北部边境成为砍伐木材、收集松焦油的工人。为了扩充皇家海军的规模，修补那些数量与日俱增、用来执行政府激进商业政策的货船，加之松油树越来越少，故而松焦油在英格兰供不应求。纽约船只贸易是该殖民地的主导产业，从事该贸易的工人以及当地的工匠不希望这些德国移民者和他们争抢饭碗，所以和曾格一起乘船而来的巴拉丁人中，大约仅有350人留在了城里。他们有的穿越海港去了新泽西——与纽约相比，新泽西人口较少，尽管有自己的议会，但为了节省国家行政开支，新泽西仍归亨特管辖，官员也对亨特直接负责。

彼得的母亲乔安娜·曾格，尽管她的家人曾是农民，但因为丈夫不像大多数巴拉丁人那样是种田人，而是当地学校的校长，所以她不愿意和她三个孩子一起被送到农村庄园，像封建农奴一样从事艰苦的农业劳动，也不愿意被送到一个更偏远的地区——在那里，德国男性被雇来伐树，而其家人须组成人墙，对抗那些土著部落，他们有时会威胁这些不受欢迎的白人移民。亨特总督无比兴奋地承诺为巴拉丁成年男孩安排学徒工作，但彼得不可能有太多自主选择雇主的机会。若是不能找到一位平易近人的雇主，那么他就可能会被安排到一位严苛甚至令人讨厌的雇主那里当学徒。如果乔安娜无力抚养另外两个孩子，或他们受到救济院委派之辱，当局就可能从她身边带走这两个孩子，所以乔安娜鼓起勇气，振作起来，迅速察觉出可能在殖民地首府发生的一切，也找到了和孩子们能够在此重振家业，或者说至少可以维持生计的方法。

1710 年，曼哈顿为 6000 人提供了住房，其中大约有 1000 人是奴隶，但是与荷兰首府阿姆斯特丹以及势力遍及各处的英国相比，其数量并不算多。曾格在去往美洲的航程中也途经该地。纽约是个繁忙的地方，曾格很享受滨水沿岸忙碌的景象。在那里，每隔几天就有刚到的货船停泊、卸货、装货。天气晴朗的月份是出航的高峰期，曾格便趁机学习这些货船的运作方式。水手、搬运工、车夫、造船师、缆索工、五金商、修桶匠以及蜡烛制造商在此地供不应求。码头旁的小酒馆、干果店客源稳定；漫长拥挤的街道上，铁匠、木匠和泥瓦匠正忙着修建砖房、小木房。来自周边要塞的士兵与老百姓和谐相处，其乐融融。与此同时，很多当季市政建设工程也开始动工。位于百老汇街的市政厅里精美豪华的圆屋顶亟须修补粉刷，二楼供大小陪审团使用的最高法院会议室也需要增添固定的席位。市政厅的三拱型通道旁，工人们正在建造笼子、颈手枷和鞭笞柱等刑罚工具，用以惩罚不法之徒，更为了满足殖民者的观赏之乐。其他工人正在给这座连接码头和附近住宅区的新桥做最后修整。坐落在百老汇大街的圣三一教堂拥有十二年历史，教区委员们下令在教堂顶部增加一个塔尖。不久后，圣三一教堂就成为该殖民地的最高建筑。

　　无论是在酒馆、咖啡馆、茶馆里，还是在教堂晚餐的餐桌上，抑或是在私人客厅、公共市场里，或在路边各种商品拍卖中，人们都在谈论这个令人好奇的话题：据说一个由四位部落首领组成的代表团在英国皇室法庭引起了轰动，他们是易洛魁族，来自位于奥尔巴尼西部殖民地的北部边境，到访伦敦是为了请求伟大的白人女王与他们达成同盟，共同抵御侵犯其领地的法国商人和士兵。相传，女王和大臣们都着迷于美洲原始居民的外表和习俗，打算接受其请求。纽约市政厅内，律师、职员和政客们正在就市议会调查委员会的调查结果议论纷纷，调查发现：财产账目显示市政府账户上有一笔数额高达645英镑的缺口（按21世纪的美元价格换算后大约相当于17.5万美元），该缺口主要源于人们的未缴纳税款和其他债务[3]。市地方法官承诺将会严惩拖欠税款者。那时最有趣的闲谈便是对爱德华·海德（Edward Hyde）——这位众所周知的科恩伯里勋爵（Lord Cornbury）前途的推测。科恩伯里既是安妮女王的表亲，又是牛津大学的学者，更是光荣革命中的英雄。此外，他在下议院做了十七年资深议员，在纽约和新泽西也做了七年总督。直到1708年，他因行为失检和道德败坏受控被枢密院撤职。尽管女王已想出妥善处置她这位犯错亲戚的办法，但科恩伯里至今仍被关在纽约港的监狱里。在对科恩伯里的所有指控中，其中有49条指控几乎确凿无疑，例如：玩弄政治手腕收受贿赂金额不低于1100英镑；在坚果岛建造总督夏季休憩的公馆，挪用女王装备守备军的王室资金高达1500英镑（对于此项指控科恩伯里坚决否认）；试图阻止贵格会教徒在新泽西担任公职；为了获得高额回报和贿赂，赠地多达3万英亩，这样一来那些倾家荡产的贵族就能阻挡他们的债主返回英格兰了。另外，科恩伯里在总督家出席社交场合时，却身着可与女王陛下最华丽的服饰相媲美的礼服……类似这样的谈资在整个殖民地被人们津津乐道地广为传播。女王毫无兴趣谈及科恩伯里的撤职拘留。纽约人揣测罗伯特·亨特的到来是否会对局势有所改善，或者说不准他也只是王室派来的另一个贪得无厌、装腔作势的管理者而已。

就当时的政治现实看来，我们便不难理解殖民地居民为何能够容忍王室（代理人）的习惯性行为过失。在主张实行民主的国家中，英国虽已走在前沿，但发展过程缓慢。世袭特权者和富商巨贾依然控制着社会底层阶级和无产阶级群众。在纽约，殖民地的自由保有者，即拥有土地者以及拥有大量房产、个人贵重物品或现金的人才有资格成为选民，而工匠、租户、契约农民以及占整个白人成年男性人口一半以上的普通劳动者，要么被剥夺了投票权，要么就受到庄园业主和商业大亨的威胁而不能参与投票。在这样一个只有少数人能够参与投票却还要公开唱票的时代，想要掩盖或维持秘密的政治忠诚是困难的。权贵阶层对具有阶级意识的总督影响巨大，他们占据着殖民地议会席位中的大多数——殖民地议会的职责是商讨总督颁布的法令并选择赞助人。此外，他们也控制着市议会，大约有 24 位立法者负责制定殖民地的财政预算税收，以此控制总督的钱袋子。总督若不纵容那些常与其一起合谋、滥用皇家职权且家境富裕的下属，他便不能取得成功。

尽管如此，时代和公共需求在发生变化，在某种程度上，这为乔安娜和其孩子们以及像他们一样想要摆脱贫困、远离底层社会的人带来一丝希望。市场供需法则增加了每个殖民地居民的经济效用价值。赠予王室宠儿的田地若不能得到开垦，便毫无用处。同时，大西洋殖民地自纽约港呈扇形扩张，在那里，远洋商务和海岸贸易的兴起需要越来越多才能兼备的工人，所有产业都为全社会创造了财富。手工劳动者移民数量稳步上升。他们作为旧世界长子继承法的受害者，像其他处于弱势地位的人群一样，也在小心翼翼地扩大自身的影响力。各式各样的新移民涌入这个流动性社会，他们渴望生活体面、前途安稳，这也加速了土地和商业垄断的瓦解。最后，越来越多的独立农场自耕农、处于中产阶层的商品交易者、小规模制造商、店主、服务者便应运而生，其中律师成就最高。与其他地方相比，18世纪的纽约呈现出一种崭新局面，它越来越少地依赖正统思想和纪律。与大多数殖民地居民相比，纽约殖民地男性公民与其家人的社会、经济、政治地位迅速上升。因此，欧洲社会更加欢迎朝气蓬勃、才能出众、雄心壮志的人在此一展才华。在这样一个个人尊严能够得到尊重的地方，对政府政策和行为的不满情绪也不会再轻易地受到忽视。

四

孩子们内心恐惧加之父亲病故，来此几个月后，乔安娜·曾格便为其长子在此地的前途做出一番妥善安排。

十七年来，威廉·布拉德福德（William Bradford）一直是为官方服务的印刷商，事实上，他也是纽约殖民地唯一的印刷商。就在最近，他的公司刚刚发行了第二版《殖民地法》以及1711年《美国年鉴》。公司位于汉诺威广场。彼得·曾格的母亲打听了这位47岁商人的情况，了解到在圣公会圣三一教堂，布拉德福德是一位受人尊敬的教区委员。在镇子上，他是一位沉着冷静、勤奋刻苦、和蔼可亲的监工，据说还是穷人的朋友。那么，他自然也是曾格一家的朋友。

我们只能猜测13岁的彼得需要具备哪些技能和知识才能为这位印刷商雇主服务。即使他天资聪颖，但自从全家逃离莱茵兰，过去这些年里，他仅能听懂英语，却不能流利地使用英语。但是，他必须看似才思敏捷，他的母亲也一直坚持不懈地培养儿子温顺谦恭、足智多谋的品格。1710 年 10 月 26 日，布拉德福德同意签署官方文件，由他负责安排这个德国男孩到其印刷所做学徒八年。他不但会保证这个男孩衣食无忧，还会为他提供住宿——尽管印刷商允许他留在母亲和弟弟妹妹们的身边，但作为印刷所的学徒，他最好能够帮忙打理日常琐事。作为回报，彼得也要承诺，任何时候都要恪尽职守，真诚友好地为他服务，绝不缺勤、拖延，永远做一名优秀忠实的员工。倘若他们之间的协议终止，印刷商与总督协商一致后，可以将彼得交还给总督监管。

彼得忧心忡忡，他很难再找到一位比布拉德福德更德高望重、善解人意的雇主。布拉德福德本人也是历尽千辛万苦，才成为一位受人尊敬的纽约公民，并能在纽约印刷业界独占鳌头。布拉德福德是一名印刷工的儿子，出生在英格兰中部赖斯特郡的一个贵格会家庭。按照社会习俗，他子承父业，信奉贵格会教义。与此同时，他还在伦敦的一位声名显赫的贵格会印刷商那里做学徒，并且娶了其女儿。由于行业竞争的压力，这位 22 岁便技艺娴熟的学徒乐于接受其岳父的安排——在宾夕法尼亚殖民地成立了第一家印刷所。1685年，威廉来到费城，在费城郊区又成立了一家印刷所，专为公谊会服务，并且荣获新大陆官方印刷商的美誉（尽管没有薪水）。公谊会是该殖民地的主要教派，它在此地不会被视为一个受宗教迫害的异端组织——这一点与在英格兰大不相同。即便如此，在 1439 年约翰内斯·古腾堡（Johannes Gutenberg）发明活字印刷机后不久，布拉德福德就发现自己因为他的印刷生意身陷麻烦。

伴随着一项文明化进程中最重要的工具的出现，一个十分具有讽刺性的现象产生了。尽管排版文本的机械复制取代了手抄文本，开始将人类思想从世俗和教会权威的束缚中解放出来，但与此同时，它也给社会统治者和权威人士敲响了警钟。他们意识到，在不久的将来，好奇心日渐增强的信众可能会萌生出一些颠覆性思想，在这些思想的鼓动下，人们会彻底要求改变社会秩序和提升精神境界。当文化在政府会议室、宗教圣地、高等学校和账房之外传播时，坐立难安的当局立即采取措施阻止印刷材料的发明、生产以及分销，对违反新规者也施以惩罚。政府以扰乱和平和妨碍治安的名义控告违法者，对证实有罪者处以罚款、延期监禁或身体摧残等惩罚（也可能三者皆有）；神职人员视离经叛道者为异端，要求他们坦承过错——摆在他们面前的只有两种选择：要么被逐出教会，要么被处以死刑。印刷品极有可能促进革命思想的传播和革命活动的开展，因此也遭到了无情的管制。这种管制不只是一时盲目的狂热行为，相反，它准确地传达了一种意识——手写时代已经过去，印刷品终将取而代之。因此，大众印刷品的到来促进了"文艺复兴运动"。1517 年，马丁·路德的反传统观念大大地解放了中世纪以来人们的思想，促进了宗教改革运动，也激发了人们对自身生命价值的思考以及摆脱现世神学权威控制的渴望。如今，人们直接将宗教经典其他形式的道德教化视为自我救赎的指南。的确，文化不仅被视为获得恩典的关键，而且也是个人取得成功的关键。随即，社会上很快就出现弘扬文化的书籍或入门指南。此外，启蒙时代紧随而来，启蒙思想在工业革命、科技革命和政治革命中广泛传播，一个全新的现代社会应运而生。

16 世纪的英格兰，世俗官员和教会人士对印刷品倍感担忧，他们担心印刷品会引发社会动荡。于是，双方共同达成一份协议，决定限量供应印刷品。都铎君主联合议会、高层神职人员以及地方法官发布正式命令，审查可公开发行的文本形式，严格限制印刷出版社的经营。为维护国内稳定，统治阶级要求镇压所有的异端思想。与此同时，国王凭借其尽人皆知的皇家特权，毫不犹豫地宣称自己才是唯一有能力执行此项任务的人。1529 年，亨利八世列出一百本禁书清单，由此拉开了官方控制出版运营的序幕。次年，国王开始实行许可证制度，除了皇家出版商外，给那些有权经营出版社、有权从欧洲大陆进口墨水纸张的人颁发许可证。当然，这种审查也十分严格，任何出版物，只要未经皇家许可都会遭到起诉。与此同时，亨利八世与罗马天主教展开了一场史无前例的斗争，并最终建立了英国国教。因为他既是国家元首又是英国国教的首脑，所以政治和宗教事务便不可分割地交织在一起，因此，所有与众不同、不合常理的行为都能起到破坏国家和平的作用，也都会被视为具有颠覆性质甚至叛国性质而受到惩罚[4]。随着知识增长，异端思想的出现带来了极大的威胁，亨利八世的女儿，即玛丽一世和伊丽莎白一世，进一步完善了许可证制度。英国出版同业公会是皇家特许的出版商，国王授予其两大使命：第一，出版之前要严格审查所有文本，决定适合或不适合公开销售的文本类型，在不宜公开销售的文本中，若有类似宣传天主教神学思想的文本就要作为虚假言论或迷信思想而予以打击；第二，严格限制向出版商以及书商颁发许可证，允许他们垄断此行业，即早期仅限于在伦敦、纽约以及牛津、剑桥大学城成立印刷所，作为回报，他们必须承诺完全服从国王命令。在宗教法庭的监督下，英国出版同业公会的监察员直接搜查和逮捕违禁材料宣传者，他们将因违法犯罪而面临起诉，星室法庭成立后，此项行动更加猖獗。1586年，疯狂残暴的法庭发布规定，授予星室法庭法官豁免权，即免除习惯法赋予被告拥有陪审团审判和自诉的权利，因为审判结果往往都是事先确定且不可上诉的，所以被告将会受到道德的谴责和严厉的惩罚。

17世纪，随着英国商业发展、海上权力扩张，出现了一批朝气蓬勃的新兴商人阶级，他们家财万贯，眼界开阔，渴望开疆拓土，急于掌握实用性信息、接触新鲜思想、了解时事新闻。其中最为突出的是，他们开始要求与国王共享权力，推翻王权专制统治。这些变革促进各类印刷品迅速涌现，人们甚至会暗自出版某些非法印刷品，这些印刷读物与枯燥无味的神学条约、法律文件、商业文件以及由指定出版社出版、用于特殊场合的古代经典截然不同。如今，形式松散、带有论说性质的书籍、小册子经常出现在哲学、科学、历史、旅行、文学等各大领域，其中散文、诗歌、戏剧最为常见。此外，在广告传单以及后来所谓的报道国外时事的新闻资讯上，也能寻得它们的踪影。尽管与国内时事或议会诉讼案例相关的新闻报道寥寥无几，但这对下个世纪的新闻业将发挥着举足轻重的作用。

刚刚成立的斯图亚特王朝与其第一任国王詹姆斯一世拒不接受底层群众的普遍意见。1603 年，詹姆斯一世继承英国王位，他公然蔑视非贵族臣民，认为他们是"庸俗之人"，愚昧无知，不配了解政府的决策，也不配参与政府决策，只需默默无闻地服从统治者的命令即可。出版商们再次受到监管，与此同时，詹姆斯一世在位的两年里，星室法庭重新修订诽谤法，告诫全国人民，任何意图诽谤他人名誉的书面言论或印刷文本——无论是针对大众还是个人，是针对活着的人还是已经故去的人——都将受到罚款、监禁或者断耳的惩罚。就其本质而言，中伤和侮辱他人都构成诽谤，诽谤会败坏他人比生命更重要的美名，因此这种罪犯一经发现，必须施以严厉惩罚。星室法庭宣称，对诽谤罪的零容忍还有一个更深层次的原因，即诽谤罪可能会煽动受害者家人、朋友、熟人为其复仇、引发争斗、破坏和平，甚至可能会造成流血牺牲。随后，该法院从政治层面上扩大了诽谤罪的范围，宣称若诽谤性言论直接针对地方法官或其他上至公职人员、国王，下至微不足道的治安人员或市政职员，就是一种严重罪行，既破坏和平又有损政府清名，毕竟这样的丑闻才是最糟糕的[5]。国王任命贪污腐败道德败坏的地方法官来管理他的臣民，而国家容忍贪污腐败之人占据神圣的法官席位，参与司法行政，暗中干涉政府职能，更是罪大恶极。

但是如果诽谤性言论与客观事实相符又该如何对待呢？受到抨击的无赖官员还能留职继续管理国家吗？那难道不是一种情节更为恶劣的犯罪吗？为什么要判定这些人有罪还起诉他们呢？他们只是敢于公开揭露皇家官员滥用职权侵犯公民了解其不法行为的知情权罢了。这类麻烦困扰着星室法庭的法官们。一开始，他们判决文字诽谤案时，便写道："无论诽谤性言论是真是假都无关紧要。"他们认为，只要发布意图抹黑政府、破坏和平的言论，无论是真是假，都构成诽谤，对此也不予解释。因此，破坏国家安定就是犯罪，理应受到惩罚。但是在这种说法中，专制的斯图亚特王朝青睐的星室法庭却忽视了一些法规，通称为诋毁权贵法，此法可追溯到三百年前，旨在防止国王和达官显贵们遭受抨击。1275 年，爱德华一世统治期间，确立第一部诋毁权贵法，此后所有法律都能从中找到源头。此法载明："今后，所有人都不会再胆大妄为地发布虚假消息，增加国王与其子民、国王与权贵们之间的矛盾。"事实上，根据弗雷德里克·S. 西伯特（Fredrick S. Siebert）的《论英格兰出版自由：1476—1776》（《Freedom of the Press in England，1476—1776》），我们可以发现早期反诽谤法均有一个主要特点，即反驳所述事件与客观事实不符。这导致检察官们被迫在宣称某事虚假的同时还要予以证明。"依据此法，事实便是对诽谤起诉的一种防御，"西伯特补充道，"17 世纪早期，当局都以此为证。"[6] 星室法庭的残暴与生俱来，它谴责一切抨击国王或大臣的行为，无论这有多不公，都能对作家和出版商产生震慑作用。受欺群众不再发出强烈抗议，任何事关政权的抗议都可提起公诉，并由法院指定的陪审团进行裁决。

詹姆斯一世的儿子，即其继任者查理一世执政时，继续管制言论行为。1637 年，星室法庭解散前四年，法院对所有印刷品——无论是国内生产还是国外运送而来的——都实行更加严格的审查。此外，为了进一步阻止开放的思想交流，政府开始对已获得出版许可的所有刊物征税。到了17世纪40年代，查理一世联合议会以及议会日益增多的拥护者，制造了一起冲突，最终却自食恶果。自此，新兴中产阶级和乡绅阶层开始对王室的顽固傲慢心生不满。如今，暗中抗议政府压迫的人民开始呼吸新鲜空气，狂热的星室法庭也已关闭，曾经未获许可的作家们发表长篇大论，宣称言论自由、出版自由是一个自由人拥有的基本权利，并且这两种自由也有利于开明治国。人们已然明白，持续压迫实质就是独裁统治，只不过是打着捍卫法律维持秩序的幌子罢了。当今社会朝气蓬勃、热闹非凡，充斥各种呼吁之声。其中，荷兰呼吁开展全国对话——该国离英国较近，信奉新教，是联结西方国家知识分子唇枪舌战的纽带，此时正值全盛期。哲学家巴鲁赫·斯宾诺莎（Baruch Spinoza）曾写道，惩罚他人应基于理性而非"欺诈、愤怒或仇恨"，更不单单是为了维护开明君主或其臣民的利益。公开探讨能够修正草率的法律以及不健全的政策，也能促使全社会接触到精神领域和哲学领域中更加高深的真理和新颖的理念。斯宾诺莎也承认，在此过程中，尚不完善的错误理念也得以广泛传播。他暗示道，人们无须区别对待那些不同的理念，也无须像当局一贯坚持的那样为此焦虑恐慌，因为言论自由终将孕育出和谐的社会精神。

政府放宽了对异端思想的控制，此时，理查德·奥弗顿（Richard Overton）这位英国平等派运动的领导者，兴致勃勃地呼吁言论自由、出版自由，号召议会和国家接受人民主权思想、扩大选举权，提倡法律面前人人平等，实行宗教宽容政策，结束社会分裂的混乱局面。对于特权在握、掌控国家的寡头统治者而言，如果可以用言语来表达，他们会说自己极其反感这种要求。1644年，约翰·弥尔顿（John Milton）的著作《论出版自由》再次高度赞美言论自由，将其视为通向终极智慧和正义的唯一途径，尽管少有同辈人提及该著作，但后人对这部著作却十分推崇。弥尔顿恳求道："请给予我按照自己的良知，自由获取知识、自由表达、自由争辩的权利。"他热情洋溢，清晰的话语流露出对自由表达的诉求。他承认，言论自由不会涉及令他倍感厌恶的天主教信仰或神学信仰，他也将禁止传播此类信仰。无论过去还是现在，倡导者们都公开宣称言论自由，这位流芳百世的诗人同样也未能领会到言论自由的关键主要在于保护人们的知情权，即获得与自己想法相符或不相符的观点的权利。1649 年，国王查理一世被推上断头台，克伦威尔上台，在此期间，弥尔顿正式担任审查官，自此他呼吁自由的热情也随之日渐减少。他谨小慎微地提倡言论自由，绝不涉及被他视为放荡、淫乱或亵渎神明的言论。

17 世纪 50 年代英国内战期间，与抑制引起争议的言论或文字相比，双方都有更多其他事情亟须考虑。但是，斯图亚特王朝复辟以后，英国实行军事独裁统治，对言论自由的控制又开始加剧。宗教和宪法间无休止的争斗持续了二十年，国家对此倍感厌烦。17 世纪下半叶，社会氛围极端保守，几乎所有著作在正式出版前都要经过筛选，防止煽动性思想的传播。皇家官员和教会人员认为煽动性思想可能会再次引发国内混乱。审查官员四处搜查，即使没有搜查许可证，也擅自闯入作家、印刷商、出版商、书商家中查找违禁刊物。尽管议会一直竭力抑制查理二世实行独裁统治，但仍旧与查理二世一起，密谋镇压社会抗议。1662 年，下议院援引一份合作案例，强迫印刷商在出版的每一份刊物上都签上自己的名字，违令者将面临失去许可证的风险。倡导言论自由者错失良机，在之后漫长的时间里，不得不发掘秘密途径，以传播"危险思想"。勇敢无畏的阿尔杰农·西德尼（Algernon Sidney）提倡实行共和政体，许多人亦是如此，即使被监禁在家中，也会花大价钱在报纸上发表颠覆性言论。在西德尼求学期间，他就曾写信提议罢黜昏庸无能的统治者。审查官员闯进其私宅时，发现了这些端倪。随即，他因密谋杀害国王而受到审判，被判叛国罪并被处以死刑。他不是因为其他罪行，或与他人交谈时所发表的煽动性言论而获刑，只是因为他头脑中罢黜统治者这一"思想观念"而获刑。王室难道能控制每位读者的思想吗？能强迫他们在思想上也必须学会服从吗？答案显然是否定的。

西德尼死后五年，如他所料，专制傲慢的斯图亚特王朝垮台（尽管詹姆斯二世最终保住了性命，这一点要好过他的父亲）。全国上下一致拥戴奥兰治的威廉亲王，英国确立君主立宪制，议会在这场长期的统治地位斗争中取得圆满成功。尽管随即而来的权利法案明确限制国王权力，却只字不提人民享有表达对政府不满的自由，但该法案同时规定，凡在威斯敏斯特立法机构内发表毁谤性言论，议会成员可以畅所欲言而不受惩罚。议会成员延伸了这种"议会特权"使用范围，他们有权否决非议会成员要求，即对议会诉讼程序进行报道，或加以评论；也有权不经陪审团审判就起诉违令者，因为总的来说，议会成员的作用就相当于陪审员。国王权力凌驾于法律之上，但同时也必须放弃某些权力。而议会抓住对人民负责的契机将其打造成一个免于外界批判的神圣之地。

然而 1694 年，人们普遍能参与投票。此时，议会撤销对所有意图随时随地发表言论者的官方镇压，也废除长期实行的许可证制度（该制度要求所有印刷品在出版之前都要经政府或教会批准）。从此，所有能够管理出版社或财力雄厚的人都能随心所欲地出版，这似乎标志着国家臣民对自由和尊严的诉求取得了前所未有的进展。然而，伴随着审查制度的废除，另一种潜伏的隐患也随之出现。若随意发表反驳或中伤他人的言论，又恰好损害了当事人的情感和名誉，那么此法令绝不等同于撤销诽谤起诉。此外，应由谁来判定诽谤是否属实呢？是法院，还是代表大众利益的陪审团呢？尽管法院声称拥有该权力，但在接下来的半个世纪里，这类问题依然争论不休。不管怎样，人们还是不得不给这种犯罪行为定性。对个人的诽谤会付出沉重代价——哪怕是一个作家玷污一个无赖的名声。如果作家选择抨击政府官员，无论其抨击是否属实，那么他也要为此付出更加惨重的代价。在伦敦律师学院多数学者和律师看来，大约一百年前，声名狼藉的星室法庭制定煽动性诽谤罪，其性质丝毫未变，议会无意给予自由论者法律救助，因为他们无休止地抗议权力滥用和愚蠢法令，给政府造成了极大困扰。诽谤国家官员的作家和出版商们依然会遭受罚款、监禁和身体伤害等惩罚。撤销出版前官方审查制度并不足以成为庆贺的理由，这就好比是虽赢得了打开动物园狮笼钥匙却没有驯服野兽的能力。威廉·布拉德福德把他的生意从英格兰搬到宾夕法尼亚后，很快就发现，所谓的言论自由根本毫无自由可言。

五

为淡化此事，处于殖民地时期的美洲并不鼓励印刷业发展。研究表明，美洲民众的读写能力要高于英国或欧洲大陆民众[7]，但是在这样一个边境地区，人们主要考虑的是生存问题，而非智力发展问题，因此从本国运送而来的出版物就能极大地满足人们对阅读材料的需求。此外，书籍属于工业产品，英国的商业制度不鼓励殖民地发展制造业。作为英国商品垄断的市场，殖民地主要是向英国输送价格低廉的本国农作物和原材料，从而使英国致富。

书籍和小册子在美洲都属于奢侈品，实用性的书籍尤其受欢迎。譬如，教学指南、祈祷书、指导手册、涵盖重要信息的年鉴等，这些信息多是关于各季天气、潮汐，法院开庭日期，邮差的路线和时间安排以及当代圣贤的智慧之言。对文学著作或启发性书籍需求则很少，毕竟殖民地居民正忙于创造历史，而非反思历史。

此外，与国内相比，国外边远地区的监察者极不情愿促进煽动性文字传播，这些文字对根深蒂固的社会秩序提出质疑。同样，美洲的出版商必须得到官方许可，人数也予以限制。与此同时，英国建立殖民地前一百年间，大多时候，出版商出版的所有刊物都必须经国家批准。确实，扎根于远方的子孙后代中的煽动性思想可能会更持续长久、坚不可摧。威廉·伯克利（William Berkeley）长期担任弗吉尼亚总督，该地在十三个殖民地中人口位列第一。1671 年，伯克利发表一番讲话，从中便可推断出政府的普遍态度，他说道："感谢上帝，这里没有学校也没有印刷所，我希望一百年内都不会出现这些东西，因为知识只会给世界带来暴动和异端邪说，印刷的出现已经昭示了这些，愿神保佑我们。"[8] 十五年后，埃德蒙·安德罗斯（Edmund Andros）成为新委派的新英格兰领地总督，随即，国王詹姆斯二世给他下达了书面诏令，其中传达了一种态度："因你管理下的国家领地内，印刷自由带来诸多不便，所以你必须采取一切措施，确保无人再从事印刷出版业，未经你特殊同意也未获得许可证，不得出版任何书籍、小册子或其他刊物。"[9] 即使光荣革命后议会废除了许可证制度，美洲殖民地依然存在类似这样的严苛指示。1719 年前，每届纽约总督都会得到通知，即未经总督许可，禁止所有报纸、书籍、小册子或其他印刷品出现。

鉴于招致殖民地官员不快可能会有遭到审查和惩罚的危险，犯了煽动性诽谤罪还会面临被起诉的威胁——毕竟无论是在殖民地还是在英格兰，皇家官员一致认为犯了煽动性诽谤罪都应受到谴责——所以美洲的出版商都竭尽可能地不去违反此项规定。总的来说，殖民地居民对殖民地的管理方式也无可抱怨。他们花费较少的钱，或几乎不用花钱就能获得土地，加之粮食充足，所有愿意奋斗者都能得到工作，税收低廉，还不用被迫服兵役，曾经威胁居民的驻守士兵也寥寥无几。事实上，就像历史上任何一位帝国统治者那样，殖民地政府刻意放松对臣民的管制——如此一来，殖民地出版商也不会冒险打破这一平静局面。17 世纪的大多时候，他们主要印刷政府法律条例、商业和法律模板、正统神学册子、说教布道、赞美诗集、名片、信纸和海报等。在殖民地，进口书比出版书成本低，所以出版商靠销售进口书填补收入。

即使出版商坚持出版不含政治性言论也无争议的刊物，他们也很难维持生计，部分原因在于他们难以获得生产材料。英国政府严格限制可排版的铸造厂数量、出版产品销售价格以及印刷字体种类等，政府几乎竭尽所能地阻止印刷出版业发展。印刷模板经过长期使用，变得破旧不堪后才能向殖民地出口，进口纸张供不应求，价格昂贵，而本地生产的纸张质量低劣。于是，威廉·布拉德福德成立印刷所几年后，便做出一个良好的经营决策，即加入一家合资企业，在宾夕法尼亚建立首家造纸厂。此外，墨也是一种稀缺商品，它主要由炭黑和清漆构成，通常依赖进口。与此同时，殖民地的工匠们也无力制造出印刷机这种复杂的设备。

鉴于经营此类生意有着重重阻碍，直到 1710 年，那时，彼得·曾格刚开始在威廉·布拉德福德的印刷所里做学徒，英国的大西洋海岸殖民地仅有十五家印刷企业经营，这种现象就不足为奇了。布拉德福德成为一名出版商已经有二十五年，他将自己所经历的苦难视为自己的坚强意志和勤劳品质的象征，尽管在现代人看来，这些苦难不过是一些无伤大雅的违规行为罢了。

布拉德福德在费城首先要做的，就是向公众出版 1686 年《年鉴》，在他的职业生涯中，这是一本颇受欢迎的畅销书。但该书面世后不久，布拉德福德就遭到官方的严厉指责，因为在年鉴上印刷殖民地总督威廉·佩恩（William Penn）的名字实属罪大恶极。尽管成立印刷所时没有获得教会赞助，但作为一名虔诚的贵格会教徒，布拉德福德认为，略微提及"佩恩勋爵"这个名字并不违背圣公谊会的教义——禁止以任何形式进行自我吹捧。另外，佩恩掌管的殖民地参事会也会向他下达通知，要求重印该年鉴，删去总督名字，并且未经参事会同意禁止印刷任何刊物；尤其是与贵格会相关的刊物，印刷前必须征得贵格会同意。布拉德福德似乎忘记了这些要求，或者说他决定冒险违背这些要求，圣公谊会再次审查了他出版的 1688 年《年鉴》，因其中涵盖一些戏谑性文章有损公谊会正直形象，要求他召回远销的所有年鉴并予以销毁。布拉德福德为此还花了 24 英镑，但他认为没有被逐出教会就已经是非常幸运的了。

一年后，布拉德福德与殖民地参事会发生纠纷。一位殖民地参事会参事与其签约，共同发表佩恩的殖民地宣言，并附带该议员的评论。他们以"政府框架"为题，旨在让宾夕法尼亚的公民了解统治者管理下自己所拥有的权利和特权——此番目的貌似确有助益。显然，布拉德福德没有意识到（也许他是知道的，只是不赞成），早前参事会为了事先阻止所有反对他们在殖民地实行寡头统治的行为，进行了一次秘密投票，决定禁止对外发布总督宣言。作为佩恩的代理总督，约翰·布莱克威尔（John Blackwell）和殖民地参事会成员传唤与布拉德福德签约的议员，向他说明发表宣言的违规原因，即规定要求未经官方许可，禁止发行具有危险性质的印刷品。除了提出习惯法中载明享有不自证其罪的权利外，该参事一直保持沉默。布莱克威尔总督明白，布拉德福德的出版社是新英格兰以南、美洲殖民地上唯一一家正在经营的出版社，即使当面传讯他，也不能从他那里得到能够证明其有罪的证据。总督怒吼道，他拥有佩恩勋爵所赋予的权力，只要他愿意，他就有权终止殖民地的印刷生意，所以如果目中无人的布拉德福德想要继续从事印刷业，他就不得不向布拉德福德收取巨额保证金[10]。据说金额多达 500 英镑，以此来确保布拉德福德今后只会在他允许的范围内出版刊物。布拉德福德反驳道，他是一名商人，有选择自己工作的自由。此外，他大胆地补充道，印刷业是国家的制造业，应受到鼓励而非压制。

虽然布拉德福德没有受到惩罚，但对此他已身心俱疲，于是接受岳父的提议，回到伦敦接管他的出版社。然而，圣公谊会不愿意失去印刷技术，他们向布拉德福德提供一份微薄的薪水。更重要的是，他们承诺，只要布拉德福德出版的书在他们准许出版的范围之内，他们都会订购200本。这段新的友好关系持续了两年，直到布拉德福德支持一个贵格会分裂派时才宣告破裂。该派由圣公谊会费城学院一名教师创立，此人敢于在各种会议上抒发自己与众不同的观点，并与他人合作将其发表。布拉德福德同意出版这些小册子。作为一名印刷商，他在印刷时删除了自己的名字，但三十年来议会都要求殖民地和英格兰的印刷商必须在印刷品上附上自己的名字。其中的一份小册子指控副总督存在越权行为。这两位合著者以及作为共犯的布拉德福德被指控发行具有恶意和煽动性的报纸，意图破坏社会稳定，颠覆本届政府。殖民地法院联合副总督以及其他地方法官——这些地方法官曾在一些小册子上被指控滥用职权，他们经过简单的审判，甚至未经听证，就判处作者有罪。另外，布拉德福德作为这些小册子的印刷商并未附上自己的名字，也被处以罚款，金额相当于现在的1000美元。与此同时，涉案者还会在公共场所遭到羞辱，街头纠察员谴责他们是政府的颠覆者，是国王的敌人。之后，他们被关进牢房直到愿意认罪为止。

然而，他们都不愿认罪。因为布拉德福德所犯罪行，政府扣押了他的印刷设备，而布拉德福德则要求行使《大宪章》中陪审团审判的权利。在牢里待了四个月后，布拉德福德的要求被批准。一开始，检察官坚持认为，陪审团仅能判定布拉德福德是否印刷了那些小册子，如果布拉德福德确实印刷了那些小册子，那么就理应由法官来判定这些小册子是否构成煽动性诽谤罪意图破坏和平。布拉德福德作为自己的辩护律师，坚持认为陪审员作为事实真相的发现者理应有权担任法律的仲裁者，因此，应由陪审团而非法院来判定那些小册子是否会引发社会混乱，或者说它们仅仅是作者抒发己见的媒介工具。法院驳回了布拉德福德的观点。

布拉德福德只剩下唯一一个辩护理由：虽然治安警官们到过他的印刷所，也查获了问题册子的印刷模本，却没有强有力的证据证明是他设置了此模本，印刷了那些小册子。由于对布拉德福德不利的证据详尽有力，所以这听起来似乎有些强词夺理。然而，检察官将保有该教师文章的印刷版框作为证据呈上，供陪审团相互传看时，用于固定模板的楔子内部框架松动，所有字母模都散落在地，这样唯一一个对布拉德福德不利的证据也不复存在，那么布拉德福德的辩护理由突然变得具有说服力了。陪审团经过两天商议，赞成判罪的比例为9:3，由此陷入僵局，最终被迫解散。

布拉德福德一边等待重审，一边要求被释放归还其印刷设备，但他的要求都遭到拒绝。几个月过去了，这位饱受痛苦的囚犯终于赢来了一次命运的逆转。布拉德福德初次遭到逮捕一年后，由于纽约新总督本杰明·弗莱切（Benjamin Fletcher）的干预，他获得了救助。佩恩停职后，本杰明·弗莱切一直担任宾夕法尼亚的临时总督。弗莱切说服殖民地参事会，判定那些小册子是否包含诽谤内容是神学问题，应该由贵格会成员自行解决。布拉德福德被释放出狱，印刷设备也予以归还。鉴于那一大堆反对印刷的官员和满腹牢骚的贵格会长老的存在，弗莱切建议他离开宾夕法尼亚。最后，布拉德福德同意此要求，成为纽约殖民地一名皇家特许出版商。

威廉·布拉德福德也许并不是一个完美无缺的印刷工。确实，他出版的刊物常常设计粗糙、字体断裂、着墨不匀、分页混乱而且校对马虎，但他刻苦勤奋，敢与当局打交道。在印刷的某些方面，诸如字体、装订和造纸等，也注重创新。在纽约，他受到政府赞助，与其他殖民地相比较而言，在此社会和宗教对他给予更多宽容，布拉德福德的印刷业由此也得到蓬勃发展。1693 年记录显示，他出版了 38 本刊物，其中包含纽约大议会法案以及纽约市参事会条例等。可能是出于巧合，他出版的第一本书名为《由新英格兰传至宾夕法尼亚的精神迫害》（《*New England's Spirit of Persecution Transmitted to Pennsylvania*》）。1698 年，弗莱切总督在百老汇街下城区主持首座圣三一教堂揭幕仪式时，这位在殖民地脱离贵格会的出版商便处在一群最近颇受欢迎的英国圣公会教徒之中。

在布拉德福德来到纽约后的三十二年中，他一直是纽约唯一的出版商，这无疑促进了他事业上的成功。然而，当一位艰苦奋斗的竞争者在此建立了一家小规模印刷所，随即打破了他对此地印刷业的垄断局面。此人便是十五年前他的一个学徒。

注 释

1 曾格的出生地：所有的资料都表明曾格出生在巴拉丁，但其中最可靠的一条消息将曾格的出生地具体到兰巴赫。这是一个世外桃源，居民数量在 500 左右。参见《移民者的创业精神：德裔美国人的商海沉浮，1720 年至今》中有关约翰·彼得·曾格的条目（安·T.肯尼著，第 1 卷；玛丽安·S.沃赛克编辑，德国历史研究所，最后更新于 2013 年）。另参见小亨利·Z.琼斯的《1710 年纽约的巴拉丁家族》（尤尼弗萨尔城，加利福尼亚，1985 年出版，第1202 页）。

2 巴拉丁人的跨洋迁徙：欧文·G.杰思洛，《约翰·彼得·曾格和〈纽约周报〉》，第 4 页。

3 按二十一世纪的美元价格：约翰·J.麦卡斯克盖尔，尤因·哈赛尔特聘教授，研究方向为美国历史与经济学，三一大学。2014年6月15日通过电子邮件致信笔者（参见"参考资料来源"）。

4　被视为具有颠覆性质甚至叛国性质而受到惩罚：伦纳德·利维，《新闻自由的出现》，第3—15页。

5　"就是一种严重罪行"：《文字诽谤案》，爱德华·科克等人合编，《爱德华·科克爵士的报告》，第3卷（第5部分）：第254—256页，新版（1826）。

6　西伯特认为谬误是构成诽谤罪的关键因素：弗雷德里克·西伯特，《论英国出版自由，1476—1776》，第118—119页。

7　美洲民众的读写能力要高于（英国或欧洲大陆民众）：参见丹尼尔·J.布尔斯廷，《美国人：殖民地历程》，第294页。

8　"感谢上帝"：利维，作品同上，第18页。

9　国王詹姆斯二世给安德罗斯下达了书面诏令：威廉·S.瑞斯，《英属北美殖民地的第一个百年出版印刷史》。

10　所以如果目中无人的布拉德福德：利维，作品同上，第22页。

Chapter.02 | 第二章

麻烦制造者

Stormy Petrel

一

1710 年 10 月，彼得·曾格在威廉·布拉德福德的店里开始了自己的学徒生涯。此时店里刚刚结束了《公祷书》（*The Book of Common Prayer*）的再版印刷。这本书的初版卖出了 1000 本，老板赚得盆满钵满，十分满足。而他给这个新来的德国小伙子委派了什么任务，或者是否向他传授了若干技艺，我们均不得而知。但能肯定的是，彼得一定把自己手头的事情做得不错，否则他们之间这长达八年的合约也就不可能稳定地维系下去。

威廉·布拉德福德的店常有不少名人显贵造访。因此，在这家店附近的几个街区内，任何人稍微留心都能反复听到涉及商业或是政治活动的谈话内容。就在彼得开始在店里工作短短几周后，他很可能听到了 11 月 9 日耸人听闻的消息，并且从人们的讨论中初次了解到当地的政治局势。纽约殖民地议会于市政厅召开了会议，当天投票通过了一项决议，将一名来自西切斯特（Westchester）的新近当选议员开除。而他的罪名在于"错误又过分地对议会的廉正与名誉进行了诽谤"——鉴于新任总督罗伯特·亨特为了来年治理殖民地支取足够资金的提案被否决，他就骂他的同僚们是"蠢材""无赖"。彼得这个初出茅庐的印刷工决计料想不到的是，一个被免职了的议员，一个脾气暴躁的律师，同时又是店里重要的产权人刘易斯·莫里斯（Lewis Morris）——尽管暂时在议会中遭到与他对立的同僚的非难，但这也无法阻挡他朝着一个方向前进：他终将成为殖民地最具权威的政法领导——只是他，而不是任何一个时任总督。有事实证明，彼得能在历史上占有其小小的一席之地，与两个人有着直接关系，其中一人就是刘易斯·莫里斯。

刘易斯·莫里斯天生聪慧，野心勃勃，其家族实力强大，资产丰厚，在18世纪的美洲殖民地堪称首屈一指的政客。早在诸如富兰克林、华盛顿、杰斐逊、亚当斯、麦迪逊一两代人之前，莫里斯就以公开宣讲和印刷出版的形式，毫不含糊地抗议那些领主的代理人以及皇家总督滥用职权——他们在这片土地上行使皇家特权，恣意挥霍，甚至公然霸占原本属于殖民地的财产。然而，莫里斯并没能以一个偶像的身份在历史上取得一席之地，这并非由于他的那些反政府的长篇大论时常夸大其词——相反，其中多有事实根据——而是由于他自身的性格冲动，恃才傲物。莫里斯的御用传记作家尤金·谢里丹（Eugene Sheridan），给予了他这样客观到位的评价："他是一位独断又好胜的地主贵族，他在纽约和新泽西的政治生涯称得上是艰难而漫长的，我们也不难看出他是一个有思想有口才的人。他在政坛上经历了跌宕起伏，从他身上可以知道，殖民地时期的美国在意识形态领域，比人们所想象的更丰富多彩，也更错综复杂。"[1]而我们最为关心的事情还是莫里斯坚持让自己无论身在何处都备受瞩目，同时也反对政府镇压那些想要发声的反抗者。

据说，刘易斯·莫里斯思维敏捷，求知欲旺盛，几乎能过目不忘。他能够将头脑中丰富的储备加以利用，成为一个难缠的谈话对象。他口才出众，在世界上任何地方，就任何话题，都能吐露出自己的一堆想法。哪怕面对一些恶意满满的轻蔑和嘲笑，他也能付之一笑，驾轻就熟地应对自如。无论是十页纸的书信还是论辩杂文，无论是道德说教还是讽刺性短诗，哪怕是条理分明的法律文书，莫里斯也总能写出洋洋洒洒的文章——问题是，他的文章纵然妙语连珠，但缺少节制，因此不管是演讲还是写作，总不免让民众感到精疲力竭。不过，从来没有人觉得他只是"玩票"，就算是开玩笑，他也还是一样严谨认真——照现在的话来说，他并不只是清谈家，更是行动家。在社会这个竞技场上，他是个活跃着的玩家，勇于创新，无所顾忌，也无所畏惧。他似乎随时都处于战斗状态，即便是在餐桌上，旁边围坐着他最爱的家人，大部分时间也由他亲切又温和的谈话所主宰。不管是在工作时还是在生活中，莫里斯都保持着充沛的精力，这一点令人吃惊。就算是同时完成多件事情，他也游刃有余。除了活跃在政府的司法、立法以及行政部门之外，他还密切把控着自己名下的巨额财产以及帮助他发家致富的劳工。另外，莫里斯不断地充实自己，他的私人图书馆在殖民地可谓是数一数二，藏书多达 3000 余册。在他长达五十五年的婚姻里，他也称得上是一位尽心尽力的大家长，抚育了 15 个孩子（其中 11 个都得以长大成人）。另外，若是兴致来了，或是酒劲来了，他还会拉一曲小提琴。

但是纵使才华横溢，刘易斯·莫里斯的性格缺陷也令这些天赋大为失色。在很大程度上，沉着镇定这个词跟他没有半分关系，更不用提平心静气了。小威廉·史密斯（William Smith, Jr.），一名真正的历史记录者，其生活年代距莫里斯相隔不远，在他笔下，莫里斯的缺点被弱化了不少："他的脾气有点古怪。"[2] 从他的行为中不难看出，莫里斯自我放纵的个性实在是祸害不浅。他在受到质疑时极度易怒，对那些企图阻碍他施展雄心的人，他有极强的报复心。遇到一些悬而未决、尚待商讨的问题时，仅仅作为有理的一方并不能满足他，他还要故意夸大对方的反常行为，或故意曲解——说来这也是身为律师的职业习惯。面对那些社会地位不如自己的人，还有那些不及他聪明的人时，莫里斯总会变得粗鲁傲慢，态度不屑一顾；哪怕是对自己的上级，他也极不恭敬。很显然，莫里斯的自信来源于一种约定俗成的社会理念，即像他这样天资出众、资产丰厚、身份贵重的人，理应有统治社会的权利。

莫里斯是个极端自我的人，这一点从他那尽人皆知的不守时的坏毛病上不难看出。他的自我主义还助长了他在言谈上无所顾忌的势头，喝起酒来更是毫无节制，根本不管是否对他人造成影响。莫里斯喜欢与饱学之士交往，而他们有个共同点：似乎都对莫里斯家的会客厅心驰神往，又或总是流连于莫里斯在曼哈顿惯常去的那家黑马酒馆。同这些人在共处一室时，莫里斯会劲头十足地组织不同主题的自由讨论，例如，王室的决策、西塞罗的演讲、孟德斯鸠的《波斯人信札》、政府的最新言论，或者是他最近读书时看到的一句话、一个词等。他可以舌战诸友、千杯不倒，笑傲于同伴之间，有时只需要睡一大觉，第二天便又恢复活力，容光焕发。但据他的反对派宣称，莫里斯有时也会因此耽误时间，让那些不远千里准时赶来的诉讼案当事人在法庭前苦苦等候。[3]莫里斯的阵营里有这样一个承学之人，长期担任纽约的皇家测量师，还是殖民地首席科学家——他就是副总督科尔登（Cadwallader Colden）。在他的一本回忆录中，科尔登非常恰如其分地评价像莫里斯这样性格鲁莽、唯我独尊的人，他的天性"不适合其赢得民心"[4]——莫里斯让人尊敬，却换不来人们的钦佩；人们喜爱他，却也害怕他。

莫里斯去世后二百年，普林斯顿大学的历史学家戈登·B.特纳（Gordon B. Turner）回顾了莫里斯的一生并给予其高度评价："他谨遵法律条文毫不动摇，他坚守正义绝不妥协，这让他被那些企图越权办事的人视为劲敌。"[5]尽管莫里斯具备不少优良品质，但若是不那么善意地来看待莫里斯这种强势个性的话，我们必须承认，莫里斯像是一只变色龙。他会为了快速实现自己的目标，或增强自己的实力而不断调整自己的法律信念以及政治色彩，这着实让他的优点大打折扣。有时他也会致力于提高纽约和新泽西的公共福利，这大概也离不开他在这两地拥有大量土地，加之其地位尊贵的缘故。但是最先得到好处、受到保护的，还是他自己的精英阶层。这本书告诉我们，在一场唤醒了美洲这片土地上新闻自由意识的激烈论战中，莫里斯一马当先成了主要的煽动者。作为一名学者，莫里斯若是知道自己居功至伟，想必也甚是欣慰。

二

　　莫里斯的出身和成长，就算只是轻描淡写地叙述一通，其精彩程度也堪比狄更斯的小说。想必没有几个孩子像莫里斯这样，承受了太多痛苦，得到的关爱却如此之少。他像个孤苦伶仃的流浪儿，出生在纽约城以北 10 英里的地方，生下来还不到六个月，他的父母就永远离开了他。那时尚是个婴儿的他被转交给殖民当局。他们需要确认，当时同莫里斯关系最近的那亲戚是否愿意抚养这个孩子。那人曾是个有钱的士兵，后来居住在 1500 多英里外的加勒比，当起了甘蔗种植园主。事实证明，那位亲戚有能力也愿意照顾莫里斯——莫里斯不但是他的侄子，还与他同名。莫里斯这位大伯并没有孩子，到 70 多岁的年纪才坚决地皈依了贵格会——他花费了好几年才下决心承担起抚养莫里斯的重任。

　　小莫里斯的父亲名叫理查德（Richard Morris），在东南威尔士丁登地区的家族庄园里长大，据说，他从小就擅长写作，对科学兴趣浓厚。但他的青少年时期是在不平静的动乱中度过的，加之其兄长刘易斯决心组建一支骑兵连并在英国内战中帮助国会共同对抗斯图亚特王朝的军队，受此影响，理查德也开始了自己的军旅生涯。英王查理一世注定要倒台，他虽然剥夺了原本应该由刘易斯继承的财产，但最终刘易斯还是以"莫里斯上校"的身份将自己失去的都赢了回来。不但与战胜一方的克伦威尔军队共同抗敌，热爱冒险的他还以克伦威尔海军高级官员的身份出海。他这次出海的任务是抓捕海盗并破坏西班牙在西印度群岛的贸易，以此增进英联邦的商业利益。他还帮助牙买加从顽固的保皇派驻军手里重新夺取了国家。那里天气晴朗，莫里斯上校很是喜欢，便在郁郁葱葱的巴巴多斯岛投资购买了地产。他深知，若是回到英格兰，自己势必会因为斯图亚特王朝的复辟而遭到冷遇，便在巴巴多斯岛上长久地居住了下来，成了一个富甲一方的种植园主。他与一位名叫玛丽的年轻女子结婚，据其族谱记载，她出身低微。安顿好自己后，他还传信给弟弟理查德，希望弟弟也能来到这天堂一般美好的巴巴多斯岛。

兄弟俩关系亲密，在 17 世纪 60 年代期间，齐心协力统领手下 200 多个奴隶卖力工作，挣下一大笔财富。由此，他们得以在其他的背风群岛上购买更多地产。后来，理查德和萨拉·波尔 (Sarah Pole) 结婚。这名女子同理查德门当户对，来自一个富裕的殖民地家庭。刘易斯向弟弟许诺，如若发生不测，弟弟先于自己离世，他愿意负责照看理查德的孩子。1670 年，似乎是对自己这种安逸舒适却总是听命于兄长的现状感到不满，理查德觉得时机已然成熟，该是时候去纽约自己闯荡一番了。此时的纽约被划作英国殖民地不过六年，缺少富有事业心和进取心的英国绅士。带着刘易斯的祝福，怀揣着兄弟俩合作投资赚取的金钱，理查德和妻子萨拉在后来被称作西切斯特郡的南端购买了一座占地 520 英亩的大庄园。原先的庄园主人是个荷兰定居者，名叫乔纳斯·布朗克 (Jonas Bronck)——作为布朗克斯的一部分，西切斯特郡后来被合并到了纽约。从布朗克斯区的名字不难看出，它是"布朗克财产"的变体。虽然这个庄园并不是西切斯特面积最大的地产，却占据了得天独厚的地理优势：隔着哈莱姆河，与曼哈顿相望，乘船行驶至纽约城也格外方便，莫里斯庄园出产的作物总能在这里寻到好买主。

1671 年 10 月 15 日，萨拉·莫里斯生下了一个孩子。夫妻俩为表心意，将孩子的名字也取作刘易斯——和他大伯同名。然而，次年春天快结束时，孩子的父母却接连去世了，或许是死于某种传染性疾病，至今死因未明。尚是婴儿的刘易斯成了孤儿，相关部门为他指派了临时监护人，另有一些家里的仆人照看着他。与此同时，这个不幸的消息也传递给了他那住在巴巴多斯岛上的大伯。上了年纪的莫里斯上校，明确传达了自己的意愿，即他会履行对兄弟的承诺，替他照顾年幼的刘易斯，但他目前还是要先处理完手头上的生意。同一时间，荷兰出人意料地再次占领了纽约。这样一来，若是莫里斯大伯来此定居的话，在这样一个外国政府的统治之下，他的商业前景也会变生不测。幸运的是，荷兰这一次占领纽约的时间并不长。1674 年，上校抵达纽约，自此开始充当起年仅 3 岁的刘易斯的家长这一角色。但对这个孩子来说，他的新家庭并不幸福。

　　刘易斯大伯成婚多年却膝下无子，他很清楚自己对家庭应尽的职责，但他生性冷淡，沉默寡言，又上了年纪，绝大部分的精力都投入到自己的生意上，无暇顾及对小侄子的培养。至于他的妻子，就更不愿意温柔体贴地去照顾这个孩子，甚至在她看来，这孩子会是自己将来继承丈夫日益壮大的财富时的头号竞争对手。将自己的年龄抛在脑后，这位 70 多岁的老上校在莫里桑尼亚刚定居下来就感受到了这片土地所散发出的蓬勃的创业活力，他的家族产业也是在这里被正式命名。他有意地和新任的英国总督埃德蒙·安德罗斯（Edmund Andros）结为朋友，承诺将 1400 英亩莫里斯家族的土地转让给总督，以此说服他让莫里斯家族成为稳定的食品供销商，满足殖民地日渐旺盛的需求。当然，这背后离不开莫里斯上校对尚处在试验阶段的奴隶贩卖生意的支持。紧接着，这位恢复了青春活力的老前辈同一个富有的纽约商人合作，实现了与英国和西印度群岛间的贸易往来，成功转型为实业家。1675 年，通过购入了蒙茅斯郡

4000 英亩的土地，他又成为大农场主。蒙茅斯郡位于英格兰西部的什鲁斯伯里市，刚好处在一个距纽约港 30 多英里的新泽西海岸的入口处。这片广袤的土地上，有最大的铁矿，有美国 17 世纪时处于运作中的规模最大的冶炼厂，更不乏繁茂的果园，还配有一个苹果榨汁厂，大片的草场上驯养了成群的牛羊马匹，另有面粉厂负责加工莫里斯和其邻居土地上出产的谷物，至于那大片的松林，都由制材厂来消化。随着时间的推移，莫里斯在蒙茅斯郡持有的土地面积逐步扩展，达到了 6000 多英亩，是当时新泽西殖民地中产量最高、最具价值的土地之一。以其精明的投资眼光，刘易斯大伯还将视线投向了不动产的购置。长岛上 1500 多英亩的土地都归他所有，有不少英国佃农开始离开康涅狄格来到此地。除此之外，他在纽约还有一处房产。经济上的成功使得老莫里斯在纽约和新泽西两个地方的殖民地参事会都赢得了举足轻重的地位。在他不用来回穿梭于巴巴多斯岛视察自己的种植园时，他与贵格会的领袖人物互通书信，晚年时接受了贵格教派的信仰。他正式而庄重地改变了自己的宗教信仰，信奉那些虔诚的信条，谨守禁欲主义。他还试图把这些灌输给那个与他同名、桀骜不驯的侄子，但最终却归于失败。

所有认识小刘易斯的人都说他是个无可救药的小流氓。他生活在一个严格遵守贵格会教义的家庭中，年老的大伯同他关系并不亲近，大多时候不在家，即使在家，也总是心不在焉。正因为如此，家里的仆人、保姆、家庭教师都听命于他的玛丽婶婶。为了不违背公谊会信条，要表现得顺从、知礼、恭敬，这令他深感压抑——原本活泼的孩子变成了捣蛋鬼。不过，他的顽劣调皮正合玛丽的心意。大约近一个世纪以后，在其子罗伯特·亨特·莫里斯（Robert Hunter Morris）的笔下，他这位伯祖父的妻子"总是想方设法地挑起老绅士和自己侄子间的矛盾，这样一来，她和她的那些穷亲戚就有可能得到老人的财产，还有……就目前看来，她确实让他（小刘易斯）的日子过得很艰难"。有件事情让人尤为痛苦：她不放过任何抹黑小刘易斯的机会，比方说，在安息日时，他喜欢和一些非贵格会教徒的朋友们厮混在一起，竞走、玩九柱戏；有时他会开些无伤大雅的玩笑，像是取笑那些严厉的家教。看起来明明是个身体健康、精力充沛的好孩子，他婶婶却添油加醋地将他描绘成一个性格大有缺陷的坏小孩。随着年龄增长，小刘易斯越来越憎恨婶婶的残忍，也憎恨大伯的漠不关心，尽管这副表象下可能暗藏一颗慈悲之心。临近18岁生日时，他逃离了这个令人窒息的牢笼，一路南行，最终在牙买加寻到了庇护所，当了个抄写员。他成人以后的书法细致严谨，大概与他这份工作有关。

小刘易斯的失踪让年迈的大伯颇感痛心，他悔不当初，认为自己没有尽到代父之责，违背了自己当初对弟弟理查德的承诺。他四处打听侄儿的下落，一有消息就立马派船去接他回家。船长为小刘易斯捎来口信，说莫里斯上校的身体每况愈下，即将不久于人世，希望在死前能见到离家出走的侄儿，同他重归于好。接下来发生的事情完全是狄更斯式的：刘易斯在大伯去世之前回到家中，1690年，老人离开人世。故事进一步发生转折，八天后他的玛丽婶婶也告别人世。这对夫妻就像刘易斯的父母那般，相继离世去见了上帝。就这样，这个年轻人失去了他仅剩的亲人，孤身一人留在这世上。不过，这对他来说这也许是一种解脱。毫无疑问，他有望得到大伯的巨额财产。但直到他看到遗嘱，才发现玛丽·莫里斯简直就是个无比邪恶的阴谋家。遗嘱中说明了死者本属意侄子作为自己的唯一遗嘱执行人和财产的主要继承人，但鉴于刘易斯"品行不端、对我和我妻子常有违抗行为，又无故离家，同那些道德败坏、言行不当的人交往，对他们言听计从，偏离了我为他所指的方向，违背了我为他树立的榜样"[6]，于是死者的妻子玛丽成为其唯一遗嘱执行人，玛丽和玛丽的继承人们将得到他的大部分不动产，包括他的宅邸、莫里桑尼亚 2000 英亩的肥田沃地以及其全部私人财产等。而刘易斯仅能继承死者远在新泽西面积不大的农场和几个无关紧要的工厂，再有就是一些钢铁厂而已。可玛丽也死了——要是在狄更斯，或是任何有资历的小说家笔下，刘易斯肯定会首当其冲地被政府盯上，怀疑他要了什么见不得人的手段——这样一来，他大伯的巨额财产又落入了玛丽那些不知名的亲戚手中，天知道他们是在巴巴多斯岛还是在哪里。

与其说他为大伯的去世感到悲痛，不如说他其实是在为那些很快将与自己失之交臂的财产而痛心。刘易斯马上行动起来。他一向足智多谋，对辨认笔迹也略知一二，他联系了一名法律顾问，两人从头至尾细细检查莫里斯上校的这份遗嘱，查看是否有人篡改的痕迹，费了好大的力气寻找其中是否有玛丽的手笔。坏消息是他们并没发现玛丽在遗嘱上动了手脚，但也同时有了好消息，刘易斯和他的律师目光敏锐地发现了不少漏洞：遗嘱行间添加的句子的笔迹前后并不一致，还有一些迹象，也隐隐揭露了这一出诡计。迫于压力，玛丽的女仆贝姬终于供认了自己与女主人串通修改遗嘱一事。为防止她们的阴谋败露，她们还将老莫里斯的私人文件和商业文件全部销毁。[7]纽约总督及殖民地参事会审议后宣布这份遗嘱无效，宣布刘易斯为他大伯遗产的唯一继承人。在大半财产到手前，刘易斯已经坐拥一万多英亩膏腴之地，靠近纽约港，交通便利（有 76 名非洲奴隶负责打理）。另有三处房产，手头上有个盈利的商品贸易合作项目。他还有一艘相当大的单桅帆船，负责将他土地上出产的农作物运送至曼哈顿各个码头和码头附近的市场。以任何标准来看，刘易斯·莫里斯都称得上是一个前程似锦的年轻人，更不必说他大伯还给他留下了自己苦心经营的社会关系和政治关系。

三

那个从前桀骜不驯的孩子，一路走来都未曾得到过什么关爱，也许是上天都觉得于他有所亏欠，于是让这笔财产失而复得。但莫里斯并没有就此过起纸醉金迷、骄奢淫逸的生活，反而开始为自己的人生筹谋，希望未来自己能与那些出生于美国本土的殖民地精英并肩，拥有举足轻重的地位。第一步非常实际：大伯缠绵病榻之时就和一个苏格兰律师兼小商人的詹姆斯·格雷厄姆（James Graham）达成协定，让刘易斯迎娶此人 18 岁的女儿伊莎贝拉。刘易斯接受了这一安排。伊莎贝拉的父亲在财富上虽不及人，政治权力却不容小觑。在当时，他不仅是纽约殖民地议会的发言人，还是纽约市官方任命的刑事法官，这也为他在纽约市的参事会赢取了一席之地。对野心勃勃的刘易斯来说，伊莎贝拉尽管长相平庸，却实在是一个理想的人生伴侣——她头脑聪明、通情达理、举止端庄，坚守原则的同时，也能包容刘易斯情不自禁时爆发的热情。她就像是地心引力，牢牢吸引着庞大的莫里斯家族和那位生性苛刻却满怀深情的男主角。[8]本杰明·富兰克林后来与莫里斯夫妇的儿子罗伯特相熟，他提到刘易斯喜欢鼓励孩子们"晚餐开始前，围坐在餐桌旁，相互辩论，这也算得上是他的一种消遣方式"。[9]可见，这是一个生气勃勃、其乐融融的家庭。

婚姻有了保障，刘易斯开始以自己的方式重新思考一个生活在殖民地时期的美洲乡绅该如何充实自己。首先，他可不能害怕弄脏自己的双手。为了维持自己舒适的生活，刘易斯认真地扮演农民的角色，慢慢学习、了解大量有关农学的知识，下定决心让手里的土地都能创造财富。尽管有许多工头和工人任他差遣，这些土地累积在一起数量十分庞大，但想要妥善经营如此大规模的地产却着实不易。土地上种植的谷物种类丰富（但小麦仍占大多数），苹果园、梨园数量众多，牲畜、家禽、乳制品、木材、面粉、铁器皆有产出。若是不精心打理，这一切很容易就会衰落下去。从多年来他给孩子们写的信里都不难发现，他一直亲自密切关注着农场，担心农场的繁荣是否能够长久地维持。莫里斯知道什么情况下土地水分会流失——主要是看每块土地的坡度；他清楚每种工具、每种肥料在哪里可以最大限度地物尽其用；他了解怎样建烟囱、怎样修磨粉机；他深知哪些工头和工人勤奋刻苦，哪些偷奸耍滑需要撤换。但刘易斯对那些干苦力活的、卑躬屈膝的黑奴可没什么负罪感，这一点上他远比不上那位维吉尼亚最有声望、受人喜爱的乡绅——托马斯·杰斐逊。在刘易斯眼中，这些黑人奴隶地位低下，愚昧无知，根本不配信仰基督教，简而言之，他们"如果没人好好看着，就会愚蠢自负地照自己的想法一条路走到黑"[10]。这样一来，他们也省了别人给他们自由的权利。他大伯虽信奉贵格会，但宗教的虔诚却并不排除种族偏见和残暴，金钱可是靠暴行压榨出来的。

　　刘易斯务实肯干，一门心思沉浸在对他的土地严加支配从而得到收获的乐趣中——要是放任不管的话，他继承的这些遗产根本不可能维护得这么好。但他内心却有一种冲动：如果他不多学习些知识，拓展自己的文化兴趣，他这一辈子也就是个土里土气的自耕农，根本不可能成为他梦寐以求的上流人士。他在童年和青春期时受到的教育激起了他强烈的逆反，那些私人教师顽固又死板，整天教授的除了神学问题就是一堆没用的希腊、拉丁语法，根本无法让一个聪明的男孩产生一丁点学习的欲望。从此他对生活又有了新的追求，开始自学，在知识的海洋中徜徉摸索，让自己熟悉各方面的知识——哪怕只略知一二——他用这些知识来充实自己的头脑。他买得起自己感兴趣的所有进口图书或学术期刊，这样一来他更是如饥似渴地读书，在法律、历史、哲学、政治等领域均有涉猎，并不讲究什么章法。当然，他也读文学，古典派维吉尔的诗歌是他的最爱，与他同世纪早些年间的大师，尤其是莎士比亚和弥尔顿的作品，他都读过。通过研习家史，他差不多成了个语言学家。他自学了几门主要的欧洲语言，还稍稍涉及了一些晦涩难懂的语言，诸如希伯来语、阿拉伯语，甚至一点点中文。除此之外，他对自己的精神世界也尤为关注，他的宗教信仰有过几次变化：他在个性形成时期被迫接受贵格会的戒律，后来接受了英国国教，之后又接触了18世纪多数地位显贵的美洲政客信奉的自然神论。时光流逝，他读的书越来越多，社会政治势力范围越来越广，也越发激起他的创作灵感。他成了一位不可思议的记者、诙谐幽默的雄辩家，还自掏腰包出版了一些议论时事的小册子，希望自己的观点能够吸引读者的注意。

这位倔强又孤单的小伙子摇身一变，成了一个见多识广、婚姻幸福的乡绅，一切都进展顺利。现在，年轻的莫里斯又面临着一个能使他的人生发生更大改变的选择。伊莎贝拉让他拥有了近乎完美的人生伴侣，农业保障了他的物质生活，书籍为他提供精神食粮，可他这一生究竟应该选择什么职业？他的社会职责又是什么呢？从事金融贸易会让一位富有原则的贵族颜面大失——真正的贵族都是有原则的——他深信生意人为了谋取金钱利益往往无所不用其极。如此一来，他能够选择的职业可又少了一个。他缺乏医者所需的奉献精神，不适合从医；想要去就任教职，他又缺了份一本正经；若是去从军，首先得讲纪律，还得有血性和凶性，可他也不行；而要成为一名真正的学者，需要对未知的世界、深奥的学问耐心十足、全神贯注，这点他恐怕也做不到。但有那么一个职业，让他想要一探究竟，既能满足他对体面、受人尊崇的社会地位的渴望，又能迎合他对自己所有物的掌控欲。值得一提的是，他身边恰好有一个人，可以作为他效仿的对象。

刘易斯的岳父詹姆斯·格雷厄姆是当时最为举足轻重的律师之一，同时还是个颇具影响力的政治家。那时英国的君主制在威廉和玛丽的统治下迎来了复兴，纽约殖民地也终于逐渐摆脱了英王詹姆斯二世统治时的衰落低迷。这样生气勃勃的大环境，对于刘易斯这个准备充足的新人来说，不去大干一场，做出成绩，更待何时？虽然我们无从得知刘易斯受过多少法律培训，可除了自己妻子的父亲，还有谁能那么耐心地指导他？还有谁，不单单在本市，在其他地方也能为他大开方便之门，为他提供机会呢？

毫无疑问，莫里斯拥有很强的学习能力。在白天，他为詹姆斯·格雷厄姆工作，到了晚上，他坐在炉边，耐心地阅读那些侵权行为案件、契约合同、王室律令、议会法令，还有厚厚的关于英国普通法的记录报告——都是律师学院权威评论员写的，他不会放过任何的细枝末节。但他做这些可不是为了穿件小家子气的西装做私人客户的代表，也不是为了审查那些无聊的法律文件里每个"鉴于"用得正确与否。从一开始，刘易斯·莫里斯就牢牢遵循贵族应有的品德，按他的传记作者的话来说，"人们立足于社会的物质基础越强大，对政局的发展方向就越有发言权"[11]。照莫里斯的想法，若是他所在的阶层能有这样的"发言权"，即便是以保障社会的既得利益为前提，大体上仍能施行开明的仁政，那也会是一种最为理想的状态。可以说，莫里斯得到这么多立足社会的"物质基础"其实并非源于他的个人天赋或是他本身坚持不懈的努力，反而和他所经历的所有生生死死的意外息息相关，但莫里斯究竟是否意识到了这一点，我们不得而知。可我们能看到的是，这个年轻人不会怀揣奸诈动机，也毫不肤浅；自信满满，而又未经考验，登上了政治舞台，急于赢得那些吵闹的地方观众的喝彩。

他将初次亮相的地点选在了一个看起来没什么前景的地方。他并没有选择纽约，尽管他的家就安置在纽约的市郊小镇莫里桑尼亚，他岳父在那里也能发挥最大助力。他的目光投向位于纽约哈德逊河西端那片附属的姐妹殖民地上，将满腔精力挥洒在那里。从20岁到30多岁的十数年光阴里，他不仅仅成了新泽西主要的政治煽动者，对新泽西的转变也起到了至关重要的推动作用——那本是个管理松散的特许封地，地主们忙于无休止的纷争，几乎是无政府管理的无人区的真实写照，最终却成功转变为真正的英国皇家殖民地，社会治安也得到强化和保障。

四

这不是刘易斯·莫里斯心血来潮做的决定，别忘了他可是个精明的年轻人。他选择去新泽西，并希望在当地的公共事务上做出成绩，背后肯定是有自己的打算——他要尽快独立，而不是总靠着自己和詹姆斯·格雷厄姆的关系受到提携和保护。当然，越过哈德逊河来拓展自己的地盘也有不少实际的好处。新泽西人口相对较少，土地面积只有纽约的一小半大，且四散分布。它的商业贸易较为分散，且规模较小。这些条件导致此地处于权力真空状态，一个有能力、有勇气的新人也能轻而易举地将其填满。

何况刘易斯对这片土地也并非完全陌生。他大伯生前是这片殖民地上最大的地主之一，在大西洋沿岸的蒙茅斯郡有不少农业产业，在整个新泽西的经营也最为成功。另外，在他死前，莫里斯上校被新泽西参事会长期委以重任，命其与总督、殖民地议会协同合作，共同管理殖民地。1692 年，刘易斯继承了蒙茅斯郡的产业，总督以及声称拥有当地法律控制权的业主联盟就将他大伯在参事会的席位颁给了莫里斯，那时他刚满 21 岁，一切就仿佛是封建社会的世袭制。他们甚至担心这条件并不足以吸引莫里斯投身新泽西，又为这个尚在受训、年轻又毫无经验的律师在当地最高司法法庭——民权法庭的领导小组中谋得一席之位。他的司法实践经验确有不足，说实在的，他也根本没多少经验，但他的岳父不仅是纽约的著名律师，还身兼主要立法者一职，这可为刘易斯的学业背景增光添色不少。不久之后，詹姆斯·格雷厄姆被任命为邻近殖民地的皇家首席检察官，这样一来刘易斯更是受益匪浅。除此之外，该地所管辖的居民不足万人，有资格坐上最高法院的候选人更是少之又少，这个能言善辩又让人颇有好感的年轻显贵就这样脱颖而出了。

呈现在莫里斯面前的这幅新泽西政治地图的混乱程度让人震惊。设想一下，在一个橄榄球场上，一面 6 英寸的墙横穿过 50 码线，除去没有线的地方，其他各处均有码标，呈水平或垂直状分布，也没有裁判为比赛双方维持纪律。当时的新泽西就是这般模样。就在理查德·尼科尔斯（Richard Nicolls）率领英国海军从荷兰手中夺取了新尼德兰之后不久的 1664 年，英王查理二世将这片土地以私有财产的形式转赠给他的兄弟约克公爵詹姆斯，自此这里虽仍作为皇家领域的一部分，却不再是英王直辖的殖民地。这片领土一直延伸至特拉华河，而领土西边这一部分被指定为新泽西。尼科尔斯在这块殖民地将担任皇家特派军事总督达四年之久。上任不久，他就开始发行专利许可证，将新泽西东北部良田的所有权转让给来自人多地少的新英格兰和长岛的移居者。但此时尼科尔斯并未意识到，约克公爵詹姆斯已经将整个新泽西转让给了两名贵族：约翰·伯克利勋爵（Lord John Berkeley）和乔治·卡特莱特爵士（Sir George Carteret）——在 17 世纪 50 年代爆发的英国内战中，他们忠于皇权，奋勇杀敌，这片土地是对他们功劳的犒赏。两位领主可以自由处置名下的土地，可以将其划分成不同大小的地块，转赠他人也可，出售也可，均不受王室监管，殖民地政府每年仅对其征收小额的免役税。等到后来尼科尔斯获悉这一情况，这位由国王直接任命的总督已经将75万多英亩的土地所有权转让了出去。75万英亩，全都是约克公爵詹姆斯对伯克利和卡特莱特慷慨的馈赠——麻烦随即而至。

总督的行为虽然没顾及伯克利和卡特莱特，但也是出于好意。公爵迅速撤销了对尼科尔斯的授权，可那些土地受让者、专利权所有人已经在新泽西安顿了下来，他们激烈地反对公爵剥夺他们的权利。他们坚称自己的土地所有权是完全合法的，不能因为是公爵送给贵族朋友的礼物就随意废除。他们拒绝承认伯克利和卡特莱特对土地的所有权，更不愿意重新交钱给这两名领主，向他们申请所有权证。还有，这些受让者宣称绝不向领主缴纳免役税——而所谓领主根本就无权统治殖民地，约克公爵詹姆斯私自转让统治权的行为是不受法律保护的，只有国王才有权这样做。但国王可不会这么做，没有哪个国王有随便舍弃领土主权的习惯。局势一片混乱。如若扣缴税款，就意味着政府根本就没有实权。没人去勘测过边界；乡镇的领土大小尚不明确，人们总在争论不休；健康和安全问题也均未得到解决。一些有勇气的人也尝试着手处理这片土地在管辖权上的困境，但人们移居新泽西的势头还是不可避免地遭到遏制。

到了1673年，这两位领主最终都放弃了抗争——想要将这片不受管制的土地以完整的形式统治起来，既耗时又费力，总之得不偿失。他们俩将整片领土大致分为两部分，每一部分都有一个选举产生的议会，但缺乏影响力。伯克利将西部那些还未分配出去的土地廉价出清，大部分卖给贵格会，归在其管理委员会的名下。卡特莱特则守着东部的殖民地过了一段时间，但1675年莫里斯上校还是从他手中购得钢铁厂以及蒙茅斯郡周边4000英亩土地的所有权。[12] 1685年，卡特莱特的遗孀将东泽西殖民地出售给一个由24人组成的财团，成员多数是苏格兰业主，从头至尾也只有少数几人露面。

尽管尼科尔斯的土地受让者在持续不断地抗议，财团的业主们依然宣称自己有权治理所购得的领土，他们拥有土地的在先权，更不受限于什么专利规则。虽然新泽西被一分为二，却没能解决任何问题，怨恨和骚乱甚嚣尘上，世俗政权甚至被抢来夺去，让人实在怀疑究竟还有没有这种东西存在。

1692 年，年轻的莫里斯由新泽西参事会委任，来到了这个混乱、毫无秩序可言的地方。殖民地议会名义上掌管着东、西泽西两殖民地的行政管理权和立法监督权，是个联合机构。东泽西殖民地的土地由 85 名业主把控，宣称他们对这里所有未经转让的地产都具有所有权。除了出售土地，他们的收入主要还来源于免役税：每 100 英亩的土地每年须缴纳 2 先令的税金，而纳税人则包括尼科尔斯的土地受让者们，以及其他向业主委员会购买土地的买主。在当地奢谈法律秩序简直是天方夜谭，想要追回税款更是冒险之举。而在西泽西殖民地，情况也同样糟糕。当地的贵格会地主与西泽西社团之间争端不断。西泽西社团总部位于伦敦，成员包括英国国教商人和一些土地投机商。该组织声称自己已购得该殖民地全部的所有权资产，其中当然包括贵格会手中的所有权。经国王许可，两殖民地的业主董事会联合选出一名总督。该总督被寄予厚望——人们希望在他的领导下，这些互不相让的争论者能放下成见，联手合作。在接下来的十年时间里，刘易斯·莫里斯投入了自己大部分的时间，整顿这里混乱的局面，有时还会面临法律风险甚至生命危险。

最初几年，工作成效并不显著。他毫不掩饰地与东泽西殖民地的业主们站在同一阵线——当年他大伯正是从这些人手上获得莫里斯家族在蒙茅斯郡的地产，那周边可都是尼科尔斯的土地受让者们的地盘——他们现在组成了一个反所有权的团体，很是棘手。新任总督安德鲁·汉密尔顿（Andrew Hamilton）精明强干，为促进社会秩序的形成和商业的发展做了不少努力。莫里斯公开宣称自己的目标，他要阻止殖民地糟糕的政治党派之争影响总督的施政方针。作为联合参事会的一员，莫里斯多次强烈要求东、西两个泽西殖民地议会为汉密尔顿总督提供其所需的资金支持，用来完善公共服务和强化公共安全。此外，莫里斯在纽约的西切斯特还拥有房地产，岳父就职于纽约政府高层，考虑到他的这些背景，他在以下事件中起到了不可或缺的领导作用：将东泽西的首府，也是该殖民地最大的居住区安博伊（后更名为珀斯安波易）的港口指定为自由港，使其能够自主使用与之相邻的纽约市的泊岸设施。但此举同时也滋长了安博伊垄断该区域贸易的野心。身为民权法庭的法官，莫里斯从不曾退缩，即便受到东泽西土地购买者的质疑，他也坚持让尼科尔斯的土地受让者们的授权失效，因此，东泽西的业主们对他十分拥戴。后来，莫里斯为了殖民地的整体利益，提出不少公正无私的建议，汉密尔顿总督一一采纳，如此一来又大大提升了莫里斯的政治地位。

1698 年，新总督杰里迈亚·巴斯（Jeremiah Basse）上任，为殖民地难以驾驭的政治格局带来了变化。巴斯是再洗礼派牧师，西泽西社团的伦敦总部前业务经理。因曾与贵格会作对，巴斯甫一上任就遭到以贵格会教徒为主体的西泽西殖民地议会的一致反对。除此之外，总督上任前出示国王的委任状是必不可少的程序，但巴斯未经此环节就坐上了总督的宝座——并且他还试图掩盖这个事实，实在令人怀疑。不知是出于维护正义而义愤填膺，还是将其视作政治投机，莫里斯突然成为巴斯最猛烈的批评者。在长达一年半的时间里，他多次宣称巴斯采用蒙骗和欺诈手段谋取权位，无异于僭主。总督恼羞成怒，于是动用权力将直言不讳的莫里斯逐出新泽西殖民地参事会，同时将他在民权法庭的席位一并取消。一场由莫里斯这位冉冉升起的政坛新星所领导的抵抗运动由此拉开帷幕。莫里斯遭免职后，立刻出现在殖民地高等法院会议上：他声音洪亮，语言诙谐风趣，一如既往。他宣称总督无权召集法院会议，无权将其逐出法官席，也无权执行其他公务。对立双方越吵越凶，巴斯的支持者们试图拘捕莫里斯。莫里斯本打算拔剑火拼，但他的手下害怕伤及无辜，于是缴纳50磅罚款草草了事——至于悔过，当然他毫无悔过之心。莫里斯日程表上重中之重的事情，就是尽早把巴斯赶下台。

　　首先要解决那一堆挡道的业主。虽然此前他们的利益和莫里斯最为契合，可如今却选择了忠于总督。不管是基于一种愤世嫉俗的战略安排，还是出于对殖民地人们福祉的真正关心——要知道以其当前的法律状态来说，殖民地简直难以管制，莫里斯突然地改变了自己的政治立场。他重申之前尼科尔斯的土地受让者们的说法，称现在由这些所谓业主组成的政权从未被王室赋予统治新泽西的权力。想要为殖民地带来文明和进步，唯一的办法就是打破当前的政治格局，而第一步就是撤换巴斯，将新泽西统一规划为王室殖民地，实现王权化管理。莫里斯去往各地，在镇民大会和教堂集会上演讲，发行小册子，试图说服那些业主的头头和他们的追随者：在一个安全稳定的政治体系中，殖民地的每个居民都能过上富足的生活。他的不懈努力换来的是巴斯对他的控告，控告他犯煽动性诽谤罪，他本人也因此锒铛入狱。但如此强力的镇压却为这名慷慨激昂的斗士赢得了更多的支持，一群武装民众闯入监狱，将莫里斯解救出来。莫里斯卷土重来，而业主阵营内部也严重分化：大多数人现在一变而成为王权捍卫者，并主张除了承认所有现存的土地所有权，其他的一些权利如宗教宽容、信仰自由——可以不信奉新教，不妨碍人们信仰贵格会，因为当地的贵格会教徒人多势众——也理应受到尊重。莫里斯的激情演讲传到伦敦，不仅传到贸易委员会成员的耳中，就连掌管王室对外宗主权的枢密院也有所耳闻，一击到位，直中要害。于是巴斯被免职，由前任总督汉密尔顿接替。汉密尔顿总督出于感激，不但让莫里斯重回殖民地省参事会，担任议长，还恢复了莫里斯的法官身份。莫里斯团结殖民地各方力量，不仅成功地将巴斯驱赶出局，而且终结了殖民地长期混乱无序的状态。为了表彰莫里斯的杰出贡献，又或许是在莫里斯的建议下，汉密尔顿总督决定，让这名有资历、有人气的活跃政客作为殖民者代表，前往伦敦，以业主们能够接受的条款交涉殖民地治理模式变更事宜。

1701 年的仲夏时节，莫里斯抵达伦敦，此行除了受到东泽西的所有业主、西泽西社团两方的正式支持，还经过汉密尔顿总督认可，任其为官方谈判代表。作为律师、法官、新泽西乡绅阶级的发言人，莫里斯在白厅受到友好接待，还受邀提交一份书面蓝图，内容是关于王室对新泽西的统治进程快速成型的方案。但无法确认的是，新泽西能否以独立殖民地的身份生存下来。纽约和宾夕法尼亚的商业、政治力量向新泽西施压，企图将其一分为二，再分别吞并东、西泽西两殖民地。为了维护新泽西管辖权和领土的完整性，莫里斯毫不妥协地进行抗争。在他启航去伦敦前，在将两殖民地专有权转让给王室的清算条件清单上增添了一项条款，即在新的统一议会选举时，严格限制投票资格，而这一条款未能得到大多新泽西同胞们的认可。按照莫里斯的提议，只有保有 100 英亩土地以上的业主才有投票权，若是想在立法机构任职，则至少要保有 1000 英亩地产。不管他多么恳切地想为他的第二故乡带去安宁和繁荣，他还是向王室提交了请求，希望王室能将新泽西的政府管理权移交至地主阶级，而显然他就是该阶层的重要人物之一。在写给贸易委员会的信中，他很确定地说，在实现殖民地王室统治的事情上，他很担心，如果殖民地不是由像他这样"有身份、有地位、有资产"的人来管理的话，政治局面的稳定就会不断遭到那些"社会渣滓和恶徒"[13]的破坏。

花费九个月的时间，莫里斯不断游说王室官员（还自掏腰包1000英镑，用来打通关节），终于赢得了胜利，甚至有关限制投票权和议会席位的条款也获得通过。原先的东、西泽西两殖民地将会平均分配立法机构和联合参事会的成员名额。新泽西现在已然成为一个全新、统一的皇家殖民地，而当下唯一的问题就是，由谁来担任这首任总督呢？这一职位最理想的人选不仅要熟悉新泽西的政治格局，还须有能力调解殖民地的派系争端。可几名比较有优势的候选人都有不少反对者，至于莫里斯，虽然他在伦敦时全方位地展示了自己的能力，但毕竟才刚满30岁。

　　鉴于莫里斯迫使王室在现有产权、宗教宽容、其他殖民者的权益等方面做出让步，他在归国时受到了英雄般的欢迎。东泽西的业主们在移交权力之前，将与蒙茅斯郡庄园毗连的一片面积可观的土地犒赏给莫里斯，一方面是出于感激，另一方面则是对莫里斯在伦敦斡旋时自掏腰包的补偿。而西泽西社团在英国的董事则任命莫里斯为其驻美商务代理人，负责社团在新泽西所有未出售地产的销售业务，以及从各个买家那里收取免役税（合计数额相当巨大）。虽然莫里斯已经足够富有，他还能在这个能捞不少好处的位置待上三十三年之久。而此时，莫里斯正心急如焚地等待着伦敦那边的消息，他只想知道谁会被任命为新泽西皇家总督。之后莫里斯得知，鉴于他在殖民地参事会高层任职，贸易委员会特指定其为新泽西临时首席执行官。这样一来，尽管在年龄上还不够资格，莫里斯想要完全坐上总督位置的愿望更为迫切了。

　　十四个月的时间里，他日夜等待，努力培养一批自己的支持者，希望他们能够帮助自己对殖民地的管理进行改革和巩固。可就在此时，伦敦传来的消息让他如遭雷击。莫里斯终究只是个土生土长的殖民者，缺乏英国高层政治、社会和商业圈的支持，想被授予总督的头衔，实在是资望不足。另外，这个从西边冒出来的皇家殖民地成为纽约潜在的商业竞争对手，大权在握的纽约人对此感到百般不适。为了让新泽西乖乖成为自己的附庸，为了使这个强大富有的邻居成为自己的销售商以及食品供应商，为了确保这种安稳的现状，最好的办法就是给予纽约总督再多一项职权，即管理新泽西。

贸易委员会和枢密院通过了该项提议，于是新近上任的纽约总督不久就可以进入自己的新角色了。这名总督与英国的安妮女王是表亲，名叫爱德华·海德，也就是著名的科恩伯里勋爵。新泽西过往的内乱纷争并不能影响到他，他有能力澄清这一池翻涌不息的浑水。他在两个殖民地都实行同一套规定。

五

一段时间里，莫里斯不免灰心丧气，他的傲慢和自尊受到沉重打击，需要舔舐疗伤。但他很快便振作起来，打算让新来的王室监管者看看，在新泽西到底谁主沉浮。接下来的六年中，他们始终处于敌对状态。而这很大程度上源于科恩伯里勋爵对莫里斯的两个政治盟友心存不满：一是苏格兰人占多数的东泽西反皇派业主们，他们被迫将统治殖民地的权力上交给王室；另一个则是贵格会教徒，他们在西泽西议会的人口比例失衡。科恩伯里勋爵信奉贵格会的和平主义信条，这就导致在抵御法国和印第安人对殖民地的袭击时，贵格会成了最大的拦路虎。

莫里斯非常肯定，凭自己的人气，一定能战胜这名王室派来的新使者。此时他仍然是殖民地参事会的资深成员，他向议会提交了一系列拟定的法令，声称将会贯彻王室统治协议的条款。为了让自己最亲近的支持者们能获取资金和政治上的优势，他不断试探科恩伯里勋爵所能容忍的极限，然后再跨越这一极限。在他的引导下，议会对包括早年的一些土地授权，以及出售给当前业主们的土地的所有权的有效性进行了认证，另外还严格控制选民数量。至于尼科尔斯的土地受让者们的土地所有权，如果不能直接撤销，他就采取手段暗中破坏。他还要求印第安土地的所有潜在买主在购入土地之前，须先从业主手中购买执照；而那些之前就购买过土地的人，必须回过头来补上这个执照。当时殖民地有一种普遍认知，即王室既然对殖民地有统治权，就必须证实所有现有土地所有权的合法有效性，而不是在它们之中择优选取，甚至剥夺部分业主的领土所有权。莫里斯的这些措施与这种认知是相互矛盾的。莫里斯信心满满，认为这项计划定能得到科恩伯里勋爵的支持。他也留意到了一项传闻，即这位勋爵欠了英国债务人一大笔钱，于是莫里斯伙同一群业主，筹集了一笔 200 英镑的"退职金"，私下转交给这位总督——尽管王室一直都有相关规定，禁止所有总督向殖民地的利诱妥协。莫里斯的计划在议会获得通过，万事俱备，只待科恩伯里勋爵正式批准。[14]

　　然而，这一计划最终还是归于失败。显然，议会的决定让科恩伯里勋爵认识到他是受制于殖民地的，他对殖民地的管理完全依靠他们的资助。议会商议每年只拨款 1000 英镑给科恩伯里勋爵，这远远低于他的预期，实在吝啬至极。议会声称殖民地拿不出更多钱了，对此他毫不领情。之前他同一些意气相投的纽约人密切交往，现在却被迫放弃这种友谊。此时，他面临着来自莫里斯的另一个挑战：莫里斯一手组建了新泽西联盟，将反产权的人和受贵格会折磨的人联合在一起。可以说莫里斯简直就是一手操纵议会的幕后指挥。为了反击莫里斯的势力，科恩伯里勋爵叫停立法机构，从而阻止其颁布莫里斯一手炮制的计划，除此之外，还威胁说要解散议会，并举行新一轮的大选——他宣称莫里斯拥护的该项政策，实质是一种损害大众利益的政治和经济精英主义政策。被激怒的莫里斯在接下来召开的一次参事会上直言不讳地对此进行驳斥。他控诉科恩伯里勋爵违背指令，未能正确执行王室管理条令并使其成为正式的法律条例。总督则回应称从未接到过此类指令，并对自己的副官抱怨说莫里斯"简直管不住自己的舌头"。[15]

从此以后，他们之间的舌战再度升级。为了对付科恩伯里勋爵，莫里斯宣称，英国宪法中规定议会有权对国家进行管理，以此类推，新泽西议会也有权管理殖民地；另外，英国人在国内享有的所有权利，殖民者也一样拥有。这惹怒了科恩伯里，他对莫里斯的攻讦不胜其烦。莫里斯的言论证明他是一个明目张胆的叛乱煽动者，是首批挑战王权的殖民地官员之一——虽由王室特别委任，但不甘屈从，便开始反抗——比如，他曾恶意诽谤殖民地人民完全就是二等公民，他们所有的权利和特权都是由王室随意决定的。

莫里斯同总督的冲突，让人们得以略略窥见这名乡绅的专横独断。据说一批反产权人士筹集了 1000 英镑作为大礼，想诱使科恩伯里勋爵取消解散议会的决定。科恩伯里勋爵对此矢口否认，声称自己绝不会如此愚蠢地接受这种贿赂。事实上，也并没有关于这次金钱交易的"确凿证据"，这一点都不让人意外，历史唯一记载的不过只是总督的敌手对他的指控。不管诱因如何，科恩伯里还是解散旧议会，重新进行选举，也击败了业主联盟。莫里斯发现自己再次被剥夺了议席，除非他同意为自己诋毁性的言行向总督道歉，否则不予恢复。而新选举产生的议会，也有心折去莫里斯的翅膀，剪除他的势力。此外，议会向所有的地产保有人开放管辖权和任职权，不管他们拥有土地面积的大小；限制业主对土地的所有权，在新的王室政权下，业主们不再享有特权。新议会还提议，两年内按前议会拨款金额的两倍为科恩伯里勋爵管理殖民地提供资金支持。这笔资金主要来源于对尚未整改土地征收的新税，于是像莫里斯这样的大地主的负担也大大加重，可以说这一拨款法案让莫里斯陷入了难堪的境地。

虽然遭遇失败，莫里斯却没有沉沦太久。他悻悻地求得科恩伯里勋爵的谅解，并得以重回殖民地参事会。紧接着，他又开始反抗，抵制市参事会，还告诉自己的亲信他觉得总督"一文不值"。毫无意外，科恩伯里知晓了他的言行，于是停了他的职（这次超过一年之久），又向伦敦上级报告，称莫里斯既不尊重也不忠于皇家当局，到处惹是生非，还是个拥护产权利益的顽固分子。[16]

若是科恩伯里自以为这次终于彻底除去了莫里斯这个祸害，他很快会发现自己大错特错。莫里斯不会轻易认输——这是巴斯总督在栽过跟头后总结出的惨痛教训。"被流放"期间，他又拾起自己的笔，将总督作为靶子来攻击。他给几位英国政府部门关系友好的熟人写信，他们都对莫里斯印象很好，觉得新泽西尽管已成为王室殖民地，但终究是个是非之地，莫里斯选择退出实乃明智之举。除此之外，莫里斯创作了不少小册子，出版后广为散发。他在其中解释了自己为何拒绝回归参事会，并控诉王室殖民地当局：称其未能兑现王室统治的清算条件；否决了殖民地应有的权利和特权；忽视了新泽西紧迫的民生需求，并对此不闻不问；在伦敦商业机构的引诱下，牺牲了殖民地的利益等。

科恩伯里将自己的辩驳之辞寄给贸易委员会和一些与他关系良好的法律界人士，试图将莫里斯对他的攻击说成是一个持不同政见者习惯性的抱怨和唠叨。但很快，在新泽西和纽约，莫里斯的控诉就有了支持的声音，这些声音并非针对政治问题，而是断言科恩伯里勋爵道德败坏。在他们口中，科恩伯里勋爵收取贿赂、盗用公款、玩忽职守、迫害贵格会信徒。1706 年其妻去世后，他的精神状态失常，竟然身穿舞会礼服出现在社交场合。其实针对他的证词多数是匿名，有的来源也很可疑，但绝望的科恩伯里勋爵已近崩溃，就连他那些贵族亲戚也无法再对他加以庇护。莫里斯趁科恩伯里声望地位大跌之机，迫切要求进行新的议会选举。这直接导致他的产权团体在议会获得超过四分之三的席位，而莫里斯也得以再度担任公共职位。科恩伯里已步履蹒跚，但仍在挣扎。他继续通过动用自己否决议会颁布法令的权力来约束莫里斯，又对议会委派公职的权力加以限制。科恩伯里坚称没有证据能证明他有负于新泽西民众，又请求他在参事会中的支持者帮忙写信给安妮女王，称自己麻烦缠身，死敌莫里斯应负主要责任——莫里斯将"暴动、捣乱、不忠的主张"灌输给他的支持者，"众所周知这样的人在任何政权的统治下都会觉得不自在"。科恩伯里指控莫里斯阵营一心准备让新泽西带头推翻英国统治，建立自己的政府，其他美洲殖民地将紧随其后。针对一个有地位的殖民地人士，如此严重地指控其不忠，这在纽约和新泽西成为英国领地的四十年时间里都是极为罕见的事情。当然，莫里斯只把这种攻击视作开胃小菜，在寄给贸易委员会和国会的信件中进行了回击。他详述了科恩伯里的性格缺陷，指出其从未认真发挥行政管理功能；又坚持自己对科恩伯里的埋怨并非出于个人的敌意，而是因为自己极度反感总督滥用王室权威。可以说，科恩伯里在新泽西执政期间所犯下最大的错误就是：为了挫败刘易斯·莫里斯的政治野心，一次性用力过猛，而显得后劲不足。

　　到了 1708 年，科恩伯里在英国的托利党支持者失去了对国会的控制，而有关部门和女王也无法对民众的强烈抗议置若罔闻，她这位表亲的双重总督的身份再也无法保留。就这样，又一名王室总督被打倒，莫里斯功不可没。科恩伯里的接任者是约翰·洛夫莱斯 (John Lovelace) 爵士，这是另一位经济状况堪忧的贵族，有过从军经历，但缺乏管理政府的经验。他示意莫里斯，称辉格党对莫里斯现在的状况很是同情，并向有关部门施压，让莫里斯得以恢复其在新泽西参事会的资深参事席位。新总督此举在莫里斯意料之中，鉴于他又得以重回参事会和议会，1709 年春，当约翰·洛夫莱斯抵达新泽西时，莫里斯特意作诗一首，以表达自己"由衷"的敬意，迎接新总督的到来。诗里充斥着一种恶狠狠的气势——这种感觉一直贯穿在莫里斯之后的政治生涯中——逼迫新总督将反产权人士从参事会里统统除去。

就在莫里斯觉得前途一片光明之时，洛夫莱斯来到新泽西六个月后便突然去世。莫里斯还来不及表示悲伤，权力就落到他的头上：凭借其高级参事的身份，莫里斯成为殖民地的代理总督，在伦敦尚未产生新的人选之前，他得以代行总督职权。可是，他的权力之路又一次受阻，因为新的代理总督理查德·英哥德兹比（Richard Ingoldesby）是科恩伯里勋爵的托利党同僚，也自视为前者无可争议的继承人。莫里斯稍一反抗，便被逐出参事会——这是"麻烦制造者"莫里斯五年中第三次被逐。在他担任代理总督十五个月间，莫里斯一直不无愠怒地向伦敦写信，诉说自己的历史功绩——如何成功劝说新泽西业主将管理权交还王室——作为奖赏，理应由他出任总督。然而，他的对手也游说王室和内阁：这样无端惹是生非之人不宜出任总督，并且应当永久逐出参事会。

在他 40 岁来临之际，莫里斯发觉自己在政治上已处于穷途末路，进退两难。最终在 1710 年春，有消息说新任总督已经在赶往纽约港的路上——他也是行伍出身，与女王同样有着私人关系，在行政上也同样碌碌无为。从伦敦来的报告中称，罗伯特·亨特于 1707年西班牙王位继承战争中被派到弗吉尼亚，任副总督。但在途中，一艘法国武装船只劫掠了他的航船，将他带至法国。他在法国被囚禁两年，直到魁北克主教被捕作为战俘交换，才将他释放。回家之后，他在 1709 年 11 月给女王写信，不久即被任命为纽约和新泽西总督，随他一起去往殖民地的还有 3000 名无家可归的德国人，被安排在农场和森林工作，这样一来也缓解了不断侵扰英格兰的巴拉丁难民问题。女王一向喜欢亨特，对他率领这支庞大的巴拉丁难民远赴美洲殖民地也大力支持。他到达纽约后即刻上任，既作为女王的特使，同时又是她的监工。莫里斯的前景已不甚乐观，新总督又是一个贪婪的平庸之才——自英国将殖民地从荷兰手中夺回之后，王室始终认为，只有这样的人才最适宜管理殖民地。

注　释

1　"一位独断又好胜的地主贵族"：尤金·R.谢里丹，《刘易斯·莫里斯，1671—1746》，第 x 页。

2　"脾气有点古怪"：小威廉·史密斯，《纽约省历史》，第 1 卷，第 179 页。

3　"让诉讼案当事人"：贝弗利·麦卡恩尼尔，《纽约殖民地的政治：1680—1761》，第 252 页。

4　天性"不适合其赢得民心"：卡德瓦拉德·科尔登，《卡德瓦拉德·科尔登书信集》，第 4 章，第 305—312 页。

5　特纳对莫里斯的评价：《新泽西历史协会会议记录》67，第 4 期：第 261 页。

6　莫里斯大伯的遗嘱：匿名作者，《西切斯特县史》，第 292 页。

7　女佣贝姬供认："莫里斯家族的相关通信"，《新泽西历史协会会议记录》17（1922）：第 41—48 页。

8　生性苛刻却满怀深情的男主角：谢里丹，作品同上，第 7 页；莫里斯，《新泽西总督刘易斯·莫里斯文稿：1738—1746 年》，第 4 页。

9　本杰明·富兰克林的回忆：谢里丹，作品同上，第 8 页。

10　"在刘易斯眼中，这些黑人奴隶"：出处同前，第 11 页。

11　"人们立足于社会的物质基础越强大"：出处同前，第 16 页。

12　蒙茅斯郡周边 4000 英亩土地：出处同前，第 3—4 页。

13　"社会渣滓和恶徒"：出处同前，第 34 页。同时参见第 214 页第 33 条注释。

14　莫里斯的计划在议会获得通过：约翰·约翰斯顿于 1707 年 3 月 1 日在新泽西议会上的证词，第 207—209 页。有关这一密谋，参见谢里丹，作品同上，第 57 页，同时参见第 217 页第 4 条注释。

15　"简直管不住自己的舌头"：谢里丹，作品同上，第 61 页。

16　既不尊重也不忠于皇家当局：出处同前，第 65 页。

Chapter. 03 | 第三章

权力游戏
Power Plays

一

罗伯特·亨特与前任总督们的一个明显的不同之处在于，在他抵达纽约的前一年，即在他 44 岁时就入选英国皇家学会，成为这个冠冕特权群体中的一员。其会员都是从杰出的科学家、学者和文人等业界同仁中精挑细选出来的——实际上，英国的知识分子都是精英中的精英。这样的成就对于一个以军人为职业的人来说几乎不大可能，尤其是在连他的出身是否是苏格兰贵族的某个分支都不确定的情况下。但是罗伯特·亨特凭借他的智慧、娴熟的社交手腕以及善于抓住每一次机会的本事，成功地打进了这个最具有影响力的圈子。

亨特出生于爱丁堡一个古老的氏族，是亨特斯顿二十世领主的孙子，但是却没有继承任何值得一提的头衔或土地。他的父亲很显然是一位名气不大、收入不高的律师，因为在年纪轻轻的罗伯特跑去加入英国军队之前，早就已被安排跟着一名药剂师当学徒了。作为威廉三世国王军队里一名本事不错、胆量过人的士兵，一次偶然的机会，他被分配到安妮公主的仪仗队，成为宫廷里一名颇受欢迎的宠臣，并与安妮公主的首席军事和政治顾问马尔伯勒公爵熟络起来。这位公爵是安妮公主继承王位后国内最具有影响力的政治家。在受命与法国国王路易十四的军队在法兰德斯作战时，马尔伯勒私下里听闻亨特在打仗时表现得英勇无畏且在行政管理上也有一番才干，于是就让亨特担任他的副官。亨特是一位潇洒的年轻人，其军事生涯的开端又是如此成功，后来与一位准男爵的千金成了婚，借此拥有了一个在林肯郡的庄园和一座位于伦敦考文特花园的漂亮房子。凭借这些，亨特没有丝毫障碍地融入了上流社会。

亨特此时已经顺利跻身贵族的社交圈，他与马尔伯勒公爵的关系是他军事生涯节节高升的保证——将来某一天，他可能会成为一名少将——并且步入政治的大舞台。在那里，他显赫的导师是女王与国会之间不可或缺的联系纽带。马尔伯勒公爵名义上是保守党，但同时也声称自己是辉格党的密友。与他类似，亨特也试图在这两大阵营里都插上一脚。另外，在介于诗人和散文家之间的某个领域，亨特还显示出了他在文学上的爱好，其娴熟的讽刺技巧颇对《闲谈者》编辑的胃口，陆续在报刊上匿名发表了好几篇文章。同时，亨特也非常健谈，没过多久，就成了辉格党文学界当权派小说家、散文家们喝酒小酌时的密友，以及信誉良好的成员之一。这些人中包括小说兼散文家乔纳森·斯威夫特（Jonathan Swift）、约瑟夫·艾迪生（Joseph Addison）以及国会杰出人物理查德·斯蒂尔（Richard Steele），还有内科医师兼讽刺作家的约翰·阿巴思诺特（John Arbuthnot）。

亨特的多才使他迅速成为服务于这个国家的一名颇受称赞的朝臣。但除了才干以外，他能坐上纽约总督的位置，估计还与他和阿巴思诺特医生的交好有关，因为阿巴思诺特医生刚好是英女王安妮的医师。不过，亨特也感受到了来自前任总督的猜疑和怨恨，他要对付的是一位深知殖民地社会动态的、机警且深具洞察力的人物。似乎没有人关心殖民地人民的幸福安宁，更多的人则是像不久前才被免职的科恩伯里勋爵一样，滥用手中的权力，干着贪污受贿、徇私枉法的勾当。亨特的首要任务是着手扭转因王室官员渎职而引起的殖民地人民的暴躁情绪，四个具有千丝万缕关系的豪商家族把控着纽约的社会经济结构，这对于一位刚刚就任的官员来说无疑相当棘手。对四大家族而言，他们自身就是法律。面对这样的情况，亨特的选择只有两个，要么屈服，要么征服。

奇怪的是，这些贸易巨擘家族的创始人没有一个来自英国贵族——他们都是白手起家，借助其富有的配偶的及时协助才积累起了财富。即使是亨特，其社会地位和职位的晋升也是因为得到了类似的帮助。在纽约举足轻重的豪商望族中，起家最早的是由奥拉夫·范卡兰特（Olaff Van Cortlandt，1600—1684）一手创立的家族。他作为一名受雇于荷兰西印度公司的士兵移民到新尼德兰，不久就被提拔为货运的总管，熟悉起各类进出口业务。在奥拉夫·范卡兰特初涉啤酒生意时，他才冒出了创业的想法。在哈德逊谷北部及其附近，他开始与来自易洛魁族的毛皮猎人交易，把所有他能弄到的毛皮出口给对此渴求的欧洲市场。与富有家族的联姻，则意味着他运营资本的进一步增加，就这样，范卡兰特的财富稳步增长。[1]

菲利普斯家族的传奇也类似。其美国籍族长弗雷德里克（Frederick，1627—1702）是一名木匠。他二十出头的时候来到新阿姆斯特丹（纽约市1625—1664年间的旧称，当时为荷兰殖民地），同样受雇于荷兰西印度公司，担任总制造商。像范卡兰特一样，这一覆盖面甚广的工作使得他接触到印第安毛皮商人，渐渐地，皮毛生意从副业发展为专营的生意。英国殖民地面积的扩大，向贸易大亨们放开了更广阔的市场，加上弗雷德里克娶了范卡兰特的一个女儿为妻，这一切都使得皮毛生意的潜在利润变得更加可观，促成了两家之间大量的合作经营业务。等到17世纪80年代，阿道夫·菲利普斯（Adolph Philipse）继承其父的位置接手生意的时候，菲利普斯家族全权拥有或与别人共有的远洋货轮有七艘。而当时弗雷德里克的财力之大，据说足够雇用8万名镀金工人，被认为是当时殖民地最富有的人。贸易大亨们即将离港的货船船舱里塞满了木料、毛皮、皮革还有大批诸如烟草、面粉和焦油这些不易腐坏的商品，这些主要是为了供应欧洲市场。回程时，纽约的船只会给富有的殖民地买家带回工业制品和奢侈品。但随着时间的推移，大部分西行来的货物渐渐出自马德拉岛（位于大西洋，当地的花蜜和一种琥珀色的酒赢得了美洲殖民地人民的青睐)、几内亚(其非洲部落的大批俘虏作为奴隶劳工被贩卖到殖民地)和西印度群岛(盛产糖、糖浆和朗姆酒)。

纽约第三大贸易家族的历史要追溯到菲利普·皮尔特斯·斯凯勒(Philip Pieterse Schuyler,1628—1683)。他是一位阿姆斯特丹面包师的儿子,后来移民到奥兰治堡(英国接管殖民地后更名为奥尔巴尼)。在那里,毛皮市场正朝哈德逊北端以外的地区迅速扩张,而斯凯勒和他的后辈们将会一跃成为皮毛市场里的龙头老大。借助联姻,斯凯勒的商业触角延伸到范伦斯勒家族。该家族最初的大庄园主拥有一片极广大的庄园,所以直到 17 世纪末,范伦斯勒家族在纽约议会上都占有一席之地。范伦斯勒家族的大部分财富源于向魁北克的法国贸易商出售进口的英国制造商品,以便间接地与印第安毛皮猎人交易,因为这些猎人给法国商人们带来了他们在奥尔巴尼北部和西部捕获的大量猎物。

四大商业巨头中最后一位来到美洲殖民地的是斯蒂芬·德兰西(Stephen DeLancey,1663—1741),一个法国小贵族家庭的后裔。在 17 世纪 80 年代初,信奉天主教的德兰西和他胡格诺派的同伴们一直受到宗教迫害,于是他 18 岁时离开家乡,逃离了诺曼底的卡昂。他在英国避了几年难,不过在天主教徒詹姆斯二世继位后,斯蒂芬卖掉了他家族仅剩的一点珠宝和其他财产,于 1686 年坐船去纽约,据说当时他把 300 英镑缝进了衣服衬里。抵达纽约一个月后,德兰西获得了永久合法居留权。一年后,他宣誓对英国皇室效忠。德兰西手头的现金资本足够作为他经商的启动金,以供他经营粮仓、货仓和零售商店。后来,他成为与红海海盗进行交易的贸易商,而且大量投机可可买卖。他与范卡兰特继承人的婚姻则为他敞开了更多的大门。随后不久,他与阿道夫·菲利普斯结成盟友,一起投资合作,此举使他一跃跻身殖民地一流商人的行列。贸易大亨们的商业网延伸到纽约的各个角落，从大西洋沿岸到其他英国殖民地，北到加拿大且横跨大洋，在整个殖民地市场拥有令人生畏的势力。从农民手中购买的农作物的售价到卖给消费者的进口货物的定价都由他们敲定；工人和地主阶级也都受制于他们，因为这些贸易巨头们是他们生活成本的决定者。四大贸易家族通过聚集庞大的房地产资源来增强他们的影响力，这是那个时期为了凸显社会地位和公民声望而普遍采取的一种做法。他们的部分庄园是收购而来的，但绝大部分土地是由他们所交往的总督们公开授予的。其实，他们早就以官方授予费、私下回扣酬金以及与高层官员赤裸裸共谋分赃等形式表示了对其赠地的谢意。贸易巨头们与政府维持这种暧昧关系的唯一目的就是为了维护他们的商业霸权免受其扰。

但土地资本的积累在初期阶段并没给贸易大亨们带去多少利润，因为有相当大面积的土地是由农民承租的，或处于闲置状态以供日后开发或售卖。就此而言，这就是商业巨头与像刘易斯·莫里斯这样的殖民地大地主所不同的地方。地主们经营着成千上万英亩的土地，而在这些土地上进行的忙碌的农业劳作则给其所有者们提供了相当大的盈利空间。像其他乡绅一样，莫里斯看不起那些商业巨头，觉得他们是一群唯利是图之人：大部分时候住在纽约市的联排别墅里，占有靠近水源的大片土地，并将此作为供游览的胜地，在夏天的时候又撤离这个闷热城市。小农场主、工匠们和工人阶级对贸易大亨都怀有类似的敌意，而贸易大亨则视顾客的愤恨为企业财富的职业危害，二十年来通过采取参与纽约政治的手段来保护他们的共同利益。在总督亨特到来以前，他们差不多已经控制了纽约的政治。斯蒂芬·德兰西和阿道夫·菲利普斯作为超级巨头的存在，占据了议会大量的席位，其盟友则以蛮横跋扈的态度支配农村选民和城市选民，借此主持殖民地立法机关。因为前一种选民仰赖来自他们那拥有庞大财富的邻居和地主们的庇护，后一种选民则要靠海运贸易讨生活，均过着仰人鼻息的日子。纽约的参事会是一个服务于总督的监察职能部门，但显然也是商人小集团的代表，菲利普·斯凯勒的儿子以及其他占主导地位的商人二十四年来在参事会一直占有一席之地。

1710年，亨特上任时，政治争论的最大焦点在于议会用于支付总督薪资以及保证王室政府日常运作的拨款问题。对殖民地的管理，皇室并不给予补贴；英国建设帝国的天赋才干在于，除保卫皇家边远领土的军事开销以外，其他花费则由殖民地人民自行承担。纽约人民关心的则是，如何保证由他们选举和授权产生的议会所核准的税捐能被总督诚实、高效地使用，毕竟总督一职是直接委派而非经选举产生的。基本上，大部分前任总督们的执政时期都被打上了行政松懈、偏袒徇私的标签，甚至还有类似科恩伯里这样贪污腐败的政权，这些加在一起让殖民地背负上了日益庞大的债务。这个问题可远不止是一帮臣服的民众随口发出的抱怨牢骚；商业巨头们对此感受最深，因为殖民地的大部分财政收入来自间接税收，主要形式为贸易税（特别是进口烈酒和奢侈品商品）和对在纽约卸货的外国船只收取的"吨位税"。还有就是当地的制成品和商品要负担国内货物（或销售）税以及壁炉和马车的使用税。与贸易相关的税款大概占到殖民地税收的60%[2]，贸易大亨们对此深恶痛绝，认为高关税特别是吨位税，遏制了进口，使得海上航线改道到其他市场。

殖民地税收的平衡要归因于征收免役税（是对不动产征收的直接税，所谓免役税是对少数土地所有者作为效忠于皇室的表示而征收的费用。在法律上，土地主仍然实际拥有每一英亩土地）和对私人贵重物品的征税。像刘易斯·莫里斯这样的土地大亨们对房产税的征收，特别是对未耕种土地面积的征税极其警惕。刘易斯·莫里斯曾激烈反对过任何形式的房产税的征收以及对各类限制土地投机和土地垄断（即过度蓄积）的提议，二十年来，这一直是他在新泽西政治活动的核心内容。但在纽约，乡绅阶层没有能与贸易大亨集团力量相匹敌的经济凝聚力和政治影响力。随着新总督的上任，殖民地不得不面对现实，即需要更多的税收来维持其长期管理不善的政府运营，满足公民日益增长的城市服务需求，并且还要履行其对债权人的义务。

从上任的第一个月起，总督亨特就展现出他不同于前任总督的政治敏锐性。他认为他目前没有必要在既得利益方面互相冲突的商人阵营和大地主阵营之间选择站队，而是在解决劳动阶级不同需要的同时，充当这两大阵营之间的调解者。他早期这种互惠互利的处事方式使他看重能力出众且智慧过人的参事和官员，即使他发现自己与他们的一些看法和政策偏好不一致。他承诺改革公务员制度，确保其运作的高效廉洁。然而，在1710年9月初召开的第十三届殖民地议会上，他不可避免地与议会发生了第一次直接对抗。22个议会成员中有15个是贸易大亨集团派系的盟友。看姓氏，这15个人中有德兰西、范卡兰特、斯凯勒和范伦斯勒家族的人。

一开始，亨特试图消除他们的敌意。他的就职演说只有寥寥300字。他后来嘲讽地说道："如果诚实是最好的政策，坦率就必然是最佳的演讲术。"但是，因前总督科恩伯里明目张胆地滥用皇家特权，对此仍然感到愤愤不平的议会出于怨气并没有被这番言辞感化。所以在一开始，亨特就必须学到一点教训——殖民者不再是无能的皇室朝臣的玩具，他们的纳税款也不应再被肆意挥霍。立法委员们坚决地拒绝了亨特的拨款请求，直到他们迫使亨特做出让步，承认英国皇室长期以来一直否认的其作为殖民主义者身份的事实。除非亨特满足殖民地的要求，即制定皇室官员的薪酬标准以及授权议会对政府支出财政税收的行为进行监督，不然他就只能获得总督惯常薪金的一半，甚至只能用一笔微不足道的资金来运作一个影子政府——这是一场精心策划的挑战，以约束肆无忌惮的皇权。

这种无礼的非难，让亨特十分灰心沮丧，虽然他愿意做出一些妥协，向立法机关让步，但不是可怜地向政治勒索低头。他很快反应过来，明白自己需要征募一个机要顾问，为消除议会对他的敌意而出谋划策。因此，此人不仅要足智多谋、受人尊重，还得是一位具有战略地位的殖民者。最合适的人选本来应该是斯蒂芬·德兰西，他年长亨特三岁而且担任议会议员已有八年之久。虽然除了他是商人巨头阵营最高领导阶层的这个身份以外，他还是殖民地最富有的人之一，但德兰西却被视作是正直和开明的化身。亨特毕竟还没有承诺会改革行政体制，在殖民者对现状不甚满意的情况下，德兰西很可能也是一个不好对付的人物，因为他根本没有任何动机听候总督的调遣，为他做事。所以，亨特做了一个极具冒险性的选择——这一选择将对这两个男人的职业生涯产生决定性影响。

二

18 世纪初，刘易斯·莫里斯正是通过对贸易委员会的操控，巧妙地策划了新泽西殖民地重归于英国王室这一事件。在新总督上任前的贸易委员会的简报上，亨特可能就已获悉土地巨头是一种多么强大的存在：雄心勃勃、自信十足、聪颖机智，但有时候又争勇斗狠到了不服管教的地步。事实上，在亨特到来时，莫里斯作为新泽西参事会资深参事——或主席，因为当时的职位都是由总督指派——他还处于停职状态。莫里斯冲锋在前，已经推翻了两位前任总督，对此他收到的赞誉多于负面评价，尤其是自科恩伯里让政府陷入如此难堪的境地之后。但又恰恰是科恩伯里下台之后的代理总督英格尔兹比，把莫里斯赶下了台，因为莫里斯试图通过法院挑战他代为治理新泽西的资格。

对于来自一个古老氏族的苏格兰人亨特而言，一个小小的调查显示莫里斯在新泽西长期政治战争中的铁杆支持者们很可能是殖民地的苏格兰裔经营者——知道这点对亨特来说很占优势。此外，莫里斯作为一个乡绅，在亨特担任总督的纽约殖民地以及新泽西殖民地都拥有大量地产，因此他有能与商人大亨们相抗衡的潜力。商人巨头们主导着纽约议会，其势力对于在职的总督而言可谓是一个不小的威胁。在早期，这两个人就发现彼此志趣相投；均是精力充沛、外向友好的性情（虽然总督的性格更谨慎小心一些），而且同样才智敏捷，热爱文学和创作，追求实权务实而不是意识形态力量。亨特很快就帮莫里斯重新坐回了新泽西参事长的位置，使他成为殖民地握有实权的政党领袖和行政总长官。征得总督的同意，莫里斯慢慢地用他自己挑中的人选取代了对他们怀有敌意的参事、法官、治安官和一些次要职位的官员。尽管莫里斯不过是在执行总督的意愿，但这却是他首次真正意义上成为新泽西的要人，因为他紧紧抓住了随着总督授权而来的各种便利行事的优遇。这种人事布局恰好配合了亨特的优先解决事项；亨特最重要的挑战在纽约——而莫里斯，作为总督非官方的心腹密友，很乐意在那里一展身手，而且他也已经应邀在纽约直接施展他目的明确的计划。

莫里斯很快就会发现，纽约是一个比新泽西更危险的战场。他要对付的是数目众多、势力根深蒂固且携带重型武器的对手。他代表亨特发起的，同时也是确立自己正式进入殖民地政治舞台的第一轮进攻，就是让自己通过选举进入议会。在英国，拥有大量土地的贵族们在其本区驯服选民的支持下，能够轻而易举地定期回归国会，并重新担任议员，而莫里斯的回归在难度上几乎与此无异。在议会，莫里斯拥有一个现成的、代表西切斯特县的议会席位——主要是由于他大伯那一代人的政治默许，西切斯特县及其近郊是一个大部分由他家族的莫里桑尼亚庄园合围而成的飞地。自然而然地，不管是西切斯特县的雇员、供应商，还是邻居，都成了莫里斯提名资格的背后力量。不过这并没有影响到莫里斯和他一位最亲密邻友——同为乡绅且拥有比他更大庄园的威廉·威利特（William Willet）之间的关系。威廉·威利特是一位贵格会信徒，他在当地众多信徒间具有强大的影响力，且完全了解莫里斯在新泽西为贵格会团体争取政治平等而正在进行的各种努力。威利特占据了西切斯特县另外三个议席中的一个，担任议员的时间已经长达九年，并且在一开始就已经成了莫里斯阵营一名坚定的盟友。

不过，威利特可能会像他的大多数立法机关同事一样震惊，因为莫里斯几乎一取得议会议席，就立即把立法机关的人员大骂了一顿，指责他们不该拒绝亨特申请资金以维持其行政机关的要求。初来乍到的莫里斯不仅错估了议员在议会的特权，也高估了在议会上发表自由言论的限度——再加上他可能忽视了听他演说的可不再是新泽西那帮毕恭毕敬的老政客的这一事实，他为亨特受到的明显不公正待遇而打抱不平的做法，实际上是把其他成员视作了笨蛋，而且批评他们对皇室忘恩负义，指出皇室为了保卫殖民地的陆地和海洋安全付出了极大的代价。莫里斯的一番拥护之辞虽然情绪过于激昂，甚至有点刺耳，但出于感激，亨特拷贝了一份莫里斯的言论，并把它送到了伦敦，在伦敦政府的高级参事会成员之间传递，这甚至引起了女王的注意。但是在纽约，贸易巨头们才是议会的统治者。莫里斯于 11 月 10 日被议会开除，直到次年秋天，他忠实的拥护团体才将他送回议会——并能继续任职二十多年。

尽管亨特有莫里斯、威利特以及他们的一小批追随者作为他的坚实后盾，但很明显，他还是无法与贸易巨头集团的势力抗衡，财权还是牢牢掌握在对方手上。在接下来的两年时间里，亨特仍然只能领取部分薪金，他不得不以一种勉强糊口的方式经营着纽约政府。当微不足道的拨款用完时，这对性格慷慨、尽职负责的亨特来说算是一次不小的考验。他自掏腰包，用他的个人资金支付殖民地官员们的工资，并保持行政的运转。但对他来说更糟糕的是，伦敦的执政权落到了一个新保守党政府手里。尽管新政府同意兑现亨特递交给贸易委员会的付款单据，但仅报销了票面价值的四分之一。这笔开支是亨特用以重新安置和补助巴拉丁难民的支出（这批人员当初可是带着女王的祝福跟随他来到纽约的，而且女王承诺资助这一旨在提升王国经济的计划）。不久，亨特作为皇室债权人，未兑现的金额就超过了3万英镑，几近破产。虽然亨特亲切友好，也证明了自己的公正清廉，但商界当权派的反对者们仍然固执己见。议会既不提供政府运营所必需的财政收入——除非能达成对政府财政操作进行实质性监督的协议——但在亨特看来，这无疑是对皇室往届总督亏损事实的卑躬屈膝的承认——另外，议会也不考虑增加税收以支付债务清偿的服务费用。有必要采取一些行动了，不然和气的亨特就得遭受与科恩伯里一样耻辱丢脸的命运。

为了打破僵局，巩固自己作为总督不可缺少的盟友和专家的地位，莫里斯开始在看似相异的基础上缔结一个政治联盟，就像当初他在新泽西所做的那样——这是他政治天赋的证明。联盟的大本营可能设在西切斯特，毗邻纽约（曼哈顿岛），但这里同样存在势力割据；菲利普斯和德兰西两大家族在该地也拥有广袤的土地，但不同于莫里桑尼亚庄园，他们大部分的土地还未开发。为了与贸易巨头们做斗争，莫里斯此时最需要的是在他任期之内征募到一个财富和领地规模上都能与他们相当的土地大亨。莫里斯在位于奥尔巴尼县下游的哈德逊谷找到了理想人选，在那里，基本上没有人能与斯凯勒家族负责的商贸事务相抗衡。

有苏格兰长老会背景的罗伯特·利文斯顿（Robert Livingston），

因斯图亚特改革使得非圣公会信徒的生活愈发艰难。他在少年的时候就逃离了英国，并在鹿特丹避难。作为一个有着良好商业头脑且敏锐机智的小伙子，他不仅学会了荷兰语，而且不久就成了一名老成的商人——他在 16 岁的时候就开始自己运输货物。自身的成功使罗伯特确信在美洲殖民地经营商机更大。1674 年，他抵达美洲，接着在奥尔巴尼开展业务。当时荷兰商人已经在那儿打下了根基，而利文斯顿流利的荷兰语则大大促进了他与荷商之间的交易，并使英国当局注意到他的价值，那时英国一直试图控制集中在那的印第安贸易。同过去和现在的许多财富谋求者一样，利文斯顿结了一门非常不错的姻亲——与寡妇阿莉达·斯凯乐·范伦斯勒（Alida Schuyler Van Rensselaer）结成了夫妻，此举将他与殖民地拥有最广阔面积土地的两大家族连接起来。当他的妻族还在为这对夫妇索要大份额的家族领土而争论不休的时候，利文斯顿主动出击，使其贸易业务都转向以土地积累为主。他的攫利欲和精于世故的为人为他挣得了一份地产的所有权——由托马斯·唐根（Thomas Dongan）总督授予，总计 16 万英亩的临河产业。这位总督在 17 世纪 80 年代给那些能向他献上相称谢礼的人制定了这套慷慨分配皇室土地的标准。[3] 利文斯顿庄园使它的所有者俨然有了贵族出身的气派，且合乎莫里斯政治风险投资的理想合作者的身份。在纽约议会上，总督亨特迅速给这位庄园主分配了一个席位，而坐实了这一点的是，占据了议席的利文斯顿从头到尾也无一丝羞赧。

莫里斯现在开始招揽大批的普通群众，而不是王公贵族，来壮大他还处于发展初期的党派。他撒下大网，劝诱任何对贸易大亨和英国圣公会怀有怨恨情绪的人入网。其中最突出的团体是小农场主们，特别是哈德逊山谷的荷兰自耕农阶级和他们的小商人宗亲，还有城镇零售商和工人们。他们都感到自己的社会地位在日益下降，因为英国自从掌管殖民地后，就特别偏袒迎合伦敦金融界需求的国际托运商中的上层集团。莫里斯招揽的党人之间的政治共性是：他们都像他自己一样，支持用从贸易关税和奢侈品销售中征收的间接税来偿付政府的大部分开销。随后，他制定了一项具有平民号召力的立法议程。该议程呼吁为农民改善道路，减少征购土地障碍，增加货币供应量和为消费者提供更廉价的信贷，保护小资产阶级和地方制造商以刺激国内贸易和抵制廉价进口商品，并且采取强制措施包容宗教异见者。

但是该如何赢得人们对他计划的支持呢？尤其在当时，信息传播主要是靠口耳相传，从街头巷尾的演说到星期天的布道、咖啡馆的八卦，再到城市的公告报刊。鉴于莫里斯在新泽西取得的政治经验，也因为他同时拥有不俗的文学造诣和足够的财力，他决定运用文字来打磨他的说服力。1713 年，在文本获总督首肯后，莫里斯出版了一份广为散发的小册子，宣布了他的平民主义计划，并呼吁适度提高进口商品关税和零售酒类销售税，以资助殖民地政府。坦率地说，尽管零售商无疑会通过提高价格来把增加的税赋负担转移给公众，但莫里斯认为这一步就社会而言，还是合理正当的。莫里斯论道："这笔费用不会由那些节制、勤勉、审慎或贫穷的人来负担，而会由那些富有、虚荣和奢侈无度的人来承担；对于那些能满足于穿粗布麻衣的人而言，他们不追求享用葡萄酒、白兰地和朗姆酒，而是喝从自己产出的作物中蒸馏提取出来的苹果酒、啤酒和种种烈酒。这些人将完全不用为支持政府而付出任何东西。"[4] 但是那些每年花费高达 300 英镑，过着"美好生活"的富人们则完全可以承受这点小小的额外支出，用来为民众提供最必要的公共服务。这份呼吁可能是基于阶级冲突，但是它达到了目的，消息得到了传播。莫里斯还补充了另一个更具警示性、因而也可能更有说服力的论点，即如果议会不立即采取行动资助亨特政府的话，届时英国国会将不得不介入，并强行征收规定的税款，终止任何殖民地所享有的表面上的地方自治权，并减轻总督对其公民负有的一切责任。为了缓和立法委员们提出的监督皇室官员收入和支出的要求，莫里斯提议由一名皇室监察员和一位议会指派的监督官员共同参与监察。

慢慢地，舆论开始倒向莫里斯这一边，其中一部分原因是出于害怕英国当局可能真的会在必要时刻采取武装协调；还有一部分原因是港口贸易量的增势，这无形中削弱了贸易大亨所称的高税额会使经济蒙受损失的警告。也有迹象表明是因为选民厌倦了政治对立，方使莫里斯的平民主义论点在民意测验时看到了成效。从1713年议会选举的最终得票结果来看，"宫廷派"落了下风，因为莫里斯和亨特的支持者现在已声名鹊起，新当选的五名成员使得两大党派在立法机构中的人数几乎持平。因此，莫里斯作为其政党在议会中的党派领袖，设计了一个方案，打算在一年后就偿清殖民地日益增长的债务。这不仅在财政上是可操作的，而且因为这项计划极受选民欢迎，抗拒增税的商人大亨们甚至不敢反其道而行之。

纽约政府的公民债权人没有上千也有好几百，有些债务甚至达一代人之久。其中有为政府提供有息贷款的投资人（如罗伯特·利文斯顿），有提供了服务但却被拖欠工钱的劳工，有已交付货物的供应商，以及一批服役的民兵们，他们参与了自1690年以来对法属加拿大（尤指魁北克殖民地）发起的三次徒劳无功的进攻。在政治上最具有说服力的是，殖民地对牺牲的义务警卫队首领雅各布·莱斯勒（Jacob Leisler）的追随者们负有道德义务。在光荣革命之后，未经皇室准许，野蛮的保皇党军队就占领了殖民地。在两年的时间里，这些追随者们的财产要么被摧毁要么被查抄。作为提出此项法案的党派领袖，莫里斯毫不放松地敦促议会通过了《1714年公共债券法》。它通过发放信用券的方式来偿还金额高达2.8万英镑的殖民地债务——定期从为期20年的白酒销售税税款中兑换成纸钞。这种偿款方式特别受到荷兰团体的欢迎，其团体中的许多成员极为同情雅各布·莱斯勒的遭遇。虽然他为反抗斯图亚特君主政体做出了牺牲，但可怜的是在起义被镇压之后他们的财产损失根本没有得到赔偿。亨特本人是债务偿还计划的最大受益者，收到发放的5000英镑（这是议会对他以一己之力卓有成效地维持政府运作而迟来的认可），但政府还欠他五倍于这个数目的钱财。

虽然多年来富商们一直抱怨说，债券法主要是莫里斯用于扩大党派的计划，还会使钱币贬值，损害包括伦敦和当地人在内的债权人利益，但注入的流动资金事实上刺激了纽约的经济。这项措施的普及，减弱了对亨特申请充足资金以维持政府运作的抵制情绪，立法机关几乎没有分歧地通过了《1715年扶持法案》。这是一项为期五年的税收法案，以适度增加进口关税和消费税为基础，结束了自亨特上任以来一直束缚他的财政危机。而他唯一做出的让步就是授予议会任命某位官员以监察政府的支出的权力。

在这些成就的鼓舞下，莫里斯现在完全赢得了亨特的支持。无论是参事会的一揽子法令，还是立法机关为保护和促进当地经济而实行的社会和经济福利计划及措施，他都能获得总督的支持。例如，为了帮助零售商，议会规定零售商的主要竞争对手——没有执照的，通常不讲道德的街头小贩、走私者和在人行道上搞拍卖的人们——须支付经营费。而且，通过各种方式帮助纽约的制造商和工匠——对进口皮革征收小额关税以保护制革工人；同样，用对从其他地方引进的桶进行收费的方式保护桶匠；对进口朗姆酒征税，对地方蒸馏酒厂免税。为了鼓励重要商品的生产者，授予已成立的碳黑生产商和亚麻子油压榨商以专卖权；还有向鼠海豚渔业和港口富产牡蛎河床的经营者们提供类似的保护。同样重要的是要采取措施，尤其是通过补贴造船公司和为其相关产业的工人创造就业机会的方式，促进殖民地的商业核心——海上贸易。[5]出于同样的目的，同时也是出于对抗商业大家族的想法，莫里斯同意对所有进入纽约的外来货船征收吨位税。虽然贸易大亨们不停地抱怨"纽约币"贬值是因为议会发行纸币和对其他债权人实行优惠措施，诸如6%的高利贷利息上限。这样一来，在纽约做生意比以前更加容易了，硬币货币（铸币）到了供不应求的地步。商务、贸易关税和消费税收同时实现跳跃性增长，保障了亨特政府的偿付能力。政府甚至能够开展大量的基础设施工程，例如修建一条从曼哈顿岛南端的巴特里延伸穿过位于岛北端哈莱姆区农庄的高速公路，以连接金斯布里奇镇的渡轮，改善从附近的西切斯特郡和康涅狄格运输农产品的长途汽车服务。

莫里斯无疑对其所取得的这些进展非常满意，因为这几乎完全基于贸易关税收入，而非来自对像他自己这样的大地主增加更高额的税务负担。更投机取巧的是，他得到了亨特的支持，使议会通过了入籍法案，承认所有纽约人的英国公民身份，不管他们是出生在国外，还是拥有新教信仰，从而进一步增强了他的政治影响力。从前模糊的身份定位长期以来困扰着许多荷兰和胡格诺派家庭，特别是在偏远的达奇斯县、奥兰治县和阿尔斯特县的人们，这项法案提高了莫里斯派政党联盟在大众间的声望。在施行亨特的政治分配策略时，在参事会的支持下，这三个位于哈德逊谷的县郡均额外获得了一个议会席位。哪怕是更占上风的贸易巨头对这种政治放任也无能为力，这使得莫里斯派政党联盟在1716年的选举中大获全胜，赢得了三分之二的议会成员席——甚至连莫里斯的死敌，强硬的商人巨头斯蒂芬·德兰西，也失去了他代表纽约县的议席。

对莫里斯而言，后续还有一个更有甜头的奖励。他不仅仅是一个政界操纵者，还是一个富有学识的法律制定者，对法学的重视常常到了一种尊崇的地步。他曾在新泽西的民事法院供职七年，尽管没有可靠途径来确定他当时的在职等级。当纽约最高法院（殖民地最高法庭）的首席法官一职空缺时，作为也许是刘易斯·莫里斯最忠实敬慕者的总督，委派他担任了这个职务。他的敌人不仅可能，而且也明确表示反对，但却不能否认莫里斯的确拥有一颗智慧过人的头脑。同时代的历史学家（兼律师）小威廉·史密斯在评价莫里斯时说，"殖民地中没有几个人具有像他那样完备的法律知识和密谋策划方面的诡智"。[6] 但他的阴谋诡计使他不怎么招人喜欢，甚至连他最亲密政治盟友之一的利文斯顿家族都曾提到，莫里斯只有在他自己的利益受到影响时才会想要拿起武器。[7] 公平地说，莫里斯之所以摆出作战姿态通常是因为他坚信或者自认为、也正如他的敌人所持的看法那样——他自己的利益和公众的利益在很大程度上是一致的。

有一件事让人察觉到总督和他的新任首席法官之间私交甚好，而且在政治上也志趣相投。泄密的源头就在于他们于 1715 年合力创作的讽刺戏剧——《安德罗波洛斯，一场三幕闹剧》[8]。戏剧的名称可以说是毫不遮掩地嘲讽了敌人，视其为愚昧而不自知的大傻瓜。这个故事的背景设在总督官邸地下室的一间密室里，一群秘密结社逐利的阴谋集团正打算谋夺殖民地的控制权。这部戏剧被认为是第一部在美洲殖民地著述和出版的作品——几乎可以肯定的是，在这之前同类戏剧从来没有上演过（即使有也寥寥无几）。只是这部戏剧的原稿，毫无疑问成了两位作者及其交友圈的私下娱乐并传播开来。书的原稿很有可能是在威廉·布拉德福德的印刷店里打印出来的，而在那里，18 岁的彼得·曾格的学徒年限还有三年。

在罗伯特·亨特任期的最后几年，一人同时供职多处的禁令早已取消。刘易斯·莫里斯不仅是新泽西参事会的主席，还是纽约议会权力最大的议员、纽约高等法院的首席大法官，并且还是总督的机要战略家，管理两处殖民地。在美洲，可能再没有哪个殖民地人士的政治影响力比他更大了。

三

在莫里斯的策划下，亨特声势浩大的东山再起使其在1717年通过了第二份重大债务清偿法案，而这让本就受挫的贸易大亨们更加愤愤不平，但又对此束手无策。纽约的经济进一步繁荣发展。1718年，议长罗伯特·利文斯顿以及英国政府的内阁成员受到了来自伦敦金融家们的批评，他们的美洲债务人被指用便宜的殖民地货币进行结算，以支持亨特的财政计划。紧接着，亨特犯下了一个他政治生涯中罕见的政策失误。

贸易委员会命令亨特禁止所有非法的法国船只进出纽约港，显然是打算制止走私和海盗行为。但总督把命令范围扩大到所有往来于法属西印度群岛的，无论是携带合法还是违禁品货物的所有船只。而法属西印度群岛是纽约商人最有利可图的市场之一，他们的商船将面粉、培根和木材运送到加勒比海区域，回程则满载食糖。这条船舶禁止令使纽约的经济产生了明显的波澜。当西属西印度群岛市场也因为英国与西班牙殖民帝国之间新的争端而关闭时，纽约的经济情况迅速恶化。这再次引发了纽约贸易大亨们对亨特及整个莫里斯派所做努力的恶意讥讽。

亨特的健康也在恶化——长达八年的任期可谓是压力重重。所以他选择回到英格兰，在一个相对平静的地方供职，负责监督英国港口关税的收取，并游说议会偿还皇室目前还拖欠他的2.2万英镑——这是他在作为总督时为维持政府运营，自掏腰包支出的那部分钱。尽管他得到的只有国会对其所欠下债务的承认书，但后人用荣誉报答了他。达特茅斯学院的雷克斯·莫里斯·内勒，这一时期的一名编年史家，表述了这样的历史共识，称罗伯特·亨特"可能是最出色的一位（殖民地）纽约总督"[9]。

彼得·曾格当初作为受总督亨特保护的、涌入殖民地的巴拉丁难民之一，那时几乎是和亨特总督同时抵达纽约，而在亨特离开纽约之后不久，21岁的他也离开了这座城市。很明显，他友好地结束了在威廉·布拉德福德印刷店的八年学徒生涯，因为在1718年年末或1719年年初，曾格去了费城。[10]尽管布拉德福德昔日在此经商的运气并不佳，他的儿子安德鲁却成了费城当地一名成功的印刷商。某个合理的猜测是：老布拉德福德即将创办殖民地第一份有认可度的报纸——《美国信使周报》，因此他认为受过其行业系统培训的曾格或许可为他儿子所用。如果老布拉德福德真的是出于这样的考量，那么他的计划显然是落空了；在费城，曾格唯一已知的回报是他和玛丽·怀特（Mary White）的婚姻，他们于1719年7月28日在费城结婚。[11]

这对夫妇搬到马里兰，曾格渴望能在那里成为殖民地的一名官员——但只限于做官方印刷商。虽然马里兰的首府安纳波利斯是立法机关、政府行政办公室和皇家海军基地的所在地，在那里也可以很便利地获得印刷业务，但曾格并没有把他的印刷厂设在那里，而是把店址定在了切斯特敦。那是一个富有的小港口，距东岸切萨皮克湾的东北部只有30英里。至于曾格是如何买到印刷设备的，这一直都是个谜——也许是凭借他忠诚的学徒身份，从他先前的师傅威廉·布拉德福德那儿贷的款，或更可能是来自他妻子的嫁妆或家族的帮助。然而，显而易见的是，他并未能找到足够多的业务来把生意做大做好。他一再努力，试图成为殖民地指派的其官方文件的印刷商。但留存下来的唯一成功记录，就是在1720年因帮忙打印殖民地的县郡法，获得了500磅的马里兰烟草作为其酬劳。[12]曾格既无政治关系，也无地理优势来维持店面财务支出。更令他痛苦的是，玛丽·曾格在生下他们的儿子之后不久就去世了，孩子以他父亲的名字命名。

这位年轻的鳏夫在丧妻之后深受打击，沮丧不已，于是带着他的儿子回到了纽约，并于 1722 年 9 月在荷兰改革宗教堂与安娜·凯瑟琳·莫林结为夫妻，她和曾格差不多同时间来到殖民地。随着家庭成员的不断增多——这对夫妇不久就有了四个儿子——曾格重新为威廉·布拉德福德业务繁忙的印刷机构工作，不过这一次他的身份是高级熟练工。那时，纽约和新泽西迎来了一位新的总督；巧合的是，他是亨特的一位年轻朋友，亨特举荐他担任这一职位后还向他大力推荐刘易斯·莫里斯，建议他让莫里斯继续担任总督的首席顾问和政治密探。而莫里斯，当时在他的同胞们中作为一位名副其实的统治者，没有表示反对。

四

在第一次打照面时，威廉·伯内特（William Burnet）给刘易斯·莫里斯留下的印象很可能是一种被英国打发到殖民地来的常见的总督印象——因和高层有关系而带来的特权感，并且准备在美洲殖民地大捞一把以填满空空如也的钱包。但是，伯内特优越的社会地位不是因为他的贵族血统，而是与基督教和知识界杰出人士的亲密关系。

他的父亲吉尔伯特·伯内特（Gilbert Burnet）是威廉王子奥兰治麾下一位最重要的神学家，他随其来到英国，还在王子加冕为威廉三世国王的典礼上做过布道。经过一段时间以后，老伯内特被任命为索尔兹伯里主教；他的儿子威廉后来娶了坎特伯雷主任牧师的女儿。那时，人们认为威廉是一个非常有前途的科学家。他 19 岁时受资助入选英国皇家学会，资助他的人名气不下于艾萨克·牛顿先生（当时世界上最杰出的一位科学家），资助人在年轻的威廉从牛津大学辍学后就一直负责教导他。他皇家学会的成员身份并不完全是基于外界的助力——他曾就瑞士格林德瓦冰川的奇异之处、在荷兰观察到的连体双胞胎和木星的月蚀现象都发表过严肃的学术论文。为了谋生，伯内特在政府担任公务员，信誉良好，与影响力不俗的辉格党朋友们在一起工作，担任皇室海关审计员一职。像许多其他政治圈内人士一样，他大量投资南海公司——一个政府特许设立的垄断企业，与南美洲进行贸易往来，其盈利目的在于减少国家债务。但在该计划于 1720 年崩溃后，伯内特发现自己需要一份薪金更为优渥的工作。当他得知他的同僚兼朋友——皇家学会成员罗伯特·亨特已经退任纽约和新泽西总督，而且正在伦敦寻找一份体面的闲职时，他们说服了贸易委员会允许他们交换职位。

伯内特需要找到一个精于殖民地政界混战的人作为他的导师，他听取了亨特的建议，选择让刘易斯·莫里斯担任这一角色；莫里斯曾很好地辅助过亨特，现在这位新总督也认为他是社交达人，且算得上是殖民地内知识渊博的人。对莫里斯本人来说，他对这位三十三岁的总督留给其他人的第一印象非常一致，认为他有良好的判断力，亲善友好，以及有着与他前任总督一样活泼灵巧的行事风格，而且在融入殖民地社会的过程中也没有端什么架子。[13] 但他犯了一个亨特没有犯的错误，那就是允许自己太过容易被莫里斯毫不掩饰地拉到他的党派阵营里，这让莫里斯觉得这位年轻总督的耳根子似乎特别软。无论如何，莫里斯操纵政治的手段之巧妙，让刚来几周不到的伯内特在做出两个重大决策时见识到了。

通常新总督会解散现有议会，并邀请选民重新行使其民主权利，以确认或更换立法者，就如同一位新的君主继承王位时也总会重新选举国会议员一样——而纽约殖民地每次在进行总督政权更替时，也都会重组议会，只有一任总督除外。但并没有明文规定每任新总督都得要求重新召开大会选举，伯内特也没有收到贸易委员会的这种指示。此外，立法机构的组成已经四年未变了，大部分是莫里斯派的党人，而这是花了六年时间才做到的——于情于理，莫里斯都不会去冒失去这一布局的风险。意识到伯内特在财务上有困难，且像亨特一样，无法长期容忍一个阻挠他获得足够资金来运行其政府的敌对立法机构。作为事实上的议会领导人，莫里斯承诺，如果总督保持现有议会成员不变，他将确保通过一项长期的、能充分满足他拨款预算的法案。为了给他们的这一安排增添合法性，莫里斯以他首席大法官的身份（在一个政府各部门之间的权力分立尚未确认为政治原则的时代）呈送给伯内特一份法律备忘录，陈述了可以不解散原有议会的原因。莫里斯坚持认为，虽然英国统治君主的接替标志着最高权力的间歇期，同时也亟待选举产生一个新的国会，但是殖民地不是一个主权实体，而是一个区域性附属地，那么其总督也不是一个有完全主权的最高统治者，而是皇室的代理人。如今皇冠就戴在国王乔治一世的头上，他还在位，所以纽约没有必要解散其议会，并重新选举产生新议会。

反莫里斯派不出意外地被这种干涉司法行径所激怒。随着殖民地商业的发展放缓，他们希望解除以往亨特制定的、针对法属西印度群岛贸易船只的禁令，以及破除莫里斯的保护主义政策，以刺激当地商业的发展。伯内特的参事对此表示强烈反对，并公开宣布要向伦敦官员投诉。但总督态度坚定。在议会内部，商业集团宣称伯内特滥用皇家特权，自作主张，否认了殖民者希望做出合理转变的请求；作为回应，总督漫不经心地邀请愤怒的立法者们一起研究首席大法官关于这一问题的意见。通过把政治身份从大法官转为铁腕的议会党派领袖，莫里斯扼杀了所有关于呼吁新选举的辩论，这使得他的影响力翻了一番。有一个来自长岛萨福克县的议员，长期以来一直抱怨：任何展示皇室专制的行为无非是傲慢自大的表现。莫里斯切换回他作为首席法官的角色，利用手中的职权发出威胁：惹是生非的立法者将以破坏皇室权威的罪名被起诉，"如果他依然故我地向同胞们宣称他的（抱怨）意见"。这已经不是莫里斯第一次过分自信地运用他司法官员的身份恫吓政敌，事后还逍遥法外。[14]

按照承诺，议会现已根基牢固，且唯莫里斯马首是瞻。在他的主导下，议会通过了一个为期五年的，用以保证伯内特政府运营的拨款议案，并就所有进口的欧洲商品临时性增收 2% 的关税。而后者进一步激怒了贸易大亨，因为在其看来，这一举措只会让国外运输公司更不乐意在纽约停靠。随后，莫里斯和伯内特打着维护英国皇室利益的爱国旗号，准备给予其政敌更为沉重的一次打击。

控制了加拿大心脏地带的法国，正在进一步入侵俄亥俄河谷的上游地区。通过联合当地的同时也是他们的主要贸易伙伴的土著部落，法国人逐渐借毛皮贸易富有起来。他们对土地的渴望也持续膨胀，不断迫切地要求他们的印第安盟友们阻止英属大西洋海岸殖民地在西线的进一步扩张，并对新法兰西开放整个俄亥俄和密西西比盆地，且主张新法兰西对这些地方拥有无可争议的统治权。伯内特和莫里斯声称，纽约和奥尔巴尼的富商巨贾正与敌人合作，把特别受印第安人重视的英国制造的商品，诸如各种工具、枪支、刀具、毛毯、制衣用的粗织物和白酒，出售给在魁北克和蒙特利尔的法国商人，通过易物的形式向他们交换在当地猎取到的毛皮，而这些毛皮（尤其是海狸的毛皮）在运回欧洲后将以高价卖出。毛皮贸易是纽约商业家族主要的财富来源，他们从英国进口商品的数量（大部分商品是为了出售给法裔加拿大人）要五倍于他们出口给英国的数目。伯内特和莫里斯打算破坏法国支配印第安疆土和阻挠英国向西扩张的计划。他们说服了议会禁止纽约人民向加拿大人出售进口商品，其目的是为了迫使法国人从其他渠道向印第安人提供质量低劣但价格昂贵的商品，而不是原先受他们青睐的英国货物，借以鼓励该地区的部落与在奥尔巴尼的英国商人直接进行交易。后来，为了应对法国人对纽约西部边境的逼迫，伯内特授权在安大略湖的奥斯威戈市，距离奥尔巴尼150英里的地方，建造一个堡垒和贸易站，以打开与位于五大湖、俄亥俄和密西西比河谷的部落之间的贸易渠道。在这些地方，法国的包运船户可以随意来往于各个航道。

到目前为止，这个策略可能还是可行的。因为相较于法国，它提高了英国的扩张主义利益，但因为损失了法裔加拿大人客源，纽约的几大进口商怨恨在心。他们步步紧逼地强调，一个非法召开的议会将错误的政府政策强加于殖民地。尽管如此，伯内特和莫里斯派系还是占据了优势。在接下来的几年时间里，因为发现《1720年印第安贸易法案》可以很轻易地被白人和部落的走私者规避，莫里斯通过补充法强化了执法力度，镇压的手段使人想起一个世纪以前英国星室法庭的行事风格。任何人如果涉嫌向法国商人出售受印第安捕猎者欢迎的英国制品，就会要求他当庭宣誓：不仅他本人没有这样做，而且他也不知道有谁参与了这样的贸易。任何拒绝对此发誓的人都会被定罪，如果不缴纳一大笔高达100英镑的罚款，就很容易在不经任何司法审查（更不用说陪审团审判）的情况下被处以监禁的惩罚。一批地方官员军队应募参与执行宣誓，若有人敷衍履职，该应募者将被处以一笔200英镑的罚款，而且终身剥夺其担任公务员的资格。这种政治迫害的行为表明了莫里斯对议会独裁控制的程度，还有间或的对法治的任意背离——只要形势需要，莫里斯就会迅速控告他的政治敌人。

然而，他们的敌手们也不能否认，到1725年，伯内特和莫里斯将与法国毛皮贸易商的非法走私行为定义为刑事犯罪的措施是行之有效的。巴黎和其他欧洲目的地的海狸毛皮断供后，运往伦敦新兴奢侈品市场的海狸毛皮数量显著增加。这些毛皮是纽约贸易站用英国商品与当地捕猎者们交换而来的，这也特别给英国的制帽匠人们提供了发家致富的好时机。伯内特也被告知，贸易委员会支持他针对法国的侵略政策。然而，该政策的代价就是，大家越来越憎恨莫里斯在议会内搞"一言堂"。

在上司十分纵容，行事又不受打扰的情况下，莫里斯一直没有停止积蓄力量。他最后的猎物是总督的参事会，其创建是为了在召集或解散议会时，就伯内特所有的政令、政府赠地、资助选择、支出和经费提出建议和表示同意。根据贸易委员会的指令，参事会最多由12名"财力和能力不俗的人，而不是穷困的（需要工作的）或负有很多债务"[15]的参事组成——简而言之，就是由殖民地贵族构成。伯内特上任后有5位上层阶级的参事对莫里斯的政策怀有敌意，或持中立的态度，特别是贸易巨头阿道夫·菲利普斯和彼得·斯凯勒（Peter Schuyler）。而在首席大法官兼议会领导人的请求下，他们不久就被总督逐出了议会。替代他们的是身份不那么高贵但更有见识之人，其中有两位了不起的苏格兰人，担任莫里斯的年轻助手，他们被历史学家威廉·史密斯（William Smith）精确地形容为"学识丰富和道德高尚之辈"。[16]

詹姆斯·亚历山大（James Alexander）对他移民美洲之前的青少年时期总是缄口不言，但移民后他就以火箭般的速度上升到纽约法律行业的顶端，这表明他先前已经在爱丁堡或伦敦接触过法律。后来，在英国皇家陆军担任工程部专员时，他被怀疑煽动人们的同情心，甚至与那些反对把英国王位交给德国汉诺威市选民的人一起密谋，以防止一名天主教徒在 1714 年安妮女王去世后夺取王位。在来年亚历山大 24 岁时，他逃往殖民地，并在新泽西的首府安博伊定居。当时在那里担任参事长的刘易斯·莫里斯正在慷慨陈词，而他很快就会见识到这位年轻人敏锐的思想、多样而实用的职业训练和写作能力——这些特质与他非常相像。几乎可以肯定的是，莫里斯对亚历山大的任命起到了一定作用。亚历山大先是被委派为安博伊市的测量员和记录员，然后担任新泽西的测量总署署长。毋庸置疑，莫里斯提醒过总督亨特注意他这位苏格兰同胞出类拔萃的才能。在将他的活动转移到纽约时，亚历山大很快成为商业法方面私人从业者中的佼佼者，这是一个相当适合他的领域，尤其是因为他的结婚对象，还从她的第一任丈夫那里继承了纽约最兴旺的一间绸缎棉布行。亚历山大成了欧洲主要政治哲学评论家的研究者，这是他才智发展的一个阶段。随着收入的增长，他也不断收集书籍，直至建立起一个相当雄伟的图书馆，据说他拥有比殖民地的其他任何人都更多的法律书册。在给殖民地政府秘书乔治·克拉克（George Clarke）当了一阵子学徒后，在莫里斯的再次推动下他于 1721 年担任纽约总检察长，这时距他仓促离开英国仅六年；在莫里斯扫除了他的政敌后，亚历山大便加入了伯内特的团队，成为总督的个人律师。他还被指定为新泽西的检察长，同时任职于参事会，从而进一步扩展了他的权力，还与他的守护者，同时也是赞助人的刘易斯·莫里斯成了同僚，而且一开始就是参事会的高级官员。

在亚历山大的密友中有一位名为卡德瓦拉德·科尔登的，他们的相识很可能始于他们担任各自殖民地的测量总署署长之时。他们大约在同一时间来到美洲，但科尔登是新近才来到纽约的。科尔登学识广泛，兴趣颇多——医学、物理学、工程学、天文学、植物学、制图学、经济学和人类学，哪怕流露出些微顽固和虚荣的倾向，他留给大多数人的深刻印象也是一位集正直与智慧于一身的人。

科尔登是一位严肃的长老会牧师的儿子，在 14 时就被送到爱丁堡大学求学。当时的人们认为这所学校在学习上比牛津或剑桥更为自由。科尔登专心埋首于植物学和牛顿物理学，只花了两年就毕业了，随后去了伦敦学习解剖学和化学，为行医做准备。为谋求生计，他做了五年的内科医生。1715 年，在一个孀居姑母的邀请下，他来到费城试试运气，但他的行医技术并没有变得更高明。在草草处理一些扫尾工作后，他于 1718 年来到了纽约，并被介绍给同为苏格兰人的总督亨特。讶于这位博学之士的学识修养，亨特竭力劝他以测量总署署长的身份加入纽约殖民地政府。为了拉拢他，亨特授予科尔登位于哈德逊谷的一片土地，面积 2000 英亩。等到伦敦对科尔登的官职做出确认时，当时的总督人选已经换成了伯内特；科尔登接着为伯内特工作，而且抱着一种在其他皇室家臣身上罕见的热情。

测量总署署长是一个握有实权的职位，科尔登将在这个位置干上四十二年；除非经其全面测量，公开宣告并且正式注册其所有权，否则不得核准任何批地。几乎没有人能比科尔登更熟悉这片面积广阔、人烟稀少的殖民地。他不仅熟悉这里的地形、植物和动物，还了解北部地区的土著部落。在那里，科尔登几乎扮演着传教士般的角色，致力于使印第安人和在奥尔巴尼的英国贸易商结成盟友，并使他们不再理会西部和北部的法国请愿者。为了教化殖民地居民并促进种族之间友好关系的建立，他写了一篇关于易洛魁族部落的人类学研究文章。这是第一份在英属北美洲写成的有关这方面的学术著作，由印刷商威廉·布拉德福德于 1727 年出版。作为皇家测量师，当科尔登发现殖民地办公室竟然凌乱马虎地保存记录文件，而且在官方授权管理上袒护和腐败大行其道时，他十分愤慨，几乎怒发冲冠。除了努力纠正权力滥用之外，科尔登的分析能力也为总督所用，成为总督的一人智囊团。他通过撰写文件来支持伯内特的政策并转寄给贸易委员会。这些政策涉及纽约的气候和疾病、商业以及其发展潜能，即纽约有可能发展为帝国在新大陆最重要的商业中心，但这是在它不受帝国制约的前提下；另外就是得坚持莫里斯派的主张，切断法国毛皮贸易商从英国进口货物的供应链。科尔登被提名为参事会成员，这是莫里斯清理政治门户计划的一部分。科尔登接下来将担任这一职位长达四十年——这正是他博学、忠实和明辨力的证明。

　　莫里斯提名的另外三个候选人也很有望能进入伯内特的小圈子，他们是同样身为律师的莫里斯的小儿子——小刘易斯·莫里斯（Lewis Morris, Jr.），詹姆斯·亚历山大妻子的第一任丈夫的一个侄子，和出自大地主利文斯顿家族的一位子弟。这三位均是莫里斯裙带关系的受益人。通过就任首席大法官一职，莫里斯进一步扩展了他的政治控制网：他只允许其党派的拥护者担任纽约市长、县治安官和次要职位官职（选举产生的参事除外）——一个半世纪以来，莫里斯是威廉·马吉尔·特威德（William Magear Tweed）的先行者，而特威德则是坦慕尼协会的管理者和政治寡头控制的范例。莫里斯的敌手们几乎得不到任命的机会，即使是在他们自己所在的县郡。因为所有行政人员的任免权都控制在总督手里，他们牢牢控制着各级政府的办事部门。在论功行赏时，总督以慷慨授予地产的形式 [17]，进一步奖赏莫里斯派权力持有集团中的主要人物，包括首席法官、莫里斯的儿子小刘易斯、参事亚历山大、科尔登和雄心勃勃的检察官弗朗西斯·哈里森（Francis Harrison），赠地涵盖了位于奥尔巴尼西部的莫霍克河沿岸的数千英亩土地。但后来莫里斯过分沉溺于权力之中，做出了一个极其轻率的行动，使他疏远了殖民地一位与他实力相当的政治人物。

乔治·克拉克是一位像莫里斯一样自学成才的律师，也是英国政府一名小公务员。他和科恩伯里勋爵的女儿结婚后，成为殖民地的土地巨头之一。科恩伯里是安妮女王的表亲，安妮女王授予克拉克皇室任命权（即不受总督任免）。1702 年，他担任纽约市政府的书记员和副审计长——他可以保留此职位三十多年。此外，他还被委任为殖民地参事会、最高法院和所有殖民地巡回法院的法庭书记员。他这些多重任职的身份意味着每一份要求皇家印章签署的文件都得由他的办公室经手。[18] 这些文件包括民事委托、土地许可、结婚证、死亡证明、特赦、转让契约以及所有的税务征收和皇室对殖民官员和债权人的支出款项，还有所有的殖民地和县法院的会议记录、诉状、裁决和判决摘要书。

克拉克是一个冷淡且有点阴暗的人物。他的庄园坐落在距曼哈顿以东 25 英里的，位于长岛的亨普斯特德平原，这隔绝了他与纽约社交活动的往来。克拉克竭力避免与任何政治派别牵扯不清。按照同时代历史学家小威廉·史密斯的说法，他的不介入态度可能说明了为什么他会被形容为"精明、狡猾、积极、谨慎；能完美地控制自己的脾气，言辞内容广博而彬彬有礼"。虽然称不上是才华横溢，但克拉克的性情比莫里斯更冷静，也更有耐心，这使他能在必要时成为一个精明的政治操盘手。亨特对他的任命是作为参事会的一个中立和善于斡旋的人物——这份委任超过了克拉克的其他所有职位，而且还遭到了新提名的首席大法官莫里斯的反对。莫里斯可能察觉到了克拉克对他控制殖民地司法体系的潜在遏制。克拉克在运用他的权力时显得非常谨慎，但实质上他几乎牢牢把控着所有纽约的各级政府机构。因此，五年后，当新总督伯内特请求莫里斯和他的拥护者清除政府中的真实或潜在的阻挠者时，他们开始就在克拉克监督下的各级办事处对待皇室基金是否谨慎的问题提出质疑，并暗示他们的服务收费可能超过了皇室规定的限制。[19] 莫里斯最终建议易受人摆布的伯内特总督，是时候挫一挫克拉克的威风了；克拉克被赋权管理的办事处比任何人都要多——当然，莫里斯自己除外——而且，这位有自己独立见解和强大保护人的大地主并不是伯内特忠诚的支持者。

于是，总督将克拉克从巡回法院的书记员一职上调开，而巡回法庭负责审判大部分罪责程度重于轻罪和琐碎争端的案件。鉴于克拉克除巡回法院书记员一职外所有其他官职都得以保留，因此这种程度的怠慢还不至于让克拉克愤怒失态。但有一点激怒了克拉克：在莫里斯的请求下，由他的儿子小刘易斯填补上了这个职位的空缺——这明显是一种偏袒，这样一来首席大法官对殖民地法院的控制进一步强化了，但代价是把一位由国王任命的且受人尊敬的重要官员得罪了。克拉克成了一位无情对抗莫里斯的政敌。

五

不可否认的是，在总督亨特和伯内特执政时期，刘易斯·莫里斯在公共政策的长远性和实用性方面做出了重大贡献，也提高了官员们在公共服务层面的廉洁和勤勉。然而，在到达权力顶峰时，莫里斯不仅对任何质疑他所倡导项目的人毫无宽容之心，还采用暴力的方式来实施他的计划。他的顽固态度使他不屑于愈演愈烈的叛乱，这是由富商们联合组织起来的，而且还是冲着把他强行拉下高位的目的。

1722 年，几乎是在莫里斯把同样居住在西切斯特郡的阿道夫·菲利普斯逐出伯内特的参事会的同时，菲利普斯马上就在议会替补选举中赢得了代表他们县的席位，并以此为基础，组织反莫里斯派起义。斗争口号强调两个要求：伯内特虽然是一个有行政才能的官员，却一味地拒绝召开议会的新一轮选举，自 1716 年起，议会就被莫里斯派阵营层层设挡。另外，莫里斯的保护主义政策损害了纽约的商业，让商人们承担政府的开销，这不公平，但对像他这样的大地主却格外宽容。口号传达的信息开始引起共鸣。到 1725 年，因为莫里斯的盟友去世、退休或叛节，议会 27 个席位中有 8 个易了主，由在议会替补选举中上来的人填上了空缺。再算上菲利普斯的亲密盟友斯蒂芬·德兰西夺回的席位，这使得莫里斯的敌人占了多数席。

那年秋天，立法委员传召 71 岁的议长（同时也是莫里斯的盟友）罗伯特·利文斯顿出庭受审，但他因病推迟出席，并失去了议长的资格，转而由菲利普斯担任。为了急于扭转这一小小的败局，莫里斯犯了一个错误，甚至比他对乔治·克拉克的故意找茬打击更糟糕。他说服伯内特发表声明，称德兰西没有资格担任议员，因为自他四十年前移民过来时，就没有完全入籍，成为合法公民。可以肯定的是，德兰西是受到合法承认的永久居民；同样，亨特 1715 年颁布的法令授予所有非英国的以及所有殖民地的基督徒居民以入籍权，而这也适用于德兰西。但是莫里斯声称，法令没有赋予他完全公民权，特别是在议会上行使的权力（德兰西先前已经担任了十二年议员），除非议会能给出这样的法案以兹证明。菲利普斯派系则攻击总督在莫里斯明显的骗局面前轻易上当，干扰了议会决定其成员资格的权利。甚至连一些莫里斯在立法机关的盟友都指责他过分干涉，而且一些通常站在他那一边的荷兰支持者也提出强烈的反对意见，因为他们担心自己的公民权和土地使用权也可能会受到类似的质疑。在走投无路的情况下，伯内特只得让步，向议会送去致歉信，并痛悔地表示来年会重新召开议员选举。显然，这次激烈的斗争过后，商人团体获得了胜利，结束了与莫里斯在他任职期间为保护自己所属的土地阶级所作的斗争。

在接下来的两年里，贸易巨头党派推动了一系列报复性措施。他们减轻了来港卸货的外国船舶的吨位税；向法裔加拿大毛皮贸易商出售英国商品的禁令被解除；出于通货紧缩措施的需要，纸币不再作为流通货币，此举对债权人有利，但损害了小农场主和工人阶级的利益；允许人行道摊贩自由地叫卖他们的货物，这样一来损害了零售商的利益；不动产税被抬高以应付政府的高额开支；议会投票决定大幅度削减官员的薪资，包括首席法官的薪金，总督的行政补助仅限于两年，而不是亨特十年以前从立法者们那里争取来的稳定的五年拨款。几乎被逼到了绝路的伯内特，试图通过向身为市政府书记员和参事的克拉克求救以控制大局。克拉克是两极化派别之间唯一可能的调停者，但伯内特的话已经毫无信用可言，因为他总是听凭那位经验老道的政客莫里斯的吩咐，修正自己航行的方向。总督不得不解散议会并下令进行新一轮的选举，寄希望于莫里斯能通过直接呼吁劳动者（例如，建议结束对盐、糖蜜和朗姆酒等主要产品的征税）以及唤醒城市工匠、小商人和县郡民兵的债务意识的方式来重新夺回主导权。但是，菲利普斯和德兰西一帮人已经打入了莫里斯的大地主阶级内部，现在又转向了崇商者，并提出了他们自己的平民主义措施。这次，贸易大亨及其支持者在议会中二对一，呈现出占多数的局势。莫里斯构想的整个联盟及其政策架构以更快的速度分崩离析。在1728年的选举中，莫里斯失去了自己的议会席位，甚至连他所在县的同胞们和以前忠诚的求助者们也都反对他。他过于高估了自己的实力，做得太过火了。

莫里斯仍然保留了他长期担任的纽约最高法院首席法官和新泽西议会议长的职位，但这些都还得看在位总督的心情。年底，鉴于在伦敦提交上来的、投诉伯内特有党派偏见的意见越来越多，新加冕的乔治二世国王把他调任到波士顿，担任马萨诸塞和新罕布什尔的总督。

随着莫里斯保护主义计划的消亡和自由贸易倡导者的上台，纽约的经济开始衰退。在蓄意推动下，货币开始贬值。小麦、猪肉和其他商品的价格下跌，损害了以此为生的农民的利益。由于税赋减轻，外国船只在转口贸易中越来越占据主导优势；相应地，纽约的造船业发展放缓，这也影响到了与其联盟的行业，导致失业率上升。由于进口商品的激增，殖民地贸易不断恶化，当地生产力也因失去庇护而大大减退，但是商业权贵却对这种不平衡局面喜闻乐见，甚至大肆庆祝。

这些忧患——或其他任何事情——似乎都不会扰乱约翰·蒙哥马利（John Montgomerie）在伯内特之后继任总督的脚步。约翰·蒙哥马利是一个友善但软弱的人物，毫无他前两任总督期间以之为驱动力的公民意识。作为一位品级较低的军官，蒙哥马利只有一张令人生疑的任命书——他曾是威尔士亲王寝宫中最受宠信的男仆，并在他主人的加冕礼上被嘉奖为纽约总督。据传他"不熟悉任何一种文书"[20]，蒙哥马利更熟悉酒瓶和享乐主义的生活方式——他去世时庄园里装满了 2000 加仑的马德拉白葡萄酒。[21] 根据市参事卡德瓦拉德·科尔登的说法，他做总督的野心，就是"尽可能多地享受轻松的生活，同时索回他的财富；鉴于此，他的政府完全是为迎合那些能左右议会之人的脾气而存在的"。[22]

这任新总督踏在阻力最小的路径上，避开了喜怒无常，且已降级的刘易斯·莫里斯，转而决定仰赖议长菲利普斯和市政府书记员（兼参事）的克拉克作为他的主要顾问。虽然如此，蒙哥马利还是试图以安抚的方式处事。他保留了莫里斯在参事会中忠诚的支持者——他的儿子小刘易斯、科尔登、詹姆斯·亚历山大和其他在亨特与伯内特任下的莫里斯派官员。但是，他在三人最高法院填补了两个空缺，以此来对付莫里斯的司法霸权。补上空缺的两位年轻人恰好都出自莫里斯主要竞争对手的家族——他们是斯蒂芬·德兰西的儿子詹姆斯（James Delancey）和菲利普斯的侄子弗雷德里克（Frederick Philipse）。这使得他们能够在殖民地的最高法庭上以多数票否决莫里斯的决议。即使莫里斯作为资深议员在新泽西参事会有长期的政治基础，而且蒙哥马利也很大度地让他在那里继续任职，但由于该议会的其他成员对莫里斯延长的任期日益不满，他的威望也渐渐不如从前。

菲利普斯领导下的纽约议会对莫里斯发起了致命一击，经过投票把莫里斯作为首席大法官的薪金从 300 英镑削减到 250 英镑。他们声称这是正常削减成本举措的一部分，而且已经保证了他的薪酬不低于十四年前他刚刚上任的时候。盛怒之下，莫里斯提出异议，称议会没有权力在未得到皇室批准的情况下变动皇家官员的薪金，但觉察到政治局面转换的蒙哥马利，批准了这近乎侮辱的决定。莫里斯对伦敦的求助也徒劳无功。富于孝心但是缺乏谨慎的小刘易斯，对那些带着报复心理针对他父亲的侮辱言行进行了反复且尖刻的谴责，因此蒙哥马利把他逐出了参事会，理由是他有"许多令人反感的、不公正和错误的想法"[23]。

在莫里斯宽心但倦怠地工作了三个年头后，蒙哥马利在 1731 年 7 月初突然去世，莫里斯大概不会对此感到难过。他的去世让莫里斯有一个长达十四个月的慰藉期，他仍然是新泽西参事会的资深成员，随后被提任为纽约卫星殖民地的代理首席执行官，直到国王挑选好一位新总督。60 岁的莫里斯仍然渴求行政管理权，敦促贸易委员会允许新泽西有自己的总督，在他最为堆砌词藻的散文里（例如，"虽然我不敢自负地奢求能得到这样的好处，也没有足够的野心迫使我要求这个职位……"）[24]，他厚着脸皮自荐自己为总督，而且这种事情他早在三十年前就已经大张旗鼓地做过了。只不过这一次，他的提请依然会被忽略。

六

对于彼得·曾格来说，1725年应该是幸运的一年。在他作为熟练印刷工，重新为威廉·布拉德福德的印刷机构工作了三年后，他终于被勉强视为一位初级合作伙伴。并在同一年与印刷所的老板一起，以合作出版商的身份发行了一本书。也是在那一年，布拉德福德决定推出殖民地的第一份报纸，他称为《纽约公报》（下文简称《公报》）的周刊——这个项目，可能会很好地发挥曾格的作用，并增加他的收入。

发行《公报》对布拉德福德来说是一次大胆的尝试，因为他清楚，最近在其他两处殖民地开始办报的两位出版商都遇到了什么麻烦。六年前，即1719年，他的儿子安德鲁赢得了第一份获官方认可的、在英国殖民地费城发行《美国信使周报》的头衔，认为此举主要是给他的印刷店招揽了生意。事实上，它不是一个新闻性很强的报纸，大部分版面充斥着才出刊几个月的一份英国期刊上的文章。即使如此，出版发行一年后的《美国信使周报》还是被宾夕法尼亚参事会找了麻烦。原因是刊载了一篇由他的店铺打印的一个匿名小册子上的文章，评论"该地区濒死的信用"，暗示参事会和政府作为一个整体，应该对殖民地的经济危机负责。被惹毛了的参事传唤了布拉德福德，并用严厉的惩罚威胁了他。在一个没有人站出来要求新闻自由——特别是也没有人拥有新闻自由——的时代，安德鲁被迫声称，因为他当时不在店里，因而有关那本所谓造谣中伤的小册子的印刷，以及报纸的打印发行等事宜，他均不知情。在他低声下气地道歉后，布拉德福德离开时被责令不得再次出版任何有关宾夕法尼亚或任何其他殖民地政府事务的内容。[25]

詹姆斯·富兰克林（James Franklin）第二年在波士顿开始创办他的《新英格兰报》——这是一份更加有文化内涵的报纸。值得注意的是，该报刊登了讽刺社会和政治的内容（还包括一个诙谐系列，其撰稿者化名为"无名好汉"，其实是出版商的幼弟，用以嘲弄那些好事者）和给编辑们开设的决斗专栏，可以就关于天花接种的利益和危险等紧迫问题写信给编辑。富兰克林在1722年卷入了第一场风波，起因是一篇讨论马萨诸塞殖民地政府打算装备一艘船去追逐沿海海盗事件的短篇报道。[26]"据称，"该文章补充说，"如果天气不错的话，他（船长）本月将航行一段时间。"殖民地参事会将此直白的措辞理解为，指责官员拖延履行其职责，指控富兰克林犯有"高度蔑视政府"的罪行，并下令监禁这位出版商一个月，直到他对自己的所为表示悔恨方可出狱。但他的烦恼还远远没有结束。翌年，《新英格兰报》刊载了一篇名为《反对伪君子的一篇短文》的文章，这一次马萨诸塞的立法机关认为这是对殖民地著名清教徒神职人员科顿·马瑟（Cotton Mather）的指摘。就这份报纸而言，有一定"嘲弄宗教，甚至到了蔑视的地步……所以《圣经》（因此）被亵渎"的倾向，而且干扰了社会"和平与良好的秩序"。由于这一次的过错，这位出版商不得再次印刷出版这份报纸，或任何其他文章和小册子，除非预先将内容交由殖民大臣审批，并上交一笔大额保证金以示服从。国会在其祖国废除了事前审查制度近一代人的时间后，这种非难又卷土重来。富兰克林看起来屡教不改，很快恢复了报纸的讽刺报道，而且没有事先寻求政府的许可。但知道当局可能会再次抓他的错处，他躲了一段时间，这期间他的兄弟本负责经营该报纸。富兰克林在被逮捕和受大陪审团审判之前，设法逃避了起诉——因为政府陈腐的镇压，公众舆论反对的声音越来越激烈——但富兰克林已经厌倦了与波士顿的清教徒作斗争，于是放弃了他的报纸，并搬到了普罗维登斯。在那里有一段时间，他出版了一份乏善可陈的报纸，而他的弟弟本则搬到了费城，随着时间的推移，成了一位代表性人物。

因此，威廉·布拉德福德在创办他的《公报》时非常谨慎，避免出版任何可能危及他作为纽约和新泽西长期合作印刷商地位的新闻素材。它的内容比之他儿子的报纸显得不那么大胆；内容组成大多数是官方的通告和公告、到达和离开纽约港的船舶名单、总督偶尔发表的演讲或传达的信息、其他地方的剪报和分类广告等。文本结构松散，校对不精，印刷排版也不吸引人，因此，订报者寥寥无几是意料之中的事。不知是报纸单调乏味的内容让曾格觉得烦恼，还是他和布拉德福德因为其他某些事彻底闹僵了——也没有人曾对他们的决裂表示出怨恨——1726 年，这位熟练工决定自立门户，在史密斯大街上开了一家小型印刷店，与他的前任老板形成竞争关系。曾格的印刷店商业地理位置比较理想，因而能吸引到这个城市的注意力：街道正对面的黑马酒馆，是殖民地餐饮业的佼佼者，也是莫里斯派议会成员聚在一起开交流会的地方。

此举可能花光了曾格的所有积蓄——也很可能只是部分积蓄——但不同于他早期在马里兰时运不济的努力，这一次他的店铺落址在一个殖民地海运业务繁忙的地带。尽管与他设想中的客流量相比有差距，但在该地他也总算是找到了一些客源。他的主要出版物是讲道的讲稿和宗教布道的小册子，标题一般是诸如"令人敬慕的上帝之道"和"论费城不信奉国教牧师教区会议上的一篇布道文"等。他还印刷出版一些用他的母语德语和他妻子的第一语言荷兰语写成的作品。比如 1730 年出版的《算术》，该书被认为是在纽约出版的第一本数学教材。因为在他的出版物中有很大一部分引用了外语著作，因而有一些现代评论者，如文森特·布拉内利（Vincent Buranelli）总结道，曾格"掌握英语的水平仍稍嫌不足"[27]。但这似乎不大可能——因为他在纽约经营自己的店面之前，已经有不下十五年修改和校对英文文稿的经验了。一种更好的解释是，曾格的原国籍导致他们融进的不是英国的社会圈子，而是纽约现存的一大批荷兰人群体，特别是与他们同属于一个荷兰改革宗教区的信徒们走得比较近，毕竟他们的婚礼就在荷兰改革宗教会举行。其妻子安娜·曾格在教会担任主日学校的教师，而彼得就像"鼓风机"一样辛劳工作，每年所得也不过是 12 英镑。

虽然进展缓慢，但曾格逐渐开始接触到有影响力的殖民地官员。其中包括参事兼测量总署署长卡德瓦拉德·科尔登。他参加竞选的辩论文章是"国家的利益在于关税"，是站在支持莫里斯保护主义贸易政策的立场上的。文章在 1726 年由曾格印刷出版。曾格与脾气暴躁的老瑞普·范达姆（Rip Van Dam）的熟识，很可能是他于 1730 年 7 月 31 日获批 1000 英亩土地的根源。这块地产位于斯库哈里郡，纽约殖民地的中部，被授予"约翰·彼得·曾格以及其他人"。老瑞普·范达姆是荷兰改革宗教会的中流砥柱，是一位富有的造船厂厂主，同时也是纽约地方参事会院资格最老的成员。虽然曾格获批的土地很偏僻——他可能从没有到那里去亲眼见过它——但这份赠予本身就表明他在殖民地已经十分被看重了。

然而，第二年发生的一起事件表明，曾格简直就是在破产的边缘摇摇欲坠。根据 1731 年 9 月 8 日的《纽约殖民地议会选举公报》的记录，在那些艰难的时期，为了维持生计，彼得获得了一份兼差，作为"纽约市各种公共税收的征收者"。但他无法说明"40 英镑及以上"由他征收的以及拖欠殖民地的资金的去向，"一部分原因是他的债权人找他的麻烦，另一部分原因是他逃避偿付欠他人的一些债务……因此，他被告知逮捕他的文书已经发出。而且他因为无法支付同样的费用，被迫让路（大概是指解除他的征税员一职），但曾格计划用印刷的方式偿还债务，所以他提议以最适中和最合理的薪资代为印刷。所以，他恳求暂时解除对他的起诉，雇用他为公众印刷服务"。所有这些显然意味着，曾格的做法是没有将他的代收税款和他从印刷所赚得的收入分离开来，而是使用混合资金的方式来支付他的生活和营业开支——当他的一些债权人未能支付他时，或是因为他们已经破产或是逃离了殖民地，他也不能支付政府在现代大约相当于1万美元的代收税款。为了不进监狱，他请求议会免除他的债务，而他则会为公众免费印刷，借此抵偿他的债务。

几乎可以肯定的是，作为公共基金的负责人，与其说曾格刁滑，不如说他粗心。虽然没有留下议会对其恳求的答复记录，但答案显然是肯定的，因为在1732年8月19日的议会日志的记录中，再次讨论到这个问题。它记述了一份出自这位印刷工的请愿书，说他仍欠公众47英镑，"如果他可以免除逮捕（原文如此）……两年内，他应该有能力令公众满意"。议会不得不带着同情心，再次投票同意宽限他所要求的时间。因为史实表明，曾格不仅获释离开，而且在接下来的两年时间里的第二年，他的印刷所一直是饱受热议的政治债务的中心话题。而他的最终逮捕和监禁，则是源于一个完全不同的、更为崇高的原因。

注　释

1　范科特兰的财富：帕特丽夏·U.博诺米，《分裂的人民：殖民时期纽约的政治与社会》，第60—68页。

2　与贸易相关的税款：出处同前，第80页。

3　慷慨分配皇室土地：出处同前，第72页。

4　莫里斯为自己的税收政策辩护：谢里丹，作品同上，第108页。

5 促进海上贸易：麦卡恩尼尔，作品同上，第 267 页。

6 "殖民地中没有几个人"：埃本·墨戈兰，《细看曾格》，moglen. law.columbia.edu/publications/zenger.html（1998）。

7 利文斯顿一家人认为莫里斯只顾私利：斯坦利·N.卡茨，《纽卡斯尔的纽约》，第 72 页。

8 关于《安德洛博罗斯》：谢里丹，作品同上，第 117—118 页。尽管亨特和莫里斯都是娴熟的讽刺大师，谢里丹也承认《安德洛博罗斯》是两人合作的结晶，但他觉得亨特才是该剧的主要创作者。

9 "可能是最出色的一位（殖民地）纽约总督"：雷克斯·莫里斯·内勒，《纽约的君主特权：1601—1775》，载《纽约州历史协会季刊》，第 5 卷，第 3 期（1924 年 7 月）：第 223 页。

10 曾格去了费城：文森特·布拉内利编辑，《彼得·曾格审判案件》，第 4 页。

11 和玛丽·怀特成婚：安·T.肯尼，《移民者的创业精神：德裔美国人的商海沉浮，1720 年至今》。

12 500 磅马里兰烟草：肯尼，作品同上。

13 "在融入殖民地社会的过程中"：史密斯，作品同上，第 164—166 页。

14 运用他司法官员的身份恫吓：谢里丹，作品同上，第 124—126 页。

15 "财产和能力不俗的人"：卡茨，《纽卡斯尔的纽约》，第 41 页。

16 "学识丰富和道德高尚之辈"：史密斯，作品同上，第 166 页。

17 伯内特将土地授予莫里斯一派：麦卡恩尼尔，作品同上，第 319 页。

18　克拉克多重任职的身份：内勒，作品同上，第 238 页。

19　克拉克管辖范围之宽：有关克拉克的性格，职业和政治才干，参见史密斯，作品同上，第 2 卷，从第 44 页开始；卡茨，《纽卡斯尔的纽约》第 6 章；以及博诺米，作品同上，第 130—135 页。

20　"不熟悉任何一种文学"：史密斯，作品同上，第 187 页。

21　2000 加仑的马德拉白葡萄酒：吉尔·莱波雷，《革命烽烟下的纽约》，第 28 页。

22　科尔登谈蒙哥马利：麦卡恩尼尔，作品同上，第 370 页。

23　"令人反感的、不公正和错误的想法"：谢里丹，作品同上，第 144 页。

24　莫里斯敦促贸易委员会：威廉·A. 怀特海德编辑，《新泽西殖民史文献汇编》，第 5 卷（1720—1737）：第 319 页。

25　布拉德福德被责令：伦纳德·W. 利维，《新闻自由的出现》，第 49 页。

26　富兰克林卷入了第一场风波：出处同前，第 30 页。

27　曾格"掌握英语的水平"：布拉内利，作品同上，第 4 页。

Chapter. 04 | 第四章

徇私枉法
Bending the Rule of Law

一

1732 年 6 月初，威廉·科斯比上校（Colonel William Cosby）携四位家属乘坐英国船舰"锡福德"号从英格兰出发。在 37 个纽约殖民地总督或代理总督候选人中，他位列第 24 名；在殖民地时期的某些权贵眼中，他是此地最卑鄙之人。在很大程度上，此恶名归因于他树敌太多，其中一些还是在殖民地颇具才华和影响力的人物。这些人认为是威廉·科斯比上校威胁了他们的切身利益，因此他们开始给他冠以"暴君"名头，并且认为应该将他逐出政坛。但不论他们对于威廉上校的指控是否合理，或只是为了私利而肆意指责，这都是首次为打破束缚美洲言论自由的枷锁而做出的努力。

科斯比是英王乔治二世的替罪羊。英国汉诺威王室首位国王乔治一世即位于 1714 年，乔治二世是他的儿子，当时是乔治二世三十三年执政生涯的第五年。乔治父子都算不上聪明绝顶或魅力超凡，还都带着不讨人喜欢的日耳曼口音。乔治一世到达英格兰时，辉格党领袖们对议会的控制已长达半个世纪，但乔治父子几乎都不受其摆布。乔治父子得到英国王位纯属偶然，而非通过继承、战争或阴谋，因此，这两位君主身着王袍，轻松自在，将大多数政策问题都留给国会去做决策。尽管他们有许多不足之处，英国在这前两位乔治国王的统治时期掌握了世界霸权，在几乎让其破产的"南海泡沫"危机之后，又重获生机，不断发展。

这些成就要归功于罗伯特·沃波尔（Robert Walpole）：一个没有贵族头衔（但受过剑桥教育）的乡绅。他成功地成为一名政治操纵家和第一位来自下议院的首相。沃波尔执掌政府大权，他派遣威廉·科斯比去管理纽约和新泽西。沃波尔还是一位天才雄辩家，兼具金融奇才的特质——在他任首相的多数时间里，还兼任英国财政大臣。而最能体现他非凡才能的，则是他以调停者身份，竭力阻止了煽动性争端的发生，力保经济和政治稳定。他那句最常被引用的格言"恶狗睡觉，切勿惊扰"[1]是指保持机智审慎，而非冷漠。他竭力保持较低的税收和政府支出，以使英国免遭战火——因为两位汉诺威国王生性喜爱干涉欧洲大陆事务，而一旦牵涉其中必定将以英国的偿付能力为代价。即使不是赤胆忠心，沃波尔这种为获得影响力而做的巧妙部署，在阻止分裂性政治冲突和战争、守护和捍卫国家荣誉方面尤为有效。于他而言，得权和用权并非通向终极的方式，这两者本身就是政治的终极目标。虽然未来的英国首相、托利党人温斯顿·丘吉尔，在其描述有关这个讲英语的民族的悲伤历史中，以一种贬低的口吻评价沃波尔的统治："公共生活因为物质主义而退化，政治仅沦为辉格党内部关于权力、邀宠和相互竞争的工具。"[2]

在沃波尔荫庇下最热衷于权力竞赛的，莫过于第一任纽卡斯尔公爵托马斯—佩勒姆·霍利斯（Thomas Pelham Holles）。承蒙其父亲和叔父的遗赠，纽卡斯尔公爵在21岁时就已成为当时英国境内最大的地主之一，在苏塞克斯郡沿河有大批房产。作为一个有关位高责重的典型案例——仅作为一个大地主已然不能证明其个人价值——纽卡斯尔公爵以沃波尔首要门徒的身份拥护辉格党政治，从而致力于公共服务事业。一改往日因过分专注细节而显得行动迟缓且十分健忘的形象，这位安守本分的公爵，被任命为沃波尔内阁成员之一，担任南部事务大臣，主要职责就是监管英属新大陆领地的所有财产。纽卡斯尔公爵绝非决策者，而他却如鱼得水地成为贸易委员会理所当然的会长。贸易委员会就是一个负责收集数据的领导小组，负责监管对外贸易，以及除军事行动以外的所有殖民地事务。公爵践行《纽卡斯尔的纽约》（《*Newcastle's New York*》）一书作者斯坦利·卡茨（Stanley Katz）所称的"为公共管理的一枝一节而不辞辛劳"[3]。但他将这句话误解为严肃的政治问题，其目的是避免制订一个明确的殖民计划。纽卡斯尔公爵本身财产丰厚，无须再捞钱，因此他为人诚实。但卸任时，他发现自己的财富竟比他在投身公共服务之前少了 40 万英磅。作为首要补偿福利，他的那些经济拮据的亲朋好友，不论资质都被分配了工作。而这一不好的习惯，在纽卡斯尔公爵选择皇室总督时表现得最为明显。

为纽卡斯尔公爵说句公道话，他限制了有能之士和有资格的候选人的名额，不是随便什么人都可以去管理皇家海外领地的。英国社交、商业和政治圈内的成功人士和居高位者，都不想再过那种贫困而危险四伏的殖民地生活，对殖民生活最感兴趣的也往往是那些最缺钱的人。亘古不变的是，被选中的那些人，他们要么是在宫廷中有权贵朋友，要么自己就是贵族，或是对王室有不凡功绩，即通常是指立下不凡军功之人——为之提供有效训练，用以对抗那些因为失去家园而不满的土著居民对前线造成的威胁。纽卡斯尔选择科斯比继蒙哥马利之后担任纽约殖民地总督，其实未必出于公心，但他毕竟出身行伍，又是公爵的亲戚（科斯比的妻子是纽卡斯尔公爵的大表姐），而且确实有经济困难。他的问题直接源于他在担任前殖民地管理者时的不良行为，但纽卡斯尔公爵对此睁一只眼闭一只眼。

二

1690 年，威廉·科斯比出生在爱尔兰中南部的莱伊什郡[4]，是家里的第六个或第十个儿子（有不同记载），父亲是英国贵族，母亲是爱尔兰人，一家人在伊丽莎白时代定居于爱尔兰。除此之外，对于科斯比的成长经历，外人知之甚少，只听说他在 19 岁时前往意大利，生活放荡，纵情赌博。一年后，他输得精光。于是就参军入伍，到了英国陆军第五卫队，并在西班牙王位继承战争中，奋战于法兰德斯和伊比利亚。在 21 岁时，他结了一门好亲事，与格蕾丝·蒙塔古（Grace Montague）成婚。格蕾丝是乔治·蒙塔古（George Montague），即哈利法克斯伯爵的姐姐，而乔治·蒙塔古又即将跻身为皇庭枢密院的一员。同时，格蕾丝·蒙塔古还是托马斯·佩勒姆—霍利斯的表姐，他比科斯比小三岁，随后不久就获封为纽卡斯尔公爵。科斯比夫妇有五个孩子，在伦敦索霍街区有一套住房，在温莎也有一套乡间住宅。科斯比的这些姻亲关系在很大程度上加快了他晋升的速度。在 27 岁时，他就已经是皇家爱尔兰第十六军团的陆军上校，同时被任命为米诺卡岛的军事指挥官和民政总督。米诺卡岛地处地中海的巴利阿里群岛，是英国在对西班牙长期战争中的战利品之一。他在这个轻松的，可以说是不起眼的职位上干了将近十年（似乎时常休探亲假）。要不是因为那一次鲁莽违法举动，沃波尔政府可能永远都注意不到他。

就像在绝大多数殖民地一样，关于米诺卡岛的不正当税收和皇室支出的谣言随处可见，但人们从不把这当成丑闻。但就在 1718 年，即科斯比任职的第二年，同时也是英西再次开战的前几个月，他的下属官员查获了一只即将抵港的英国轮船。船上有 234 麻袋的鼻烟，价值 9000 英镑，是一位加泰罗尼亚商人博纳文图拉·卡普德维尔（Bonaventura Capadevilla）从里斯本运出，交给一位叫约瑟夫·鲍（Joseph Bow）的英国买家的。科斯比谎称该货品是由敌方船运过来的，认定它为走私品，予以扣押，并没收了卡普德维尔的货物委托文书和买家鲍的购买意向书。如果某货物确定是走私品，并已报呈王室，那么作为一种政府奖励，皇家总督有权扣留该查获品。但科斯比查获的鼻烟并未满足其任一要求。他将其中 50 袋鼻烟贩运到意大利以谋取个人利益；而据科斯比所称，剩下的鼻烟已按照伦敦发来的指令放置于米诺卡尔岛，但从未对外公开。当买卖双方的律师上告当地执法部门，并提出诉讼，要求找回那些珍贵的粉末时，科斯比也从未将文书或鼻烟交与司法审查。

多年来，科斯比的盗窃案以敷衍蒙混过关，直到已故买家鲍的财产律师将此事诉诸枢密院，才真相大白。与科斯比的说辞相反，律师称白厅街的英国贸易委员们表示未曾没收过一批鼻烟。官方再次要求科斯比提交支撑他此前掠夺行为的文书，但这些文书从未出现。这个不守规矩的无赖狡辩说，那些文书早就跟鼻烟一样，被偷了或者丢了，而且他觉得这件小事很快就会平息。1722年，就在科斯比回家探亲时，他被传唤到枢密院就指控进行答辩。如果他没能通过答辩，则他最终需要向鲍的继承人赔付货款和损失，共计1万英镑。即使科斯比成功将其非法扣留的鼻烟按其原价处理，这一判决依旧会使他倾家荡产。但他的亲戚纽卡斯尔公爵并没有罢免他，科斯比依旧任职于米诺卡岛，直到1728年这一丑闻才在伦敦逐渐平息下来。

回到家后，他显然很懊悔。据报道，他做过一段时间的王室侍从，但为了偿付重债和恢复受损的名誉，他向纽卡斯尔公爵申请了另外一个更加有利可图的总督职位。1731年4月，几乎是在表姐格蕾丝·科斯比的敦促下，公爵才将她的丈夫科斯比任命为波多黎各东部的背风群岛（包括安提瓜岛和蒙塞拉特）的总督。但纽卡斯尔公爵和贸易委员会认为，与其说这是一种奖赏，不如说这是一种流放或至少是一种降职。因为相比于米诺卡岛，科斯比将要赴任的盛产蔗糖的小岛位于加勒比海地区，是一个更远更小的领地。跟往常一样，科斯比对于这种经政府部门批准的殖民事务毫不在意，准备直到夏末再前往就职。然而在登船时，他获悉蒙哥马利逝世的消息，于是立即推迟了行程，转而申请纽约和新泽西的总督——这个油水更多的职位。而他妻子的表亲也并未让他失望。

有一个与科斯比同时代的，且很快就会与他相识的人，以一种回溯的口吻，表达了其对纽卡斯尔公爵这种任人唯亲的做法的厌恶。在科斯比后半段任期的报告中，科尔登这样说道："要我们如何信任这样一个曾实施过公然暴政和偷盗（米诺卡尔事件）的人，能在另一个英国殖民地做个好官员呢……一般人很容易认为，王室官员的荣誉和品德正直性会因此折损。"但是，或许是因为科斯比的表亲汤姆已经言简意赅地告诫过他，科尔登还是同意了这一安排，并说服自己相信"科斯比在米诺卡岛事件中所受的责难，会让他在管理新领地时更加谨言慎行，以避免被新政府指责……"[5]国王在1732年1月中旬给予科斯比正式任命。2月末（在科斯比的米诺卡岛恶行传到美洲之前），詹姆斯·亚历山大在纽约写信给科尔登（他是科斯比的苏格兰同族兄弟）——据一位来自伦敦的顾问声称，科斯比是位"品行良好、性格开朗"的新总督，而且"娶了哈利法克斯伯爵的姐姐为妻"[6]，会带着两个快成年的女儿和一个儿子赴任。

本来人手就不多的委员会花了四个月的时间来准备他的文件。与此同时，科斯比则写信给代理总督瑞普·范达姆，一名纽约殖民地参事会的资深议员，他在信中表示，自己正决心调动自身的一些政治关系，合力击退议会中悬而未决的《糖蜜法案》。该法案加重了殖民地人民的税务负担，若要购买非英国领土进口的，尤其是来自海地和法属西印度群岛的马提尼克的糖蜜和食糖，需要交很多的税。如此，英国殖民地的种植园主就具有相对的价格优势了。科斯比事后请求道，"总督房前的花园要好好照管，依时播种；亦要好好照管坚果岛，设立禁猎区"，以便天晴时狩猎。[7]当他们启程前往新大陆的时候，科斯比一家抑制自己不去想那粗滥边远村落中荒芜简陋的原始环境，和可能遇到的土著的粗鲁习性——那是总督的贵族妻子格蕾丝最惧怕的，她已然习惯于伦敦的最上层社会的优雅生活，习惯了有大批侍从的乡间庄园。而有一点是毫无疑问的，这让他的家属侍从们的焦虑稍有缓解：无论科斯比家族怎么没落，作为国王的私人代理，科斯比的官位高于他所统治的这两个殖民地中的所有人。而他已打算让所有人都知晓这一点。

三

实际上，科斯比在上任之初行为几乎不受任何限制。一个皇家总督对英国在美洲殖民地的政治、经济和社交生活的影响力确实是非常强大。当时公务法还未设定任何标准来评选最佳申请人。因此，总督所有的任免权使科斯比能够对几乎整个殖民地的行政系统，从上到下自由任命——从任命给他提供行动建议和批准的殖民地咨参事会成员（不过反对者可能会被逐出咨议院），到任命所有法官、地方执法官、治安官、收税员和最低等级的办事员。纽约总督也有权任命人口最密集的两大殖民地——纽约市和奥尔巴尼的市长和高级官员（参事会中的参事除外）。虽然作为政府立法机构的殖民地议会是选举产生的，但总督可以随时召开殖民地议会或随意解散它，且议会不得自行召开。总督还对殖民地议会所通过的每项法案具有一票否决权，但因为税收政策只能由议会这一立法机关制定，所以这一票否决会面临税收空缺的风险。就像曾经的亨特总督一样，在他任期内的大半时间，政府税收都处于这种空缺状态。总督及其参事会被视为是殖民地的终决法庭。而总督自己身为大法官，在没有陪审团的情况下，独立主持或和由他挑选的助理们共同主持大法官法院的庭审，对权益纠纷进行终局裁决。而因为有权将土地分配给陛下所希望的任何人，他的权力得到了进一步提升。虽然这一分配需要得到参事会的首肯，但由于参事大多是已拥有大量财产的人，因此他们也不大会苛责总督关于财富共享的决定。他还能够以任何他认为合适的方式执行法律，根本用不着担心受谴责；他有权任命殖民地的司法部长、治安官及其副手，也能下达命令，逮捕和起诉他所知晓的违法者，并向法官施压，要求对违法者处以重刑。此外，总督科斯比还是殖民地的军事指挥官，负责满足其所有卫戍部队的需求，包括最基本的制服和给养。正如斯坦利·卡茨所说，纽约的皇家总督"实际上在日常行政中根本不受限制地……使用权力"[8]——这种对特权的许可会让人飘飘然，即便是最好的总督，像亨特和伯内特，也免不了有时会滥用职权。

鉴于总督享有几乎无所不能的支配权，有人可能会觉得政府部门对那些野心勃勃的人有巨大吸引力。他们喜欢这种挑战，将杂乱无序的王权荒原打造成一个兴盛繁荣的伊甸园。但实际上，很少有这样的人愿意承担这样一份吃力不讨好的工作，统治那些不守规矩的殖民地居民（更别提那一群群有威胁性的"野人"，即我们常说的本地土著）。因此，一般是边缘人士才会被派到这里，而他们唯一的驱动力也就是金钱。就这一点而言，科斯比的谋划和他的前任总督们一样不光彩。

科斯比新政府的物质回报主要来源于两种渠道：第一种是来自作为纽约总督的俸禄，在科斯比时期是 1650 英镑，加上燃料烛火补贴的 400 英镑；前往奥尔巴尼和北部乡村的差旅费，以及赠送给印第安人的礼物费，合计 150 英镑；管理新泽西殖民地的俸禄 1000 英镑。第二种更可观的总督收入来源于他的皇室印章使用费，因为殖民地所有需要认证的官方交易都要担付这笔费用。更有利可图的在于小费（实际上就是差价），作为对公共行政部门和政府赠地的回报，每人可达数百英磅。而这能使总督从每人身上捞金几百英镑。科斯比的其他收入来源，我们是再熟悉不过了：扣押违反《英国航海条例》的货物，并以此处罚外国船商。此外，对于不谨慎的纽约总督来说，还有一种收入，即在发放给乔治堡（今炮台公园）军队的补贴金上做文章。通过不饱和军人征入（饱和量为400），总督可以将那些用于支付军人薪酬、伙食、制服和武器的费用收进私囊。因此，在他赶往纽约的七天航行中，科斯比不由盘算起他的经济前景：一年5000到1万英镑的收入，而这还不包括皇家给予他个人使用或处理的，可以为他带来一笔可观收益的政府赠地。

科斯比前去的地方同样有着风清气正的政治氛围。像沃波尔时代的英国一样，1732年中期的纽约被没有硝烟的意识形态争论搞得四分五裂。当时的主要问题是殖民地经济复苏缓慢，以及总督到底会表现得通达开明还是愚昧无知。毕竟总督的领导权作用于殖民地居民生活的方方面面。上一位脾气温和的总督约翰·蒙哥马利，在他仅有的三年任期内，通过保持低调行事和消弭党派争端对公共事务和私企产生了有益影响。同时，纽约殖民地最活跃的政治家刘易斯·莫里斯也销声匿迹了。殖民地居民的主要论坛——殖民地议会则是为莫里斯的公开敌手所攻克，规则由对方掌握。

在科斯比抵达前夕，纽约殖民地庞杂的人口在5万至5.5万之间，还有约4万的人口居住在新泽西的卫星管辖区。科斯比将要管理的这两个殖民地的总人数加在一起，几乎要与康涅狄格和宾夕法尼亚的人口数持平。[9]就人口规模而言，大概相当于英国的第三大管理区，但远低于弗吉尼亚和马萨诸塞。炮台公园向北延伸约一英里就是纽约市了。1732年左右，纽约市有1万人口，其中1700人是奴隶（奴隶数仅次于查尔斯顿市）；波士顿和费城人口更多一些，但纽约市正稳步缩小差距。

虽然相比于其他英属北美洲部分（英联邦在北美洲及北美洲附近的各个部分），纽约市小而拥挤，但不得不说它是一个适宜生活的地方，气候宜人，夏日里有海风驱走闷热，而且是个安全的港口，可以依托内陆来阻挡来自海洋的冷气流。纽约市的居民饮食多样且营养丰富。因为当地粮食充盈，蔬果茂盛，陆面和水产动物的蛋白丰富，饱满的牡蛎更是一大特色。其中大多物产是从长岛肥沃的田间和哈德逊谷的农场及果园装船海运过来的。物富民丰使得食品价格稳定，也使社区劳工供不应求。教会宽容之风盛行，建立的教堂数量超过24座，其中包括犹太教堂，几乎每个基督教教派都有代表，而天主教教民则相对少些。灵魂的健康要优于精神生活的幸福。当时并没有校舍，也很少有学校组织；通常是在家里或者教堂讲学，而想要掌握好所学的知识则实属不易。虽然后期在百老汇街区开了一家新的剧场，偶尔放映戏剧，但在当时，读书并不盛行，艺术追求也不普遍。大多数的娱乐活动基本上在有一个砖拱门的交易所大房间里举行。和市政厅、公立救济院一样，它是市里少有的公共建筑之一，通常用来召开会议，举办音乐会和进行舞蹈表演。从任一方面来讲，这都是一个充满欢乐的城镇。平头百姓可以选择下榻的旅店和小酒馆，而绅士们则可以每周相聚在不携女伴的夜总会。上流淑女会为彼此举办音乐会，富足的夫妻会定期承办晚宴，这是文雅社会的主要娱乐活动。

在殖民地生活中，科斯比将会遇到这样一类不同于大英帝国拥挤大都市人的人群：他们不拘形式，生活随意。相比而言，纽约的一切都是压缩版的微型复制品。人们品位端庄，社交和商业交往都不拘礼节。虽然女士们也从伦敦得知了一些时尚资讯，但时间和距离依然使她们跟不上潮流变化。而正如言辞可靠的当代年代史编者小威廉·史密斯所说，大体上，女士们都是"脸蛋标致，着装得体，几乎每个人都身材姣好"。史密斯是一位著名的律师，在美国革命开始前十年供职于市参事会。1762 年，他出版的那两册有关英国殖民纽约时期的历史书，对其所成长的殖民地有过生动描写。但他笔下所写的可不只是一些溢美之辞。例如，他注意到当时教育情况糟糕透顶，以及"我们的通用语也多有讹误错用"。尽管如此，史密斯身为纽约人，还是颂扬了其同胞们身上所具有的一些美德，歌颂他们绝大部分人为"端庄、温和、天性活泼、睿智，并且富有幽默感"[10]。尽管他相信，这些同伴都要比欧洲人更高，更健康，但在"庸医比比皆是"[11]的年代里，史密斯认为他们的短命是因为缺少有能力的医生。

四

1732 年 8 月 1 日，科斯比抵达纽约并立即会见了他的殖民地臣民。第二天，他便出现在了政府大楼门前，外面列队等待他的士兵们，齐齐鸣枪向他致敬，隔壁乔治堡广场上的自卫队民兵整好队形，向着市政厅徒步行进——这可能是向两边好奇的观众致意的一种方式。省市级的官员、商业领袖和其他当地显要在那里迎接科斯比。代理总督瑞普·范达姆则向他递呈了管辖殖民地的皇家印章，或许先前他也主持过这样的宣誓就职仪式。英国圣公会圣三一教堂的高级牧师可能会来授权这一荣誉，但宣誓仪式肯定不会是由殖民地那令人敬畏的法学家，首席大法官刘易斯·莫里斯来执行。他显然还待在他新泽西的庄园里。早在科斯比到来前的很长一段间隔期里，他曾愉快地担任代理总督，对新泽西进行统治，并且在那里有了自己的财产。[12]

当天壮观仪式的绝大部分时间里，科斯比作为新总督表现得比较得体。但我们有理由相信，在欢呼平息后的一段时间里，他会若有所失。据副总督卡德瓦拉德·科尔登所说（他的话可信度比较高），科斯比在到达城镇第二天就"乐意展示他的总督脾气……科斯比乘着四轮马车出行，迎面遇见一辆满载货物的马车，上面坐着一位种植园主和他的妻子。科斯比命令他的车夫用鞭子抽打这位种植园主，因为他让路的速度不够快"[13]。正如许多对科斯比的毁谤性指控一样，对这首次所谓的臭脾气事件的描述，也不过是出于一位反对者之口。但科斯比一方完全没有采取行动寻找或确认目击者身份，也没有人试图从总督本人口中探听该事件的真相，以确定是否确有其事。不管真相与否，在科斯比刚抵达时，这件事就被当作他坏脾气的证据在民众间传遍了。传闻说他忍受不了任何一个挡道的人，不论其官职等级如何。

科斯比很快就会碰上一位与他一般傲慢的对手。当说到他和刘易斯·莫里斯第一次碰面的情景时，跟众人对他的毁谤一样，他的陈述只是一面之词——在缺乏证据的情况下，科斯比极力丑化他的敌人莫里斯。一年后，他在一封寄送到纽卡斯尔的信中说道，他曾在 8 月 6 日或 7 日到访过新泽西位于安博伊的市政大厅，打算会见参事长（即代理总督）莫里斯，而且在他抵达之前，已经给莫里斯发过"及时通知"以便拿到他即将就任的第二个殖民地的皇家印章。但莫里斯当时并不在那里，而且让自己在接待室等了差不多"一两个小时"。据说，莫里斯当时正与他的另一位参事（同时也是他的密友）詹姆斯·亚历山大密谈。他们正为要以大法官法院的名义发布的最后裁决做收尾工作，来结束那些权益纠纷。据科斯比所说，莫里斯在处理问题时偏袒他的继女，也可能是他的姐姐——科斯比的这种含糊其辞在他指控莫里斯时，尤为典型（后者反之亦然）；莫里斯手上那个有待裁决的案子就是一起土地所有权纠纷事件，而莫里斯和亚历山大则通过暗箱操作，将其判给了莫里斯的亲戚。科斯比还补充说道，这个案子没有给对方申辩机会，就直接做出了裁决——如果情况属实，那可真是个令人震惊的司法偏袒和司法渎职的事例了。据科斯比所言，莫里斯除了对自己不敬外，还曾在会议室说，只有科斯比同意在他和亚历山大刚做出判决的案件裁决书上盖章应允，他才会即刻转交那枚皇室印章。否则，在他莫里斯还担任新泽西的代理总督时，即在他移交权力之前，他会自己在裁决书上盖章。简而言之，科斯比对莫里斯的指控就是：为了自己的家族，直到卸任前的最后一刻，他都在坚持偏袒家族利益。

几乎可以肯定的是，科斯比拒绝了这样不正当的请求，并以此来证明莫里斯的不光彩手段，不然他也不会将此事告知管理所有英属殖民地官员的纽卡斯尔公爵了。[14] 不管那起事情的真相是什么，有一点很明确——科斯比和莫里斯在首次碰面时就交恶了，而这很快就会造就彼此的争锋相对。不过，科斯比倒是和其他一些在政治上更能帮上他忙的当权者们打下了一个不错的交往基础。他雇用了纽约殖民地里处事老练、为人通情达理的殖民地书记，同时也是殖民地参事会参事的乔治·克拉克，作为自己的首席顾问和谋士。克拉克的角色跟他在辅佐蒙哥马利时所做的没有什么两样，继续拉拢贸易大亨们，尤其是议长阿道夫·菲利普斯以及同为最高法院和参事成员的年轻的詹姆斯·德兰西。跟伯内特总督一样，科斯比也使用了不须召集新议会选举的特权（最近的一次议会选举还是在1728年，当时商业集团及其同盟获得了压倒性的选票）。为巩固执政派系对他的支持，8月10日，科斯比在众议员面前表达了对他们的亲切问候，说他延期抵达是因为他在伦敦"尽我所能地阻挠国会通过一项当时有利于（英国）蔗糖产出岛的议案"。

尽管对科斯比作为一个说客能否撤销（已通过的）《糖蜜法案》持怀疑态度，但是表面上，他的善意得到了接纳，而且还由此获得了殖民地立法者们慷慨的回报。立法者们不仅"愉快地"（科尔登原话）投票表决要在接下来的五年中，为其行政工作提供充足的资金[15]——史密斯说，专款资助长达六年，这样大数额的拨款期限，在纽约立法机构给总督的投票中是从未有过的——而且因为科斯比在反对糖蜜法案时所给予的"警惕与慷慨的援助"，他还获得了750

英镑的谢礼金。没有人要求对科斯比所说的事情给予证明，也没有找到任何证明。然而，这笔丰厚的贺礼还是送出去了。尽管议员们几乎都心知肚明，正如贸易委员会给所有皇家总督的公开书面说明一样，科斯比的也不例外，都禁止他们收受殖民地立法者们（或其他人）提供的礼物，想必是为了阻止总督们试图与其套近乎，拉关系。或许科斯比觉得这些奖励是因其在任职前从事的活动所得，所以可以接受，顶多也就是某些人会对此斤斤计较。即使这样，科斯比依然暴露了他贪婪的本性，不仅无视皇家条例，还抱怨议会小家子气，致谢的礼金太少（按 2014 年货币换算的话，相当于 28 万美元）[16]。威廉·史密斯引用小刘易斯·莫里斯的话说，他刚刚赢得递补选举，接替了他父亲的位子，以西切斯特郡代表的身份进入议会，却成了总督的抱怨理由："去他们的吧！他们为什么不再多给我几个先令和便士呢！他们以为我从英格兰来是为了钱吗？我会让他们知道的！"[17] 为了不惹恼他们骄傲自大的司令官，而且为了同时能让他的宠臣在公共基金运作中获得更大话语权，议员们在原有礼金的基础上又追加了 250 英镑。

"我们的派系分歧似乎结束了，"[18] 即将成为科斯比有力竞争对手的詹姆斯·亚历山大后来怀念这段过渡时期，"与此前管理此地的任何一位总督不同的是，似乎科斯比任期的一切行政都有简化管理的许可。"尽管有不光彩的历史，但他也有充足的机会对此进行弥补，借助欣欣向荣的殖民地政绩来挽回声誉。对他而言，前景一派大好。对此，他满怀自信。因为他既有许多领地内的大人物的支持，又发现他所管理的那些殖民地太平生息，没有动乱，还随即与他们当中有钱的强权者结成了联盟。他彬彬有礼，温文尔雅，赢得了议会的尊重。然而，有些早期迹象已经出现，科斯比的统治维持不了多久了。

在他抵达后的几个月内，有人指责科斯比对某些殖民地臣民的举止是轻视不屑的，而那些人正是科斯比眼中的殖民地下等外来居民。那一时期的一位重要历史学家，称他是"一个性格跋扈，头脑顽固，善于随机应变且惯于发号施令的人，而且一般为人傲慢，这是士兵和野心勃勃的朝臣身上都有的鲜明特性"[19]。作为一个高级军官，他可不习惯别人在背地里议论纷纷。而且作为一个民政长官，他的无能可以从早前他写给纽卡斯尔公爵的一封信中推断而知。信中，他哀痛道那些在他管理下的人"觉得他们自己是全然独立于总督及其政府的，而且……也是这么做的，他们的所作所为对于王国事务来说，已经成了一个巨大的阻碍"[20]。同时科斯比也知道有一股不安定力量在暗处涌动，他透露道，因为可悲的是"（不服管束的）波士顿人的例子和精神也开始在这些殖民地（纽约殖民地和新泽西）弥漫开来"。

科斯比短暂优雅期的迅速变味，可以归根于他对钱财的病态迷恋。他的贪婪程度似乎超越了一般的总督。当他还在伦敦的时候，甚至在任职不到一天的情况下，就得到了价值 6400 英镑的奖金，囊括经费、佣金和自他前任总督逝世后，应付给纽约总督的十三个月的薪酬。正如我们所见，在他最终到达美洲之后，因为阻止《糖蜜法案》而做的疑点颇多的努力，从议会那里骗到了 1000 英镑的谢礼金。仿佛嫌弃这些不劳而获的酬金还不够，科斯比在上任后的第三个月，请求伦敦同意任命他年轻的儿子，刚刚 20 岁出头的小威廉作为新泽西的殖民地秘书，并且支付给他 450 英镑的年薪。这可比作为纽约殖民地首席大法官的莫里斯多了整整 200 英镑。而这只是科斯比傲慢表现的冰山一角，而且他觉得从皇室捞利天经地义。几周后，即在他代其儿子比利所提的过分要求还在跨越大西洋的路上时，科斯比又想捞取一笔价值 1000 英镑的贿赂金。这笔钱是从一个竭力反对者的口袋里掏出来的。纵然如此，在其权限范围内，科斯比或许还能安然无恙，但这一尝试会终结他短暂的政治安定期。

五

　　就在科斯比启程前往美洲的前十天左右，他向贸易委员会提出补充文书的申请并获批。其中载明了科斯比能在抵达当天就取走支付给代理总督的一半的薪资和其他收入。临时的职务代理人要交出一部分在殖民地总督位空缺时所得的工资，这是惯例，但并非强制。然而，在涉及谁该拿薪酬时，这些条令难免就显得有些含糊其辞了。从新总督受命到真正接管殖民地期间，代理总督的工作量又该怎么算都没有定论。[21] 对于这个问题，科斯比可不是一个听天由命的人，所以在他抵达纽约时，他为纽约代理总督瑞普·范达姆准备好的皇室指令就派上了用场。已 70 高龄的瑞普·范达姆此时正值他担任免薪殖民地参事会参事的第十三个年头。皇室指令要求范达姆上交他在临时管理殖民地时所得薪资的一半（此时正当刘易斯·莫里斯担任新泽西的代理总督）。科斯比要么是圆滑过头，要么是太过莽撞行事，直到好几个月过后才向令人敬仰的范达姆透露了这个坏消息。范达姆是一名荷兰人，在英国占领新尼德兰（荷兰位于美国的殖民地）的前两年出生在奥尔巴尼。11 月 14 日，科斯比通知了包括对此并不满的范达姆在内的参事成员，说他奉皇室之令，要求范达姆上交其担任临时总督期间内所得钱财的一半。准确地讲，他需要上缴 1975 英镑 7 先令 10 便士。

　　科斯比在对这件事情的处理上备受诟病——为什么要去惩罚一个受人民爱戴且颇具影响力的人，为什么要冒风险去得罪那些曾盛情迎接自己作为总督的殖民地同僚呢？然而，以 1732 年在纽约的货币值计算来看，略少于 1000 英镑的数目在人们眼中也不只是零用钱了——更何况是贫困的科斯比呢？他可能比范达姆还要穷困。此外，既然政府都授权分摊了，那为什么不支付他的那一部分呢？但科斯比没有想到的是，纵然瑞普·范达姆扮演了殖民地人民的"好好先生"，也没能赢得其全部人民的尊重。由于范达姆为他得到的遗产而自豪，他说英语时仍操着荷兰口音，但这并未阻碍他获得生意上的巨大成功。他位于圣三一教堂后面的造船厂，在当时的哈德逊河的那一带，可算得上是殖民地境内最为繁忙的了。他同时持有众多快运货船的股权。范达姆在商业区还有着相当多的房产，包括市新剧院所在的那栋楼。他属于纽约两个荷兰归正教会中规模更大、历史更久的那个，可能是其中最为富有和最受尊敬的教民了。范达姆的两个密友分别是首席法官莫里斯和自己的律师詹姆斯·亚历山大。亚历山大还曾在莫里斯的政治案件中支持过他。当受到挑战时，范达姆变得非常固执，坚持捍卫自认的正义。

反复思量了科斯比的要求并咨询了亚历山大后，范达姆在两个礼拜后的会议上，告诉总督科斯比和参事会，他是不会遵从那一指令的。他赚的钱干干净净，毫不苟且，而且安守本分，尽职尽责。没有哪个人会声称在他临时接管期间，殖民地遭受了打击或者损失。范达姆愤愤不平道，贸易委员会无视惯例，以牺牲他为代价，全然偏袒于一个未做丁点功绩的贵族，而仅仅因为科斯比想要那笔钱就给了他。虽然科斯比的同盟在参事会中占了多数席位，且他们都是为总督服务的。但范达姆毫不畏惧，给出了一项大胆的提议：要他同意总督的命令也可以，前提是作为回报，科斯比要将他在伦敦期间所获的各种总督额外津贴分出一半来给他。经这个荷兰人精确算计后，他发现这笔钱能达到 6407 英镑 18 先令 10 便士。而至于范达姆到底是怎么知道这个数目的，就是不解之谜了——或许是亚历山大在贸易委员会中雇用了一个间谍来给他的客户提供有用的情报。毕竟他人脉广，而且与在伦敦的众多律师和商人都有频繁的通信来往——但科斯比也从未对这份索价的精确性提出挑战，这就够了。范达姆这一场激动人心的对抗，显然让总督恼火不已，因为总督竟然愤怒地决定起诉这个不好对付的老头。为了已被官方授权的1000英镑，他绝对不会放手。

但哪个法庭能承诺就此事给出一个可以让总督满意的，最理想的结果呢？这可不是一个老生常谈的程序性事项。通常来说，如果涉及的金额达到了一定数量，那就需要转交到殖民地的最高法院进行审判。最高法院负责处理民事诉讼和刑事案件，同时兼具英国民事诉讼法庭和皇家法庭的功能。但不管是哪种情况，纽约殖民地的高级法庭只是司法系统里处理习惯法案件的法庭。而科斯比也不会糊涂到去期待范达姆的专家小组，会顶着一位殖民地最重要人物的坚决反对，转而支持他的指令，即便自己的指令是获得皇室批准的。为了避免由陪审团庭审，此案可交给1683年设立的大法官法院，即由殖民地的衡平法院受理。它可以在没有陪审团的情况下，做出裁决。作为一个衡平法庭，大法官法院有权以公正或公平的名义，推翻下级法院所做出的、它所认为的错误判决。这种错判可能是基于过于严苛或压迫性地执行其所参照的习惯法或州法所致，也可能是基于对法庭纠纷或法规条例的误解所致。但大法官法院也对权利与义务纠纷有着初审管辖权，通常会涉及皇家款项纠纷（比如赋税，又比如总督们的薪资）和财产纠纷，比如关于土地所有权的纠纷。

假如不存在这两个问题，大法官法院可以满足科斯比的目的。第一个问题是大法官法院本身就是由总督主持并担任大法官，由他一人或由总督及其从参事会中所选的参事组成。然而，因为科斯比本人身陷其案，所以不能担任庭审法官。他可能会任命一个代理法官，来独自主持或和其他参事共同主持庭审。但这一解决方式也是有问题的。像大法官法院这样的衡平法院在纽约殖民地居民眼中是非常不受欢迎的。他们觉得，这些法院就是惯于压迫人民的总督们手里的一把利器——而且法院中还有相当多的人缺乏法律知识。在没有陪审团的情况下审理案件很可能会肆意篡夺殖民地居民的权利，并出现偏袒、不公正的裁决。然而，总督科恩伯里、亨特和伯内特不顾议会在1700年至1727年间对该做法提出的四次斥责，还是在某些情况下选择传唤大法官法院去处理那些有争议的裁决。毫无疑问，科斯比也不顾议会的多次反对，把大法官法院作为处理类似事件纠纷的权宜之所。但作为自己与范达姆案子的大法官，科斯比可能会被殖民地居民诟病，使他威严扫地——甚至连科斯比都意识到，即便是独裁统治也有它的受限范围。而任何由科斯比任命来处理范达姆案子的代理法官或参庭的参事们，都会有总督爪牙的嫌疑。因此，将不予考虑由没有陪审团的大法官法院处理该事件。

科斯比那诡计多端的法律顾问们，在该殖民地经验老道的总检察长理查德·布拉德利（Richard Bradley，一位皇室特权的积极拥护者）的领导下，立即给出了一个关于解决"国王与范达姆案件"的阴谋。他们计划将此案置于一个由亲总督派的法官控制的法庭裁决，且其中不能有任何敌对的陪审员。而这一狡猾的计谋是有鉴于曾经的一段不光彩的历史。1691年，议会在纽约市设立了唯一一个"最高法院"，并授权它"不论什么意图和计划，对所有民事、刑事及混合诉讼进行全权审理。具体执行则可（分别）参照英国领域内的皇家法庭、民事诉讼法院和财务法院的已有做法"。就是这句轻描淡写的补充，对科斯比的法律团队而言，相当于提供了一种极为称手的工具。英国财务法院历史悠久，其职能在经过几个世纪的变迁之后，已经发生了显著改变。它有时也会审理权益纠纷，且通常不设陪审团。因此，参照《纽约议会1691司法法案》中的法律术语，科斯比向范达姆提出的索偿案似乎符合要求，可由财务法院审理。这就意味着要财务法院行使其作为衡平法院的功能，但不通过陪审团进行案件裁决会引起一定争论——因为刘易斯·莫里斯的最高法院本来是可以审理科斯比的案子的。最高法院还有其他两种功能：一是作为习惯法法庭，审理民事和刑事事宜；二是作为陪审团法庭，定夺案件。但《纽约议会1691司法法案》已要求议会每两年进行一次法律修订，而到1698年，这样的修订已经失效了，最高法院再无平衡法司法权。但就早在1683年就已成立的大法官法院而言，不论殖民地人民怎么鄙视它、蔑视它是暴政的工具，只要总督选择了授权于它，它就依然能对权益纠纷案进行全权审理。因为科斯比不能把自己对范达姆的起诉交由他主持的大法官法院审理，所以在12月初，他试图诱导参事会通过一项关于授权最高法院在没有陪审团的情况下，也可对平衡法案件进行审理的法令，并以此来恢复《纽约议会1691司法法案》中所涉及的相关已失效的法律规定，而不用再费事去征得议会的同意。作为科斯比的首席合法枪手，总检察长布拉德利认为没有必要去征得立法机关的同意；在他看来，只有皇室或其皇家代表即总督可以设立殖民地的衡平法院。现在最高法院三名法官中的两位是反莫里斯派的商人家族成员，而且已经与科斯比结成了同盟，获得了总督及其参事会的授权，负责审理他的案件，要求范达姆上交一半的薪资——且不设陪审团。若法官德兰西和菲利普斯两人的投票，超过范达姆所一直效忠的首席司法官莫里斯，那就没人再能阻止该项裁决的生效。

在莫里斯闻风得知布拉德利的法律诡计后，他也立即试图对之进行干涉。对他来说，相比于科斯比对1000英镑的渴求，这是一个更为紧要和更为严重的问题。在莫里斯看来，要不是为了对付范达姆的挑战，这个新总督没有其他理由这般操控殖民地的整个法律体系。正如首席法官在其信件和备忘录中描述的一样，科斯比这样做是为了粗暴镇压两大反对他专政暴行的异议。首先，总督无权倚仗参事会所通过的条例，来强行规定最高法院的司法权限——只有殖民地议会或国会才能赋予它衡平法法庭的功能。其次，纽约殖民地已经有一个衡平法院，即大法官法院；而不能仅仅因为科斯比不能在自己所涉案件中担任大法官而再设一个衡平法院。更确切地说，不能因为科斯比希望案件规避陪审团这一理由就不顾范达姆的宪法权利。而出于一定的个人因素，莫里斯现在也强烈反对科斯比的这一诡计，尽管莫里斯从来都没怎么承认过这一点。他也从没有对另外一个可能掉以轻心，即如果科斯比在范达姆案子中胜诉，同样他也会向自己索要在他到任前，自己在担任新泽西代理总督时获得的一半薪资——大约300英镑。所以，出于个人利益考虑，首席法官也要确保科斯比的诉讼不能交由科斯比的法庭或任何其他法庭审理。

于是，莫里斯向总督传达了一条特别及时的信息，他表示反对参事会通过在最高法院内再设衡平法院的意见，称这是违背法律精神的。他还要求将此法令延搁，直到科斯比把他的所有话都听完。对此，总督请出了一个中间人约瑟夫·瓦瑞尔（Joseph Warrel，一名刚在伦敦宣告破产的商人），并由科斯比任命为新泽西的总检察长。随后莫里斯在4月份写给科斯比的回信中，这样写道："我是不会去拜访你（科斯比）的，你也别想从我这里套出任何消息；你别指望我尊重你，也别对我的审判或者对你的观感有什么妄想；你把我当作是一个根本不值得国王信任的人；从你前来任职开始，我就对你充满蔑视，对你粗鲁无礼。而你也别想再收到我的来信，或者从我这里挖到只言片语。"

激起这一极端非难的部分原因，可能是莫里斯在科斯比到安博伊向其索要皇家印章时所持的不敬态度[22]，而另一部分原因也可能是拥护总督的行业巨头们根据听到的关于莫里斯二十年政治斗争神话而捏造的。不管科斯比这一严厉镇压的背后原因是什么，同样被激怒的首席法官现在也已经蓄势待发，准备鼓动科斯比的敌人一起一举撕碎总督精心策划的法令。而莫里斯这样做，完全是与为范达姆案辩护的詹姆斯·亚历山大在进行紧密且不道德的合作。如果说殖民者中还有谁比莫里斯更让总督不快的话，那就非亚历山大莫属了，因为每次他一出现，科斯比在殖民地参事会上就一定会备受非议。总督对他的敌意在1732年10月达了顶峰。那一次，科斯比故意没有通知亚历山大参事会召开的时间——而这显然是总督的一种失职——而据他所称范达姆的财产是仰仗亚历山大，即那个荷兰人的朋友兼律师所得。科斯比称，在召开参事会时，亚历山大就是个不受欢迎的人，就算其不在场都不会减轻总督对他的敌对情绪。"他简直是自我到此地后唯一让我不快的人。"科斯比在12月写给纽卡斯尔公爵的信中这样说道。他似乎忘了曾经在信中对莫里斯的极力指责："他那众所周知的恶劣品行，不值得赘述以免耗费您太长的时间；而他所有的诡计和欺压事迹也不值得您降尊纡贵，垂听一二。"[23] 而这样草率、毫无根据地对他人品性的全然中伤，却更多地反映了科斯比（而非亚历山大的）的阴暗面。这名纽约律师犯下的最大过错就在于，他不该不向殿下行礼到位。而约瑟夫·瓦瑞尔却进一步将这种天赋臻于完美，所以科斯比告诉纽卡斯尔公爵，他希望让约瑟夫·瓦瑞尔来代替亚历山大在参事会中的位置。

莫里斯和亚历山大联手撤销科斯比起诉的突破口，不是基于他所要薪资的法律依据，而是立足于司法权限，即最高法院无权因为总督发布的一项无效指令就审理该案，并履行衡平法院的职能，更何况是在殖民地已经有一个衡平法院的情况下。莫里斯把他所知道的，以及亚历山大藏书丰富的图书馆里的每册每本法律著作都找了出来，专门研究了有关英国法院制度的相关成文法和历史上的习惯法。同时，亚历山大还草拟了一份他可能会提交给最高法院的议案，请求法院拒绝审理科斯比案，然后将它递交给莫里斯评审。而首席法官也通过律师，通过不正当手段采纳了由诉讼其中的一方的顾问提出的这个不情之请。与之相应地，他在1733年1月11日以长篇备忘录形式，更精确地说明了亚历山大提出的关于阻止最高法院审理科斯比案件的议题——或者，更准确地说，关于坚持最高法院无权审理该案件的观点。

<h1 style="text-align:center">六</h1>

当国王与范达姆案件被列入最高法院的 1733 年 3 月中旬的诉讼日程时，首席法官也就不对贸易委员会上一个月给予科斯比一个新的指令，授权他获取自己在担任新泽西代理总督时的所得薪资的一半的消息大为震惊了。而倘使这个消息能及时传到纽约的话，那总检察长布拉德利或许就能要求莫里斯在最高法院审理范达姆案子时不坐镇法庭。因为作为科斯比另一场薪资索要的潜在被告，首席法官的审判公正性会大打折扣。但莫里斯并没有因为这种必要性而退场，相反在 3 月 15 日的庭审中，他从战略上就打了布拉德利一个措手不及。

作为主持庭审的首席法官，莫里斯最先并没有听取有关科斯比和范达姆案的开庭陈述，而是听取了诉讼当事人关于最高法院是否经正式授权来作为一个衡平法院（比如不设评审团）进行案件裁决的问题的意见。亚历山大当然知道莫里斯在想什么。于是，亚历山大几乎是照着首席法官在庭审前给他的备忘录背下来的一样，先发制人地对殖民地参事会授权最高法院以平衡法司法权的合法性进行了驳斥。他陈词流畅，几乎是一气呵成。而作为科斯比方的法律代表，布拉德利并没有对司法权的公正性这一问题进行准备，因此他只能临场发挥。总检察长驳斥道，正因为《纽约议会 1691 司法法案》中授权最高法院与英国的财务法院行使相同的职能，所以科斯比及其参事会是有正当理由援用已经失效了的《纽约议会 1691 司法法案》作为先例，并以此来支撑他们 12 月通过的条例，从而恢复最高法院的平衡法庭职能。当然，这段未经深思熟虑便脱口而出的肤浅辩词省略了一些东西。即早在五十年前，殖民地就承认将衡平法庭职能归给大法官法庭了，而且自那时起就从未撤销过这一职能分配。如此一来，亚历山大辩驳道，既然没有议会的批准，那总督显然是为了裁决结果能满足自己的经济利益才突然设立第二个衡平法院，这就完全没有道理了。

但首席法官莫里斯在未对辩词深思熟虑和正当审议的情况下，不明智地立即写了一段长篇大论来反对布拉德利论辩的意见。[24] 很显然，莫里斯是在还没听取双方论辩时就已经下定了决心。他决定不迁就科斯比对法律的任何亵渎并宣称道，"通过公文形式就要赋予现存的老法院一项新的审理权，或者说设立一个新的衡平法院……仅通过总督及其参事会的一项没有征得立法机关同意的条例，这同样是不合法的，也不足以证明该法院就具有对权益案件的审理权。因此，承蒙主佑，在这一点上，我作为殖民地首席法官是不会屈从于他们的"。

但在法庭上，还有其他两位法官尚未表态，而科斯比希望他们俩能站在自己这边。他有充分的理由相信法官詹姆斯·德兰西会支持自己；因为德兰西的父亲斯蒂芬，作为贸易大亨的他一直是莫里斯的政治敌手，且对首席法官声称自己不具备完全公民权，而极力要将自己逐出议会而怀恨在心。德兰西年幼时曾在牛津大学的基督圣体学院和伦敦的林肯律师学院接受过教育。倚仗着他父亲强大的商业和政治关系——斯蒂芬仍然还是议会的一员——同样，凭借父亲给予的 3000 英镑，詹姆斯在纽约开起了自己的法律事务所。而他也因为学识渊博，专业精湛，成了法律圈里一名响当当的人物。更幸运的是，他的妻子继承了位于西切斯特的斯卡斯代尔庄园，而且她的嫡亲表兄是一名国会议员，同时还是首相沃波尔的密友。此外，德兰西 26 岁时就被殖民地参事会委任带头负责撰写纽约市的新宪章，而他的最终出稿详尽及时，得到了议会的充分肯定。28 岁的时候，詹姆斯成了最高法院的三大法官之一——而现在，距离他的 30 岁生日还有八个月——经过几天的深思熟虑后，他投票支持科斯比所呈的条例，允许最高法院对其与范达姆的案子进行审理。

现在决定权落在了第三个法官弗雷德里克·菲利普斯手里。他是议会议长的侄子，而且还是纽约一家主要商行的领导人。但弗雷德里克只受过极少的法律培训，他能获得这一司法职位纯粹是因为裙带关系。这其实跟在其他行业里一样，是一条最稳当的职业晋升的绿色通道。但即便他还是个稚嫩的法官，菲利普斯也知道在范达姆薪资案背后所潜藏的权力竞争。所以，他明智地决定要对案件再进行一番思考，直到在下个月开庭的时候再给出答复。

从别人那里，科斯比听说了莫里斯针对他所发的长篇大论，据说他气得暴跳如雷。他攻击说，莫里斯根本不配担任首席法官这一高阶职位——此番言辞与异议法令待审之时，他对莫里斯的请求所做出的回应别无二致——此外，科斯比还要求查看莫里斯所写的审判文案。不管文案中的语言是否直白，在科斯比看来，这些话除了表现出莫里斯对总督的不敬外，毫无意义。但那时，科斯比对那些逆耳之言的肆意攻击，使人们更加觉得他是一个被贵族妻子管控的丈夫。而正如帕特丽夏·博诺米在《分裂的人民：殖民时期纽约的政治与社会》（《*A Factious People: Politics and Society in Colonial New York*》）中所说的，科斯比或许"是为了弥补他在家里所欠缺的权威，所以才不断在公共事务上实行暴政"[25]。而科斯比对莫里斯审判的恶语相向促使詹姆斯·亚历山大在庭审一结束就写信给他在伦敦的一位律师朋友，说道："总督大人的总体表现让首席法官有充分的理由相信，（科斯比）会勒令他停职，而且还会利用自己（在英格兰）的厉害关系去促成通过这一停职处罚。"[26] 4 月 17 日，大法官菲利普斯发表意见，表明自己和德兰西的看法一致，认为科斯比关于扩充最高法院审理权的法令不需要征得国会的同意，这下轮到莫里斯发飙了。莫里斯坐在法官台上发言，但没有丝毫法律权威。这位大法官说，他不能就这么任由两个乳臭未干的同事摆布。他说他俩实际上只是自己的助手，而且不论学识或是经验，都不能与自己相提并论。用莫里斯的话来说，这两个法官审理该案件的特色就是"平庸，软弱和毫无意义"。随后，他昂首阔步地走出最高法院位于市政厅二楼的会议室，发誓说，如果法庭依然试图按总督的授意行使平衡法职能，那他是绝不会再次主持庭审的——虽然莫里斯的其他两位法官同行已经判定总督决定执行的法令是合乎法律规范的。

三天后，莫里斯终于同意科斯比的请求，给他看了自己（当时）就科斯比与范达姆案的反对意见的发言副本。但首席法官采用的却是一种公然敌对的方式，进一步激怒了这个脾气乖戾的总督大人；莫里斯让彼得·曾格的印刷店将自己的意见排版并打印成册，向公众发售，另附一封写给科斯比的公开信。莫里斯说他走到这一步，是因为总督之前唐突地拒绝了自己的请求。总督拒绝在参事会做出对是否赋予最高法院平衡法审理权的决定前，与自己进行讨论。而科斯比的这种做法，无疑是对莫里斯的这一正直和具有职业操守行为的贬损。"我并不是害怕和羞愧于可能经受不住，您就我本人行为本身的严格调查，"他在给总督的公开信中这样写道，"我服务于公众，兢兢业业，诚诚恳恳……就这一点，我敢与他们当面对质。"在信中，莫里斯说他不明白为什么科斯比要这样诋毁自己。不过，退一步讲，或许是之前自己对科斯比有点无礼吧，"老人家经常如此"。但如果总督愤恨的由头是"因为一个生硬蹩脚的鞠躬，或者诸如此类不到位的行礼，抑或是其他怠慢之处，像在典礼上说错了您的名字……那我恳请您，把这归咎于我缺少（皇室）宫廷礼仪教育……而不是由于我对总督大人不敬"。虽然如此，横在他们两人之间的真正问题，还是缺少对彼此的敬重。而这互敬则意味着科斯比得明白，首席法官借这封公开信为自己的观点做辩护，仅仅是在履行其义务而已，"如果法官们因受到威胁恐吓，而不敢发表令总督不悦且不赞成的意见，那么对于本殖民地中，着实在意自己人身和财产自由与独立的人民来说，或许任何一个有权审判法官都是不可信任的。因为法官判罚的法律依据，都不过是总督大人的想法而已"[27]。

　　莫里斯这么做与其说是为了惩戒科斯比，不如说他还是希望借此来挽回自己渐渐崩塌的公众形象。他把自己打造成了一个守护人民神圣不可侵犯的司法审判权的大无畏捍卫者，是对抗为谋私利而不择手段的总督的坚决反对者。这种经精心揣摩后而主张的原则，在科斯比看来无疑是桀骜不驯的。这显然是为了迎合公众口味而计划好的。英国诽谤法也显然不支持印刷商去发行此类抨击政府当局的批评材料，不论该语言的侮辱性程度有多高。而深谙法律对于这种行为的非难和镇压之苦的威廉·布拉德福德，并不会冒着可能被革去殖民地皇家印刷商一职的风险，像曾格那样去印刷和发行莫里斯的文册，何况那还是一本谴责科斯比的不合法作为和他对首席法官的公正性所做的毫无依据的诋毁的文册。莫里斯当然考虑到了布拉德福德会对总督俯首帖耳，各方讨好，所以他找到了曾格（殖民地仅有的两大印刷商之一）来做这份挑衅性的出版工作。而曾格因为经济拮据，便欣然接受了首席法官指派的任务。同样，曾格也帮助和莫里斯同为煽动家的亚历山大，出版他作为范达姆民事诉讼案的代表向最高法院提交的案情摘要。摘要中正式要求科斯比把其在受命为纽约殖民地总督后，在伦敦停留期间内所得的资金的一半交还给范达姆。对于从未有过政治联盟经历的曾格来说，先是发行莫里斯的法庭裁决和写给科斯比的带有蔑视性的公开信，紧接着是印刷和兜售亚历山大的法律案情摘要，这些都标志着一场结盟的开始。而这一联盟将使他卷入一场纷争，从而使他不仅在殖民地境内，甚至在更大范围内变得有名。

当科斯比听说法官德兰西将自己从范达姆一案中抽身出来的时候，无疑愈发恼火。因为德兰西此前是站在总督这边，支持他从伦敦获得的指令，强制要求范达姆交回他在担任代理总督时所得收入的一半，而且德兰西后续也投票同意了参事会授权最高法院以平衡司法权的法令。但让科斯比憎恶的是，德兰西竟然站在道德制高点，没有一点或者至少表现得对科斯比诉讼案不那么偏私，从而规避了人们对他的强烈质疑。由于莫里斯和德兰西都撤出了这个案子的审理，那此案就只能半信半疑地交由菲利普斯进行独审。科斯比的案子算是搁置了，莫里斯阻止了他的这个计划，而现在也该轮到莫里斯来为此付出代价了。

在 5 月 3 日给纽卡斯尔公爵的信中，科斯比指责莫里斯在法庭上的作为和他利用曾格的印刷厂对自己所做出的公开非难。科斯比将首席法官称作"一个不正直、不受人民爱戴的人"，而且还指控了他一堆罪名。其中就包括过分自负，嗜酒成性，恃强凌弱，执法以权偏私，庭审迟到——科斯比在这封抒发牢骚的信中所说的所有指控都有一定的道理，但都没有真凭实据，或者说这些都和莫里斯所审理的大案子没什么关系。在说到莫里斯受到的所谓指控的一个实例时，科斯比引用了两个派系的集会者因皇后郡控制权内讧问题的一次纠纷。他还指出首席法官立即做出了裁决，甚至都没给双方一个公平申诉的机会——但必须承认的是，科斯比并没有证据证明他所说的莫里斯的这些不正当行为。"我的意思是，要么惩罚莫里斯，要么就让我承受这公然的侮辱，"他向公爵写道，"或者，更糟糕的是，让我们眼睁睁看着国王的权威遭受蹂躏，让那曾誓死要捍卫它的莫里斯及其手下在司法台上教唆人民去不敬、去藐视权威吧。"科斯比还在信中补充说道，不久他就打算让小德兰西代替莫里斯作为首席法官。[28]

如果科斯比能知晓历史现在已经了解到的全部证据的话，那他本可以引证一些更具说服力的理由来让皇室革了莫里斯的职，或者至少也会对他进行严厉谴责，而不是仅仅依靠列举莫里斯作为首席法官裁决范达姆案背后与法律推理无关的例子，或者是所谓的他对科斯比抑或是对皇室的侮辱中伤言论了。即使在那个时代，莫里斯的所作所为也是公然罔顾司法公正的。莫里斯在审判前，为了使该案撤销，就和他的密友兼被告辩护律师亚历山大相互勾结。听完双方就科斯比所支持的扩充最高法院审理权的争辩后，莫里斯就开始念他早前准备好的司法裁决，证明他根本听不进去可能来自科斯比律师的任何呈堂辩词。更可恶的是，莫里斯公开大骂法庭上的其他两位法官所投的支持票，认为其裁决分量远比不上他自己的那张反对票，因为他们在法律阅历和法律知识上都远远不如自己——因此，为了使整个审判过程无效，莫里斯便捏造了这个理由，大步走出了审判室。可能莫里斯在法律上来说是正义的，但他恶劣的行为却完全是另外一回事儿，因此不能减轻他所该受到的惩罚。

即便是所罗门，都难以断决在范达姆案的闹剧中，相互故弄玄虚和抗议非难的科斯比和莫里斯到底谁更可怜，也无从判断哪一个能在接下来更加激烈的冲突中成功索赔，披上正义之袍。

注　释

1　"恶狗睡觉，切勿惊扰"：卡茨，《纽卡斯尔的纽约》，第 10 页。

2　丘吉尔谈沃波尔的统治：温斯顿·S.丘吉尔，《英语民族史》，第 3 卷，"革命的时代"，第 105 页。

3　"为公共管理的一枝一节而不辞辛劳"：卡茨，作品同上，第 12 页。

4　科斯比出生显贵：出处同前，第 32 页；利文斯顿·卢瑟福，《约翰·彼得·曾格，曾格印刷业，曾格审判案》，第 6 页。

5　"科斯比所受的责难"：科尔登，《卡德瓦拉德·科尔登书信集》，第 4 卷，第 286 页。

6　伦敦方面对科斯比的看法：詹姆斯·亚历山大写给科尔登的信，《纽约历史博物馆档案集》（1918），第 49—50 页。

7　天晴时狩猎：卢瑟福，作品同上，第 6 页。

8　"根本不受限制地"：卡茨，《关于约翰·彼得·曾格审判案件的简报》，第 37 页；卡茨，《纽卡斯尔的纽约》，第 31，37 页；卢瑟福，作品同上，第 3—4 页。内勒。《纽约的君主特权》，纽约州历史协会季刊，第 4 期（1924）：第 221 页；拉巴里，《美洲的皇家政府》，第 60 页。

9　纽约庞杂的人口："美洲殖民地的大致人口：1630—1780"，人口普查局，美国商务部，参见《1988 年世界年鉴及纪实大全》，第 378 页。

10　他纽约同胞身上所具有的美德：小威廉·史密斯，《纽约省历史》，第 2 卷，第 227 页。

11　"庸医比比皆是"：出处同前。

12　莫里斯作为新泽西的代理总督：在给科斯比的一封信中（莫里斯后将该信附在一份文件中，落款日期是 1733 年 4 月 20 日），莫里斯提到他们两人见面不下六次，但每次都是寥寥数语就结束了交谈，而第一次会面除外。那时科斯比抵达纽约大概才一周左右，莫里斯就向他呈送了新泽西王室印章（下文紧接着进行了描述）。至于莫里斯为什么没有参加市政厅为科斯比举行的欢迎仪式，至今仍是众说纷纭——也许莫里斯觉得作为临近殖民地的代理总督，自己若是泯然众人之中夹道欢迎，未免有失身份；因此，像默罕默德毅然走向大山——莫里斯快速交出印鉴。参见谢里丹，《刘易斯·莫里斯文稿》，第 2 卷（1731—1737）：第 49—50 页。

13 "乐意展示他的总督脾气"：科尔登，作品同上，第 286 页。

14 莫里斯的不光彩手段：怀特海德，《新泽西殖民史文献汇编》，第 5 卷，从第 520 页开始。

15 投票表决，提供充足的资金：科尔登，作品同上，第 287 页。

16 相当于 2014 年的 28 万美元：笔者和约翰·J.麦卡斯克盖尔先生的通信（2014 年 3 月 22 日—2014 年 6 月 8 日）。麦卡斯克盖尔先生是圣三一大学历史学荣誉教授，著有《欧美金融与外汇兑换，1600—1755》。

17 "去他们的吧"：W.史密斯，作品同上，第 287 页。

18 "我们的派系分歧似乎结束了"：怀特海德，第 5 卷，第 360 页。

19 "一个性格跋扈的人"：赫伯特·L.奥斯古德，《18 世纪的美洲殖民地》，第 2 卷，第 444 页。

20 "早前写给纽卡斯尔公爵的一封信，哀痛道"：怀特海德，作品同上，第 322 页。

21 代理总督的工作量：科尔登，作品同上，第 289—290 页。

22 莫里斯对科斯比的非难：谢里丹，《刘易斯·莫里斯文稿》，第 2 卷，第 49—50 页。

23 "他那众所周知的恶劣品行"：科斯比于 1732 年 12 月 18 日写给纽卡斯尔公爵的一封信，参见纽约历史博物馆档案集，第 5 卷，第 955 页，引自布拉内利，《彼得·曾格审判案件》，第 25—26 页。

24 一段长篇大论：布拉奈里，作品同上，第 13 页。

25 "弥补他所欠缺的权威"：博诺米，作品同上，第 107 页。

26 亚历山大希望莫里斯被暂停职务：亚历山大于 1733 年 3 月 19 日写给费迪南德·约翰·帕里斯的一封信，《新泽西档案》，第 5

卷：第329—331页；引自卡茨，《纽卡斯尔的纽约》，第97页。

27　"如果法官们因受到威胁恐吓"：谢里丹，《刘易斯·莫里斯文稿》，第2卷，第49页。

28　打算让小德兰西代替莫里斯作为首席法官：布拉内利，作品同上，第13—14页。

Chapter.05 | 第五章

壁垒分明

Battle Lines

一

　　总督科斯比不仅在其第一年任期内就开始控制纽约的司法制度，还在其另一个辖区内进行土地所有权的授予和确认，滥用权力谋取个人利益。这是皇室批准的一种合法收入来源，许多前任总督以专断、专制的方式充分利用了这一点。这种伸手即得的果实早就对科斯比形成诱惑，其中最为阴险的是一场由他狡诈的心腹一手筹划的阴谋，使他受到了牵连。这一切都因总督给予了这名心腹太多的委托权。

　　事情的起因是殖民地中未分配的一块 5 万英亩（近 80 平方英里）的肥沃土地。它已于 1725 年由康涅狄格割让给纽约，以解决一个长期遗留的边界争端问题，该争端自英国占领新荷兰开始就不断激化。它在 1700 年威廉三世颁布的法令中一定程度上得到了解决，但当时的制图技术尚不精确，在实地调查时，原本清晰的边界线也逐渐模糊了。该边界线始于长岛，位于哈德逊河以东大约 20 英里，平行于哈德逊河，大致呈南北走向。但测量师发现：事实上，这条边界线已越过西点附近的河流，并将大幅扩大康涅狄格的领土。

　　1725 年，为了以纽约满意的方式重新划定界限，总督伯内特任命了一个三人委员会，与康涅狄格相应机构进行商谈。纽约代表团的团长是一位在殖民地享有盛誉的测量师——卡德瓦拉德·科尔登，团队里还有莫里斯盟友中深受总督亨特信任的另一个内部人士——弗朗西斯·哈里森，他是一位能言善辩的律师，身兼数职。人们对哈里森的出身知之甚少，但据了解，他在 18 世纪的头几年来到纽约，并于 1710 年被亨特任命为纽约治安官（此职位负责治理纽约市县，已持续三个世纪）。此外，哈里森还是纽约港的调查员和检查员、殖民地海洋法院的法官（在涉及贸易法律法规争端方面有管辖权）、纽约市参事会的书记员、殖民地参事会的参事。同时如上所述，他还是最终解决纽约与康涅狄格边界问题的委员会成员之一。总之，他的职位使他成了一个不容小觑的人，但同时有消息称，他大肆滥用了自己的权力。

边界协议停留在重新划线的环节。这条线是从康涅狄格西南延伸的领土内陆东部角落再向北延伸 50 英里。预计的新线路将把康涅狄格的里奇菲尔德村迁移至纽约，这让该地区的居民惶恐万分：他们的土地所有权可能面临危险，又或者他们可能需要向纽约支付一笔高昂费用才能继续拥有这块土地。为了避免谈判失败，科尔登做了让步：他将边界线向西北微微挪几英里，并恢复其北向路线，从而保证了里奇菲尔德仍属于康涅狄格。为了补偿纽约失去的土地，康涅狄格同意割让其 6 万英亩土地，最宽点也只有 2 英里，名为欧博朗。然而，该协议无法施行，因为莫里斯联盟已经失去对菲利普斯—德兰西商业党的控制，纽约议会拒绝在五年内支付该边界线最后的测量和标记费用。[1]

正是在这关键时刻，科尔登开始参与促进该协定顺利实施的计划，并且安排了一个土地投机交易。参与该交易的是他的一些好朋友，包括刘易斯·莫里斯和詹姆斯·亚历山大在内——一些"殖民地内的大人物也有股份"。科尔登在后来的回忆录中曾提及此事，但为了避免被怀疑使用内幕信息参与盈利颇丰的房地产计划，他并没有提到他也是参与者之一。为了保证他们房地产购买集团的正当性，亚历山大似乎已经处理了法律方面的问题，他们又寻求里奇菲尔德市民领袖的支持，其中牧师托马斯·豪利（Thomas Hauley）是在哈佛受过教育的社区牧师、镇书记和校长，他用自己的名字命名了这项计划，同时还从康涅狄格的居民中招募了 22 名负责人。

1730 年，豪利利益集团向纽约总督蒙哥马利提出请求，要求授予他们除价值 750 英镑的 1 万英亩的欧博朗之外其他土地的所有权，条件是该房地产购买集团必须自费完成边界线测量后才能获得所有权，同时该边界线将成为官方殖民地边界。[2]

其中未被邀请参加欧博朗投机集团的人员中就有弗朗西斯·哈里森，作为支持和解的边界委员会成员和同意有条件拨款给豪利集团的总督理事会成员，他认为自己有资格受到奖赏。哈里森最初被排除在外并非偶然。当初，伯内特按照莫里斯的指使出现了政治失误，导致总督的盟友控制了议会。相信机会主义的哈里森认为这是大势所趋，于是在蒙哥马利成为总督时开始效忠贸易大亨派。他的背叛激怒了莫里斯派，于是他被欧博朗集团裁掉。哈里森承诺利用自身的影响力支持企业与新总督，逐渐赢得了他们的青睐。于是科尔登和亚历山大原谅了他，同时政治叛徒哈里森获得了欧博朗全部土地股份，而且还可以了解全部工作细节。

但是哈里森是一个会记仇的阴险之人。尽管莫里斯阵营已经十分仁慈，但他没有原谅他们之前对他的冷落；他密谋要接管整个企业，而不仅仅是报复之前他们对他的抛弃。早在所有权正式授予豪利利益集团之前，科尔登的团队按照要求完成边界测量的几个月里，哈里森就告知了一群返回英国的有爵位的贵族关于美丽的欧博朗地段的可使用性，而故意不提它已经被临时拨给（若非官方转让）美洲投资房地产集团这个事实，他们支付了大量的费用才获得了所有权。为了得到一定的薪金，哈里森主动提议充当英国投机者在纽约的代理人，条件是他们得请求王室直接将欧博朗拨给他。按规定，殖民地的土地批准是总督的特权，但国王对于其领地内的任何土地都持有最终发言权。哈里森的投资者集团以詹姆斯·埃尔斯爵士（Sir James Eyles）——又名钱多斯爵士——为核心，他可以轻易接近乔治二世。乔治二世在授权书上盖上玉玺，于 1731 年 5 月

15 日将欧博朗授予世袭的贵族等人。而在不到一个月之后，由于没有意识到国王对钱多斯财团的慷慨，总督蒙哥马利最终还是将欧博朗的土地转给纽约的莫里斯派集团。几个星期后，蒙哥马利去世，无法再证明众所周知的哈里森的背叛行为。但是，哈里森不得不等待一个新总督的到来，然后向他的英国客户声称他可以废除豪利利益集团对欧博朗土地的所有权。

科斯比刚上任，哈里森就运用他所谓的天赋——谄媚、八卦、闲言、虚伪——取得了自负贪婪的总督的信任。科尔登同哈里森一起在参事会任职，并且知道殖民地政府是如何运作的。据他所说，哈里森利用与科斯比的关系，想要继续从政府官员那里索取报酬，同时他还从政府领取巨额酬金以及从那些他安插的人员那里收取回扣。[3] 为了政府的利益，哈里森可能在进行另一个潜在的有利可图的敲诈——虽然没有直接证据——哈里森威胁要撤销不清晰或不完善的土地所有权，除非土地所有者愿意支付高昂费用，从而得到政府批准。总之，哈里森代科斯比收取贿金。他在这个职位的"优秀"表现让他获得了向总督报告尚存争议的欧博朗土地所有权的机会，同时还向总督寻求援助。

哈里森一心想要侵占土地，他知道，一般来说，纽约总督没有理由撤销他前任正式发放的临时赠予，并且在该土地由王室非正式授予上层人士钱多斯团队三周后，总督蒙哥马利所规定的条件（即已标明边界）已得到完全满足，土地所有权已得到了官方批准。实际上，哈里森也没有向最高法院提出诉讼，要求撤销豪利集团的所有权；因为纽约陪审团没有人愿意投票赞成英国贵族而反对他们的同胞殖民者，即使从严格意义上来讲，国王的批准可能胜过蒙哥马利的最终证明。但是，哈里森有第三个选择并已采取行动：他鼓动科斯比作为衡平法院的首席法官对这个充满争议的所有权进行裁决——并且独自裁定——他向科斯比提供了至少三个这样做的理由：

科斯比将获得英国钱多斯爵士一伙人的欢心，而他未来的最大利益就在那里。他可以打击豪利集团的主要参与者：莫里斯、亚历山大以及在范达姆大败时纠缠他的同僚们。同时，总督将欧博朗所有权转移到英国人手中后，便可以从他们那里收取巨额费用。哈里森得到了批准，于是向衡平法院提议撤销豪利集团对欧博朗土地的所有权，正如科尔登之后对此的评论："之前的总督没有过这样的程序，科斯比上校完全不明白自然正义与平等，也对土地法毫无概念。"[4]

亚历山大坚决反对哈里森的提议，主张在非正式将欧博朗所有权授予钱多斯集团之前，土地归豪利集团所有已是一个既成事实——正如钱多斯的律师（即哈里森）所了解的那样，蒙哥马利的批准在完成调查和正式标注边界标记时方可生效。对于执掌土地所有权的首席法官科斯比而言，这场争端纯属无视当时的情境。非律师身份的总督可能感觉到了此次事件十分棘手，并担心自己陷入与强大的对手如莫里斯、亚历山大、科尔登等进行法律争辩的境况，于是他并不急于裁决此次欧博朗的所有权事件。但是，当他戴上法官的假发套时，他没有立即将它驳回——也许这样反而更好，可以把它作为对莫里斯这个麻烦制造者的一次打击。然而，这也要付出代价，因为总督显然愿意听到哈里森在殖民地衡平法院的狡猾的动议，因为在那里，法官的裁决不容质疑。这是一个可怕的征兆，科斯比可能以类似的任意方式干预，甚至以诉讼程序之类的冠冕堂皇的理由来取消任何或全部土地所有权，从而引起争端——众所周知，在那个时代，文献资料是最容易出错的。消息开始在各种政治派别中传播：科斯比有意对大部分长岛和新泽西北部地区的土地所有权进行大规模干扰，除非他们通过哈里森这样的操纵者向他支付金钱——科尔登后来回忆道："在这样一个无知、妄为、贪婪的科斯比上校的管理下，这是一个多么可怕的预兆，让人

感到强烈的不安。"⁵

博学多识的科尔登经过仔细推敲后，用这样的语言表明科斯比是以何等速度从一个慈悲之人堕落至此。很快，当地人就认为科斯比其人才疏学浅，缺乏政治策略，蔑视他的血统和礼仪，不能接受批评，容易冲动而不能正确判断，没有主见，极易受到谄媚者的影响。性格缺陷暂且不议，他最严重的战略失误就是他在1733 年 8 月 21 日参事会上因为刘易斯·莫里斯敢于与其公然反抗而当众羞辱他。

二

根据枢密院和贸易委员会半个世纪以前，即 1702 年生效的正式指令，所有皇家总督在任命或解雇其殖民地的法官之前，必须征求当地参事会的意见并得到批准。⁶ 在科斯比的案件中，十二名参事中有七名已与他结盟，由于官方程序只需要五个法定议员，而且像这样只有三个参事的情况占大多数。对于总督来说，这将是一个简单的——又或者说是欺骗性的——权宜之计。当会议召开时，他只与支持、服从他的参事商讨事务，而不通知另外三个反对他的成员，或者只是在他们满足他要求时才召唤他们。科斯比的确在 8 月 21 日的参事会上这样做了。他宣布——没有任何解释——已经暂停了刘易斯·莫里斯作为最高法院的首席法官职务，取而代之的是詹姆斯·德兰西，他的年龄仅仅是莫里斯的一半。

宣布此消息时，至少有一个前莫里斯的参事在场——卡德瓦拉德·科尔登，他曾经讲述过此事。科斯比将他从农村阿尔斯特县的家里召唤来，谎称有事务需要他以殖民地总检察长的身份参加，"当我进入总督的房子时，他拥抱了我，他说，'亲爱的科尔登，很高兴见到你'，两三天里，我受到了他家里每个人的礼待。就在我进入参事会之前，他拉着我与他一同坐在沙发上，似乎在以最友好的方式招待我，但是关于开除首席大法官以及任命其他人的事只字未提，直到我们出现在参事会时……"[7]可以肯定的是，莫里斯的另外两个亲密的朋友——范达姆和亚历山大作为议会议员却没有到场，他们曾与莫里斯联手共同反对科斯比针对荷兰人的诉讼。但科尔登仍没有放弃对总督的支持，直到科斯比发布要求莫里斯离开最高法院的消息，同时要求另外两个年轻的成员德兰西和弗雷德里克·菲利普斯分别上升一个职位，第三任法官职位暂时空缺。

科尔登感到很震惊，科斯比思考了近四个月的意见竟然从未和他商讨过。他回想起随后进行的交谈："我就宣告书一事说道：'阁下只告诉我们你已经做了什么。'他回答是的。我回答说：'这不是我建议的。'他迅速回击：'我没征求你的意见。'他也不可能征得参事会的同意。"科尔登坚决不赞成"他是因为怕我毁坏了他的整个计划而欺骗了我"，同时，他还向莫里斯表明忠心："他（科斯比）永远不会原谅我。"

在复述事件的过程中，科尔登、莫里斯、亚历山大都谴责科斯比没有与参事会协商并取得其同意就罢免了首席法官，这严重违反了政府规定。[8]但他们三个人的控告都言过其实。因为莫里斯和亚历山大都没有证据证明"科斯比的决定并没有获得参事会的支持"这一消息的来源和权威性，而且科尔登也从来没有表明他知道总督先前没有咨询包括他在内的参事会成员。严格意义上讲，科斯比只需要三名参事（在五个法定人数中，他可以非正式或秘密地组成）来批准他的决定，并且他的确满足了国家对于变更法官的最低要求。科斯比不太可能考虑这个问题，除非他把这件事告诉了最近在参事会的两名参事——殖民地秘书乔治·克拉克，他是一个深思熟虑的人；另一位是其党羽弗朗西斯·哈里森，他对莫里斯及其小圈子里的人都积怨很深。我们从科尔登关于这个问题的最后言论中可知，科斯比一定事先与德兰西讨论过这件事，他的晋升就是因为他们提前有过串通。科尔登写道："德兰西辩解称他之所以牺牲他的前任而接受（首席法官的）任命，是因为总督说他必须开除莫里斯，如果他不接受任命，总督就会让人气极差的哈里森先生取而代之。"

科尔登提到，德兰西出身高贵，有很多有身份的朋友，而且没有任何证据证明是他请求科斯比给他这个神圣的首席法官职位。所以人们没有迁怒于德兰西。显而易见，总督是出于报复才开除莫里斯的。[9]科斯比和那些怂恿他的人降低了老狮子的地位，却未曾估计到首席法官竟如此受人尊敬。亚历山大在两个月后写信给一个朋友，在信中提到了莫里斯被解雇的事情："前首席法官在位近二十年。他的正直和法律专业技能，让他的声望比英属美利坚历届任何一个法官都要高。"[10]亚历山大作为莫里斯亲密的朋友，他的评价可能不太客观，但是这仍然反映了大众的感情。如果科斯比是一个精明的而非卑鄙的暴君，那他可能采用更无可争议的方式来处理这件事：命令他的律政司准备一份详细资料，列举其不符合殖民地最高法官的一些不得体的司法举措。科斯比没有这么做，这表明了他在履行职责时有不检点或不负责任的行为，或者更有可能的是，他根本就没有充分的理由罢免莫里斯。

莫里斯被罢免了首席法官一职，离开了服务四十年的公共服务岗位，只得到了一个无关紧要的官职，即新泽西参事会的高级会员，而且科斯比很少召唤他。参事会召开时，即便他收到了总督的通知，他试图提出的任何倡议也都可能遭到反对。如果科斯比认为他已经解决了他的眼中钉，而且认为莫里斯现在会逐渐归于沉寂，不再威吓他，那他就错估了这位通过不懈努力打倒过两位前任总督的人的能力。在遭到非正式解雇后的一个星期内，莫里斯向贸易委员会写了一封长长的抗议信。他详细说明了科斯比是如何滥用权力，斥责他没有获得参事会的同意就随意更换首席法官。莫里斯完全依照科尔登给他发送的报告，给伦敦内阁写了一封信，在得知科斯比的行为之后，科尔登曾询问总督他是否只是通知了参事会他的决定，还是也征求其建议和同意，因为如果是后者的话：

> 他（科尔登）会反对，因为这损害了陛下的权威。而总督答复说，他没有，或从未打算咨询他们；他还说了一些他认为这样做很合适，不需要对他们负责之类的话。[11]

结尾"之类的话"引起了人们的怀疑，莫里斯可能在科尔登讲述的事实上又进行了发挥。科尔登没有在他的文章中指出，在回答他的询问时，科斯比公开蔑视整个参事会的问责——他只是没有征求科尔登的意见。可以说，根据他自己关于参事会的报告，可以判断科尔登没有被事先征求过意见；但他没有明确指出，莫里斯也不该推断——除非他调查了所有的参事——科斯比在作出决定之前没有询问法定人数的参事。

然而，莫里斯有一个更加合法的证据来指控科斯比：科斯比没有提供首席法官不正当行为的文件证据，以证明其解雇的合理性。总督没有理会莫里斯的指控，也没有给他机会解释和为自己辩护。"毫无疑问，我坚信我能够向我的上司解释（对司法不当的指控）并让其满意，"莫里斯向贸易委员会说，"但因为他没有做任何事（就莫里斯是否适合继续在法院任职一事咨询参事会或莫里斯本人），完全有理由相信，我之所以被罢免，完全出于他对我长久以来的不满，他没有任何正当的理由罢免我。"[12]总而言之，这位被解雇的首席法官说，科斯比试图操控纽约的法院制度，以便在总督控告范达姆拖欠工资时，剥夺他在陪审团审判的权力。莫里斯不仅不应该受到解雇，反而应该因指控总督滥用政府权力的胆识而受到表扬。

出于极度愤怒，莫里斯将他的信交给伦敦，不仅戳穿了科斯比不公正地罢免他的事实，而且为了反击，他还指控总督存在大量不正当行为。但同时，他将可验证的事实与无依据的事实混为一谈。在第一类行为中，科斯比接受了议会1000英镑的酬金，因为他声称他努力保护纽约殖民者免受《糖蜜法案》的影响——这直接违反了关于反对总督接受礼物的既有规定，因为这一行为会危及信誉。就此的确有一个公开违反该规定的记录，但莫里斯对科斯比的进一步指控却没有任何证据：科斯比同其他总督一样，通过土地补助"来满足他们个人和朋友的利益……这是他们实施暴政和压制的方式，也是达到他们目的的工具"。莫里斯补充说，"总督以两种方式获利，也许皇室的监督人没有意识到——因为被授予者递送了大量的礼物给他们……但（同样是被授予者）承认政府参加土地的分配"。然后还存在这样一个大胆的具有诽谤性的指控："我得知现任总督（我不知道是否真实，但我相信一定存在问题）不授予他人任何土地，除非他自己能得到其中的三分之一。"13

几个月后，詹姆斯·亚历山大在给伦敦朋友的信中讲述了这最后一次指控，提到"总督拒绝给予他人任何土地，除非能保证自己可以获得三分之一"，好像该指控得到了有关文件和目击证人的证明，证明此事已达到了勒索的程度。14 同样我们发现，科斯比的反对者放弃了通过中伤他而向更高的道德层面发起声明的控诉，该控诉既没有更具体和书面的记录，也没有总督怒斥对手时的大范围指控。但是在莫里斯被开除的几个星期内，科斯比害怕纽约人民认为他是一个鲁莽或者贪污腐败的管理者，于是进一步向他们说明了罢免莫里斯的理由。

三

　　1733 年 9 月，总督科斯比在他在任期的第十四个月前往纽约殖民地的第二大定居点——奥尔巴尼。在北部参观期间，科斯比得到莫霍克部落的请求，要求他检查本地人给予奥尔巴尼城市法官的一个契约——关于一块可能是由当地法官抵偿的边界不明确的土地，这是莫霍克族的祖先召开会议的地点，距离猎人堡不远。猎人堡由部落命名，位于距离奥尔巴尼西北 30 英里的河上。根据各种流传的说法，当地人现在感到（或被告知）契约的条款对他们不公平，又或者说没有真正得到执行。在检查了契约后，科斯比将其推翻——事实上，科斯比将土地归还给了莫霍克族，这激怒了奥尔巴尼的上层公民。据他的反对者指控，他们不明白总督充满善意的行为究竟是为了抚慰该部落，还是另有不可告人的目的——将该土地据为己有（这无法确定）。通过对有关该事件仅存的记载进行核实，最起码能说明毁掉他声誉的不是他的不诚实，而是他自己的粗心。

　　在详细描述奥尔巴尼契约归属莫霍克事件结果的三位 18 世纪的作家中，最可靠的应该是卡德瓦拉德·科尔登。六年前，他发表了关于五个易洛魁联盟的开创性研究，其中莫霍克族是最东部的一个民族。科尔登分享了他的殖民者同胞们的普遍看法：当地人是野蛮人，把他们称为"最无知的贫穷的野蛮人"，但同时，"透过那些乌云，他们是一个聪明的、高尚的民族。当生命与自由相冲突之时，没有哪位伟大的罗马英雄，表现出如此强烈的爱国之情，以及他们对死亡的蔑视"。他承认，当地人经常被"残酷、报复心等情感所支配，他们认为毫不仁慈地对国家敌人施加报复是合法的，更是光荣的"——然后又问道:"而我们基督徒又做了什么,从而使他们变得更好?"[15] 正是这样的同情心,科尔登在他那本粗糙的,连日期都没有的有关科斯比执政的回忆录中,用 600 字概述了奥尔巴尼契约被撕毁的事实,从中不难看出莫霍克人受到了总督和奥尔巴尼殖民地的双重欺凌。

科尔登没有目睹这个事件,所以不得不依靠别人口头相传的话来重新构建事件经过(但他没有告诉我们这些话的来源)。据科尔登所得到的消息,托马斯·唐根总督曾经在 1683 年就职后不久,颁布了有关奥尔巴尼市合并的法令,包括暂定授予 1000 英亩分散的土地,这片土地十分广袤,以至于从这里到西部需花费整整一天的时间。"在这里,有莫霍克族最重要的城堡,"科尔登说,在这份土地授予中,从印第安人那里可以购买这 1000 英亩的土地购置权也包括其中,"但是该城市没有能力购买它们。"为了加强他们的安全,防止其遭受攻击,以及为了促进与部落的贸易,城市法官最终说服莫霍克人签订契约,转让了这块土地。至于科尔登怎么知道土地有 1000 英亩,他没有说,可能在研究易洛魁族国家的部落结构时看到了这方面的文件。而获得部落同意授予该契约的关键,显然是城市同意以信托方式持有土地,"只要有任何一个人继续居住在这里,那么该土地就归印第安人使用"。换句话说,城市划出这片土地作为印第安人的居留地,这里禁止白色人种定居,直到部落灭绝。但是问题出现了——也许奥尔巴尼并没有尽心尽力地维护治安,防止白人定居者的侵占——科尔登在契约中发现部落曾要求科斯比在其访问中弥补这个"不足之处",关于这个问题,没有详细说明。

作为这个殖民地调查小组的组长兼专家,科尔登认为莫霍克土地价值"纽约货币 5000 英镑"。科斯比"得知了这件事,以及了解到奥尔巴尼的所有权凭证存在缺陷,而且需要他解决此事"[16]。因此为了打击恶毒的总督,科尔登指控科斯比利用猎人堡皇家驻军的司令官，引起了印第安人对这份契据的猜忌……在科斯比的建议下，他们抱怨奥尔巴尼市用欺骗手段得到了该契约，并在其中添加了一些无法解释和说明的事情。为此，科斯比要求奥斯本市长将契据交给他，并承诺将完好无损地归还。据科尔登所言，总督科斯比在莫霍克代表团面前刚浏览了这份契据，就立即表示可以解决他们所谓的不满，并把它交给了一个印第安人。

> 事前已经协商（或指示）好让他把契约撕成碎片扔进火堆。我得知，当印第安人把契约交到他手里后，他紧张地站立了一会儿，直到科斯比的小动作让他明白，他必须撕毁它，然后扔进火中。这种撕毁契约的行为引起了极大的骚乱，并且给了科斯比上校的对手进行反击的把柄。为此奥尔巴尼市的大陪审团打算起诉他，并且肯定不会让（科斯比任命的）司法官员干扰陪审团，更不会让他们威胁其他人……

市长十分担心他的同胞已经把他当作科斯比的同伙，于是试图让议会调查这件事，但是"科斯比的影响太大，以至于关于这件事情的任何公开调查都无法进行——（但是）他的朋友们不能改变人们对他的印象，人们都认为他会无止境地中饱私囊。这件事引起了太多不满的呼声，科斯比之前的设计完全失败了"[17]。尽管科尔登对总督有明显的不满，而且这种不满还因为他草率地解雇了首席大法官莫里斯、甚至没有用遮羞布来掩盖其不正当的行为而加深。科尔登对总督的这种说法提出了疑问。为什么科斯比觊觎这片特批的土地，甚至试图从合并的奥尔巴尼市政府夺取其所有权，并因此放弃该重要城市所带来的巨大商业利益呢？事实上，作为总督，他有权在他负责的任何一个殖民地里选择一个未经授权的广阔土地——

更大且有更好的地理位置——只需要请求王室授予他即可。最起码，科斯比还是被判定为失职，因为（正如科尔登所指控的那样）他将该契约销毁，而不是尽力修正契约，让城市和部落满意，或者要求当事人将该争议加以裁决。

关于这件令人费解的事情的第二种说法，是由刘易斯·莫里斯提出的。在 10 月 4 日写给贸易委员会的信中，他进一步表明科斯比是一个恶棍，与他的职务不相匹配。据他所称，总督唐根已经证明奥尔巴尼居民用 500 英镑或 600 英镑购买了莫霍克族的土地，而他并没有在事后注明消息来源。莫里斯写道，大约四十五年后，总督蒙哥马利开始怀疑该契约已被欺诈性购买，但该交易背后奥尔巴尼获得了太多的利益，以至于一直没有人对此事进行调查，直到科斯比接到邀请，要求他验证该所有权的合法性。但是，莫里斯控诉称，总督拒绝提供证明，"除非他能拥有三分之一的土地，于是扩大所要求的土地数量十分必要。现在的（正如一些相关人士告诉我的）3 万英亩土地，其中总督有三分之一，他的兄弟和他的女婿都是一起合作的共享者，从一开始他们就决心要（正如我所了解的）以法律方式证明奥尔巴尼所有权的有效性，但总督……忽然意识到一种比得到法律允许更简单的方法"[18]。莫里斯重复了科尔登的描述：科斯比密谋引发印第安人对契约的不满，并劝诱他们撕毁了它。

值得怀疑的是，莫里斯并没有证据或资料来源支持他的描述。是谁告诉他奥尔巴尼曾经为这块土地支付了钱？他怎么知道科斯比要求莫霍克族将三分之一土地分给他，以此作为获得奥尔巴尼土地所有权的前提条件？为什么他声称要将契约里莫霍克族的领土从 1000 英亩扩大到 3000 英亩？到底是哪位"相关"人士告诉了莫里斯发生了什么？如果不是幽灵，那他们的名字是什么？莫里斯在他的起诉书中，不断声称科斯比未经法律准许处理了奥尔巴尼契约，这种方式使得殖民者每天提心吊胆，担心他们的土地所有权也会同样以不合理的方式被任意销毁，或必须通过缴纳高昂的赎金才能继续保留。他还攻击了科斯比的行政部门，因为它由一群腐败者任职和经营着："他们（莫里斯的同胞殖民者）发现了政府机构的贪污行为，他们中的一些人还将手伸向贫困和极度渴望金钱的外地人；那些钱不是奖赏，而是对他所谓的正义和恩施的诱惑。科斯比根本不能清楚地区分'权利'和'权力'。"

有关这次事件的第三个现存记录，来自历史学家小威廉·史密斯，他的律师父亲是亚历山大的亲密伙伴，也是莫里斯的支持者。史密斯说，莫霍克族人担心白人大批移民，他们"为了使白人部落全部瓦解，于是明智地……将其领土中非常有价值的一部分转交给市政委员会（奥尔巴尼市）"，以便他们在此期间不受干扰地使用这个传统的聚集地，直到科斯比"背信弃义"要求检查契据——依据科尔登所说——还将其撕毁。如果史密斯的报道是准确的，那么科斯比就成功地激怒了莫霍克族，因为他剥夺了他们为了扼制白人抢劫者进入他们部落家园而对城市许下的承诺，同时也激怒了奥尔巴尼市，因为契约的撕毁导致他们丧失了对这片土地的所有权。史密斯说，奥尔巴尼契约的破坏与由科斯比的心腹哈里森设计的欧博朗所有权的诉讼如出一辙，另外他的"计谋受到了长岛人民的反对，要求他对旧的许可证进行重新调查……（他们）源于同一动机：他希望通过收购经过整治的土地以及向新批土地征收费用来获得财富"[19]。但是，我们没有关于此事的详细资料。

另外最近的两个记录，对奥尔巴尼契约争论有了进一步阐释。利文斯顿·卢瑟福（Livingston Rutherford）是詹姆斯·亚历山大的后裔和忠实的崇拜者——在后人眼里，不可能对科斯比有任何好感——他在1904年的一项研究中写道，之所以将莫霍克族的土地转让给奥尔巴尼是"为了防止国家在此快速定居"和"契约之所以被撕毁则是因为在新批土地时科斯比预计可以收到一定的酬金"[20]。

但是，这个所谓的动机并没有证据支持。帕特丽夏·博诺米的《分裂的人民》由哥伦比亚大学出版社于 1971 年出版，书中提到，1200英亩的土地契约正式从部落转让给奥尔巴尼是在 1730 年。根据刘易斯·莫里斯所述，当时的总督蒙哥马利没能认证该契约并将其留给了下一任总督来解决。然而，颇为罕见的是，一些现代评论家在一定程度上体谅了科斯比在任期内的做法。博诺米表示，从法律的角度来看，总督"可能有一定理由质疑交易的有效性"，因为奥尔巴尼的居民与附近的土著居民相处不错，"他们不会在土地问题上采取卑鄙的手段"[21]。

为了解释他在奥尔巴尼的行为，科斯比将皇家出版社威廉·布拉德福德的《公报》专栏为己所用，这些公报是总督行政管理的内部刊物。该报刊在第 428 期（1733 年 12 月 31 日）上刊登了一篇未署名的文章，其中部分内容为：

> 一个市政委员会哄骗外邦人放弃他们的土地，并且骗取他们的财产。正是这位总督，作为这个民族的未来之父，作为这个交易的知情人，理所当然地拿到了土地契约。那么他会归还这个契据而让穷苦的人民继续遭受虐待吗？答案显而易见——不，他不会。他必须撕毁它。而之所以怨声载道，是因为一群律师抱怨没有聘请他们来取消这个契约……以填满他们贪婪的口袋。

这篇文章以公报常见的溢美之辞结尾，重塑了总督已经破损的形象："科斯比，一个温和、快乐、善良而伟大的总督／他是我们这个殖民地最强大的守护者／却被不满者用晦涩的语言描写／……虽然这些攻击也无关痛痒／他的不理睬让恶棍们咆哮／而他的治理工作却如常进行。"因为并没有那么自恋，科斯比后来向贸易委员会解释，当地人遭受了欺骗，以为只要把土地契约给了奥尔巴尼，就能防止白人定居者占据祖先留下来的莫霍克族土地。此外，如果他没有撕毁契约，而是为了城市的利益批准或把契约给了对方，那么在正在进行的边境竞争中，印第安人可能会倾向于法国，并支持他们的毛皮贸易商。[22]

无论他的动机是什么，是冲动还是有预谋，科斯比可能比他的批评者更狡猾。他为自己辩解，声称撕毁奥尔巴尼契约是一种国家行为，是为了抚慰印第安人，以保证他们与英国结盟，这的确正像莫里斯和史密斯归咎于总督的那样，是出于自私的目的，但却不是按照他们认为的那种方式。根据纽约殖民地官方记录，1734年1月2日，在莫霍克河两岸有一块2.2万英亩的土地——它虽位于部落集聚地的西部，契约上却归属于奥尔巴尼市——由王室授予"威廉·科斯比和其他人"。在接下来的四年里，科斯比和他的继承人收到了位于莫霍克谷的五块分散的土地，使他的家族在北方国家的总拥有土地量达到7.14万英亩。[23]因此，可以得出一个合理的推断，在王国的统治者眼中，科斯比撕毁奥尔巴尼契约是明智的，而不是自私或者专制的行为，应该给予应有的奖励，这令他的对手莫里斯派十分懊恼。

四

纽约的政治角逐，使得那个秋天显得格外炎热。虽然总督科斯比可能没有想到自己竟然会牵涉进这样的人气比拼——毕竟他是遵从国王的意志，而不是人民——实际上，据范达姆控诉，由于科斯比驱逐了首席大法官莫里斯，并撕毁了奥尔巴尼契约，他已经在殖民者中丧失了声誉。但是可以肯定的是，由于他与控制议会的菲利普斯和德兰西家族持续联盟以及坚决保卫皇家特权，他仍然拥有坚实的权力基础。此外，科斯比的反税收政策帮助商人联盟从作为莫里斯联盟中关键成员的土地大亨中间收获了不少支持。现在，科斯比将殖民地参事会与他更紧密地绑定在一起，于是一个傀儡似的陪审团根本无法质疑他可疑的政治任命、土地批文和政策法令。他不仅不再通知三位公开敌对的成员范达姆、亚历山大和科尔登参加参事会会议，而且正式要求贸易委员会批准他撤销前两个人员的职务并任命其替代人员（但伦敦方面并不急于促成此事）。科尔登尤其成了他的眼中钉，因为作为一个总监督官，他妨碍了总督自由行事，尤其妨碍了他把可利用的土地批准给亲信和谄媚者；除非科尔登的办公室进行调查和评估，同时确认了平面图，否则不能正式转让任何所有权——这个过程可以无休止地延迟。为了摆脱公正的测量师总负责人，总督向伦敦投诉说科尔登是参事会的阻碍者（即他投票反对科斯比的法案），公开参事会的秘密，并且是一个秘密的詹姆斯二世党人（即反对统治汉诺威王朝的合法性）——一切都是无根据的指控。科尔登的职位得到保留，部分得益于他的朋友刘易斯·莫里斯的及时干预。莫里斯写信给一个有影响力的英国朋友，一位洛锡安的侯爵，信中他称赞纽约的总监督官为确保土地授予的公正和阻止总督谋求个人收益做出的努力。对于科斯比来说幸运的是，清除莫里斯在县和地方的殖民政府中的支持者——这是总督的传统特权——是由他的走狗和职业杀手弗朗西斯·哈里森积极执行的。作为科斯比的首席宣传员，哈里森十分努力，出版社遵照他的要求，定期在布拉德福德的《公报》上插入与科斯比有关的文章，使科斯比在读者群中获得更多的尊重。

莫里斯尽管已失去了自己的权力，但他并不满足于向贸易委员会呈递一封饱含愤怒的信来报复总督对他的敌意。这头老狮子用自己低沉而洪亮的声音发誓：他要向殖民地证明，他还没有失去自己的牙齿和利爪，他一定要撕掉科斯比的伪装。遭到总督的解雇反而重燃了莫里斯的政治热情，如今莫里斯扮演了一个在腐败和暴政的总督的领导下悲惨的牺牲品。为了与之对抗，他打算团结各个殖民地，将他被罢免的消息带回英国。科尔登谈及莫里斯时说，"在那之前，莫里斯并不是一个受欢迎的人"[24]。随着取代莫里斯效力于西切斯特郡的现任议员于 10 月去世，之后不久狂躁的科斯比在奥尔巴尼开始兴风作浪，这头睡狮看到了重回政治舞台的契机。

莫里斯恢复了他以前的联盟，现在它称为人民党，并以他的儿子小刘易斯为中心。小刘易斯前一年赢得了西切斯特县的两个议会席位之一；他可靠的智囊团詹姆斯·亚历山大是纽约最好的律师；他年轻的法律伙伴威廉·史密斯即那位历史学家之父；正直的检察官卡德瓦拉德·科尔登是殖民地的领先知识分子。这个强大的团队致力于科斯比的垮台，还提出了此次战役的口号——"国王乔治，自由和法律"[25]——旨在从西切斯特选区 500 个有资格投票的选民中吸引大量支持者以使莫里斯在与科斯比的候选人威廉·福斯特（William Foster）的议会竞争中获得更多选票。威廉·福斯特是西切斯特民事法院的书记。这个口号是对神圣的人民党三位一体原则的缩写："乔治国王"表示其坚定的忠诚，是对所谓的唯利是图、善于操纵的"沃波尔内阁"之上的王室的忠诚。沃波尔内阁是莫里斯政党对科斯比政党的比喻；"自由"标志着该党坚持认为殖民者不应受到皇家军官专断的待遇；"法律"则传达了他们对所有权的要求，防止资产遭到非法没收。人民党的党纲在他们的宣传册及巡回讲演中被详细说明，他们呼吁公正的司法管理以及政府三大部门的独立性（间接表达了对科斯比干涉其参事会立法审议的不满），任命合格和正直的地方官员（这对于科斯比雇用愿意向哈里森及其代理人付钱买职位的非本地居民这种一惯做法来说简直是一记耳光），以及保护财产所有权，避免王室侵占。此外，莫里斯和其参与者质问科斯比，殖民地经济停滞的责任在谁？

这是一个粗略的计划，旨在呼吁整个殖民地内的多数自由人，包括城市劳动者、工匠，以及像荷兰人和贵格会信徒等著名的少数派别。但是在他们崇高的原则之后仍隐藏着莫里斯的不满，这是因为科斯比与其他总督行事几乎没有什么不同，包括莫里斯的赞助人罗伯特·亨特和威廉·伯内特，他们都奖励自己的朋友，蔑视他们的敌人。虽然人民党领导人制定了一条富于攻击性的进攻路线，但由于科斯比在制度化权力方面拥有压倒性的优势，他们仍感到自身的不足。他们缺少一个机构，可以让他们以持续和广泛被接受的方式，来表达他们对非法盗取的暴君的蔑视。出版社是当时唯一能够传播他们冤情的媒介，但总督控制着殖民地内一流的出版社，该出版社被利用，一味地按指令歌颂着总督的丰功伟绩。莫里斯和他的支持者们需要他们自己的报纸，一个比布拉德福德的《公报》更有活力的报纸。他们需要的是一个敢于铤而走险的出版社，为他们出版一本刊物，用来揭露科斯比臭名昭著的不堪行为。

五

有充分证据表明，《纽约周报》（下文简称《周报》）在1733年11月5日星期一宣布官方名称，很大程度上是詹姆斯·亚历山大的设想，也是他的工作成果。詹姆斯·亚历山大是纽约最好的、也可能是最富有的律师。当然，在他来到纽约的十八年里，如果不是作为刘易斯·莫里斯的助理、受益人和聪明的政治顾问，他几乎没有参加过任何企业经营。他们有意与总督公开对抗、发行一份报刊的想法，可能萌芽于科斯比抵达纽约之前的几个月：当时亚历山大作为一位重要的藏书家出席了已故总督蒙哥马利的遗产拍卖，购买了在爱丁堡发行的题为《印刷艺术的历史》(*The History of the Art of Printing*) 一书的副本，该书由简·德拉·凯莉 (Jean de La Caille) 和詹姆斯·沃森 (James Watson) 编写。它的主题很可能让亚历山大感到很新奇。于是，当第二年的政治事件发生时，他便萌发了这样一个想法——出版社是唯一合适的武器，可以以兵不血刃的方式让科斯比垮台。

从亚历山大在日刊首次发行几天后写给伦敦前总督亨特的一封信中，可以看出他对时任总督厌恶之深。他在信中附上了第一期报纸的副本，并指出，科斯比"带给人民的厌恶之感比这个殖民地之前任何一个总督都要多"。他还补充说，"之所以发行报纸是为了让科斯比和他在伦敦的主人知道，纽约的殖民者不容易成为奴隶，也不会接受任意权力的管辖"，所以该报纸的出发点"主要是揭露（科斯比）和那些可笑的奉承，哈里森将这些刊登到了总督指定的其他一些报纸上。哈里森和总督负责审批这些消息，但不会对其内容的真实性负责"[26]。

其他七家报纸在美洲的四个殖民地定期发行，但是没有一家报纸（包括他们之前的报纸）敢像亚历山大所提议的那样，宣布皇家政府应该就其滥用权力向人民做出解释，并且新闻界有权将此事告知他们。殖民地出版社的普遍看法是，他们的出版社像是公共事业，这里没有党派偏见，可供愿意支付费用以发表他们意见的任何人租用。新闻自由应该是指让读者参与公共事务的权利，而不是出版商刊登含有自己主观判断的文章的权利，或是偏袒某种特定的政治、宗教、哲学或其他形式的派别集团。殖民地的报纸有点像社区公告板，用于张贴不同的通知和读者的观点，但是如果出版商不想惹政府的麻烦，就不会去刊登可能引发公众不满的东西了。《宾夕法尼亚公报》出版商本杰明·富兰克林提出的新闻自由概念，将报纸比作"一个公共马车，任何支付费用的人都有权去他们要去的地方"[27]。

明知发行的报纸可能与英国诽谤法相抵触，亚历山大非但毫不退让，相反乐见其成。作为政治趋势的研究者，他肯定意识到，言论自由的倡导者在 18 世纪前三十年间取得进展的同时，在英国执法官员那里也遭受了挫折。在新兴的新闻自由主义者中，在亚历山大看来，没有一个人比约翰·图钦（John Tutchin）更令人钦佩。作为一个辉格党政治讽刺作家和小册子作家，他的杂志《观察者》一直敢于挑衅寡廉鲜耻的政府官员和金融家，揭示他们的真面目。该杂志经常被国会和皇家执法者指控，甚至多次因煽动诽谤罪而受到监禁。图钦在 1704 年法庭受审时尤其背上了恶名，因为他指控法国代理商成功贿赂了英国部长，而且提出贪污腐败现象在皇家海军十分盛行。尽管他在出版社的证词里已经承认他写了些不当的话语，但是拒绝承认违法，并声称他不能被定罪，因为他没有列举任何道德败坏之人的名字。然而，首席大法官约翰·霍尔特（John Holt）并不买他的账，他告诉陪审员，这宗案件是煽动诽谤的经典案例。霍尔特断言，"任命腐败的官员管理事务，这当然值得政府反思"。他补充说，任何提出这种指控的人一定会被传唤，要求对"人们对政府拥有不好的评价"或者"没有政府可以存活下去"等指控作出解释。然后，他提出了彻底镇压言论自由和自由新闻的完美理由："所有人民都应该对政府有好的观点……对于任何一个政府而言，最糟糕的莫过于人民对其管理只有仇恨和批评……如果政府为此受到处分的话，那么没有一个政府是安全的。"[28] 换句话说，即使是一个腐败和遭人唾弃的政权，它的延续也明显比它的人民想要得到良好和公正管理的诉求重要。

陪审团花了十五分钟裁决图钦有罪，但他最终还是因为一个诉讼程序上的细节问题而得以释放——因为他的辩状显示，公开指控的时间上出现了一天的误差。他没有被再次控诉，可能是因为大家普遍承认他的举报是真实的，并且很快被传唤到上议院委员会上，就法国船队是如何配备有英国海军的贮存品及供给一案作证。尽管如此，在接下来的日子里，图钦还是被愤怒的官员所迫害——他只活了三年多——在女王的法院监狱里去世。

当时煽动诽谤的起诉和定罪相对罕见，是由于王室持续监视作家和出版社的寒蝉效应，他们中的大多数人不愿意冒这个险：被带到法庭面对指控和支付诉讼费用，更不用说担心因违抗我行我素的政府而遭受监禁了。政府继续发出逮捕令，搜查任何涉嫌煽动叛乱或谋反者的家和办公室。然而很快，自由论者的要求开始得到表达和出版。1712年，约瑟夫·艾迪生与其共同出版者理查德·斯蒂尔，鼓励政府的批评者畅所欲言，只要他们能尽力做到如实、高雅、没有恶意。但是，与当代几乎所有倡导新闻和言论自由的人一样，艾迪生并不直接宣扬他的煽动性呼吁，只是附加了一句：议会对于未经审查的出版许可只适用于"不违法的任何事物"。如果法律上宣布，批评政府，哪怕是如实、高雅的，都是破坏公众对政府的信心，是一种严重的罪行的话，那么新闻自由还有什么意义可言？

这种对异议的支持，通过了国家法院的普通法裁决并得以持续和保留，这些法规编纂在1716年出版的一部巨大的两卷本中，随着几个世纪的不断发展，它已成了定义刑法的非官方圣约。它的撰写者威廉·霍金斯（William Hawkins）是一位来自内殿律师学院的受人尊敬的大律师，他将很快成为一名高级律师，是皇家法院统治诉讼程序的精英正式律师团队中的一员。对詹姆斯·亚历山大而言，霍金斯的《皇家诉讼专集》（*A Treatise of the Pleas of the Crown*）毋庸置疑是他在纽约的首选读物，特别是书里有关诽谤法的讨论。

霍金斯认为，从事印刷和写作工作的人群应该是受到起诉的主体，他们通过抹黑死者的记忆或者诋毁"活着的人的名誉使他们受到公众的憎恶、轻视或嘲笑"来恶意中伤他人。诽谤被认为是一种特别恶毒的行为，是"通过伤害当事人以及对他们的朋友和家人的报复行为来破坏社会和平"[29]。他补充说，遭到诽谤的当事人之前声誉好坏无关紧要，重要的是，"它不能成为一个诽谤的正当理由，即使其内容是真实的……因为在任何恶意诽谤中，真相越多，就越令人发指"。换句话说，如果公众相信所谓的政府滥用权力是真实存在的，那么他们更可能以暴力的形式要求对这些道德败坏的官员施行惩罚或取代——按照霍金斯的社会观点而言（虽然他并没有为他的结论引证），这种情况对于国家来说是件坏事。作为社会公正的保护人，有关诽谤的普通法也仅此而已。为防止他的读者不理解他的观点，霍金斯在一个脚注中还强调了这一点："即使本身是真实的，却依然充满恶意的出版物"——这是一种高层次的矛盾——"不能……破坏任何秩序井然的社会安宁"。在他评论的下一部分，他再一次传播了这一专制的信条：诽谤的煽动形式——也就是说，以任何方式诋毁管理国家的人——都比破坏个人名誉更加十恶不赦，因为"怀疑那些受到信任而管理公共事务的人……很容易在人民中滋养他们对管理者的厌恶，并引发他们的派系斗争和暴动"。但是，憎恨腐败和滥用权力的官员们，无疑是讨伐的全部意义所在，那样人民就不必因害怕而永远都屈从于他们的统治。

作为国家关于诽谤法方面的高度权威者，霍金斯持有的信条是"不仅是撰写或指使他人撰写（诽谤）的人，还有出版或命令他人出版的人都面临遭受惩罚的危险"，即使出版商或印刷商并不知道或不理解其中的内容。这些规定詹姆斯·亚历山大是最清楚的，因为 1733 年，他打算发行一份报纸，旨在煽动公众对总督科斯比的不满[30]，所有征募来出版莫里斯派报纸的出版商都将因诽谤而受到起诉，包括亚历山大自己——因此，律师和涉及出版这份满载着不平的报纸的人，都以匿名方式隐瞒了身份。

随着 17 世纪 20 年代的到来，政治活动扩大，因为贵族、乡绅和商业阶级都开始意识到必须接纳——当然是适度地——发展中的中产阶级，甚至是有抱负的人民群众就社会政策而进行的全国性讨论。呼吁扩大投票权的同时，坚持要求提高公众对有争议的问题的认识，并邀请那些之前不知名的人士提出建设性、有助于和平的批评。扩大自由表达属于民事权利，同时也是一种实用的美德。在对此最热烈的提议者之中，有一个提议团队，其中一位是政治记者、律师和乡村地主约翰·特伦查德（John Trenchard），还有一位则是隐居者托马斯·戈登（Thomas Gordon）。他们共同以"加图"（Cato）的笔名写了138篇文章，并于1720年开始出现在英国报纸上。"加图"这个共同的笔名源于罗马政治家加图，是一个与政治腐败和暴虐的领导人苏拉和尤利乌斯·恺撒顽强斗争的人。[31] 加图的文章收集在书中，并在三十多年中出了六版，在美国赢得了大量的读者。"人民评价政府的权利和能力"和"公共统治者应该遵守的禁令"这些文章题目非常有代表性。殖民者中没有比詹姆斯·亚历山大更热衷于"加图"的人。

如果自由表达是每个人与生俱来的权利，那么它的前提是不伤害或限制他人的权利，"加图"断言，言论自由和财产安全是密不可分的，因为"在那些可怜的国家，一个人如果不能声称拥有自己的喉舌，那么他们也就几乎不能拥有任何东西"[32]。只要政府当之无愧，就应该受到人民的称赞，而如果允许他们作恶，还"置若罔闻，那就是对君主专制特权的亵渎"。作为人民事业的委托人，"加图"写道，所有诚实的政府官员都应该接受"公开审查和公众审视"。只有那些邪恶的官员才会害怕人民对他的评判，应受到"公众的谴责"。为了防止自己垮台，这些压迫者们"极力反对言论自由和新闻自由……同时威逼那些作家，重重地惩罚他们……并且焚毁了他们的言论"。

在特伦查德和戈登的鼓动下，一批优秀的英国自由主义作家加入了队伍，就像加图和西塞罗在罗马共和国最后几年所做的一样，他们开辟了挑战专制主义的时代。18世纪20年代开始，伦敦出现了十几本反辉格党的期刊。在文章中，上层人士特别是议会和罗伯特·沃波尔看似坚不可摧的内阁成员，受到了关于公共腐败的质问，还时常被批评为逃避惩罚的骗子和股票投机者，因为他们推动了南海公司的通货膨胀，并且在它破产之前收获了大量财富。这些期刊中最受欢迎的是《工匠》杂志，创刊于1726年，其主要支持者和贡献者（匿名或使用笔名来避免沃波尔的愤怒）是一对英国贵族：亨利·圣约翰（Henry St.John，博林布鲁克子爵）和威廉·普特尼（William Pulteney，巴斯伯爵）。《工匠》的使命是揭露政治骗术，即蓄意或欺诈性的骗局，该期刊因此得名。沃波尔政权善于通过暗中资助忠于政府部门的报刊杂志，或者通过邮政系统的免费赠阅来补贴他们，从而回避批评者的文字攻击。另一个用来阻止那些激昂的反对者的更有效方法，就是起诉他们煽动诽谤，这种局势下没有一个人像理查德·富兰克林一样不懈地坚守着，他是《工匠》的出版商，就在威廉·科斯比离开伦敦去纽约的几个月前受到政府的审判。在1733年秋天，当詹姆斯·亚历山大考虑创办一家同样反政府的报纸时，一年前富兰克林案件的结果让他为他的计划而踌躇不定起来。

1731年，富兰克林的杂志上载有一封来自海牙的匿名报道，文章揭露了英国、法国和西班牙之间关于一项条约的秘密谈判，作者认为这是由于沃波尔领导的内阁屈服于天主教权力，背叛了英国的新教荷兰盟友，并违背了国家的商业利益。为此，政府起诉宣称，这篇文章是颠覆性的评论，用来"诽谤目前的权威政府的行政"，"打算破坏和违反所述条约，从而产生和激起了与法国国王和西班牙国王的分歧和争论……并且传播了关于国家公共事务状况的虚假消息和谣言"。在辩护时，富兰克林的律师要求陪审员确定政府部长是否"真的没有做像文章中所描述的事情"—— 这是一次对至高无上的星室法庭原则的直接挑战（根据霍金斯的专著），表明真相并不能为诽谤政府辩解——律师并且指责是否不应该对新闻真假进行区分。如果是这样的话，"我们都将生活在黑暗和无知之中"。检察官坚持他的观点，认为如果《工匠》中有异议的话语是在抨击政府，那么"文章中所论述的事情是真是假并不重要"。他还声称，真相不能成为诽谤辩护的理论，比之前受到诽谤的星室法庭应用的理论早了三个半世纪，他还引用了 1275 年的法律，但通常忽视了一点，那就是古代法令把"讲述或发布任何虚假的消息或故事，从而导致国王同他的人民或国家伟人之间的不和"也视为犯罪。

对于首席大法官托马斯·雷蒙德（Thomas Raymond）而言，所有这一切都是胡说八道。托马斯·雷蒙德命令陪审员应该反驳"这个特别的判决"，这是尊重法律的策略，该策略在上个世纪法官之间赢得了支持。在一些案情中，他们只要求陪审团判断案件的实情是什么——比如，富兰克林是否发表了有特定问题的《工匠》以及这些所谈论的话语是否涉及当前的君主（乔治二世）和他的大臣——正如雷蒙德大法官所说，他们还授权法官决定"这些诽谤性的表述是否属于诽谤。这不属于陪审团的职权，而是属于法院的，因为这是一个法律问题，而不是真相问题"[33]。但是，如果适用法表面上是不公正的，它规定发表或发布任何关于诽谤政府的语言都是一种犯罪行为，仅仅是因为这些话语让公民明白了他们一直管理不善，那该怎么办呢？无论怎样，英国法院在进行审理时，就像富兰克林所在的法院一样，发布了关于所谓特别判决的命令，废除了陪审团判定被告是否犯罪的裁决权，哪怕法律对犯罪的界定本身就是错误的、专断的和非理性的。如果陪审团的存在只能确定案件的事实，却不管减罪情况如何，被告有罪或清白都只由法官决定，这就完全忽视了陪审团体系作为中立机构的意图，以及它代表了公众的观点和价值观。

像过去一样，富兰克林的陪审团没有忽视法官的指令，而且由于起诉书中有不争的事实，他们的犯罪行为交由法院裁决，法院判决其罪名成立。他被判处一年徒刑、100 英镑的罚款以及七年 2000 英镑的担保，以防止类似事件再次出现。

富兰克林的杂志令人鼓舞，他的命运也令人警醒，亚历山大面临着一个艰巨的挑战：如何创建和维持一个期刊，从而让讨厌的威廉·科斯比下台——让他回到英国——而不让自己和他支持的合作者们因诽谤而遭受扣押和起诉？诽谤在殖民地和英国均属犯罪。总督负责殖民地的整个政治机制，他可以提出控告，并让亚历山大为他的鲁莽付出高昂代价，正如他对莫里斯的所作所为。在纽约，是谁在物质和地位上失去了更多？亚历山大作为工程师和土地测量师的经历让他亲身熟悉了财产法，以瑞普·范达姆为代表的代理人和其他海运贸易中的客户要求他掌握海事法。他任职于殖民地参事会，以及作为纽约和新泽西的总检察长，这些经历都让他专心研究民法。他是出席市长法院的人员之中仅有的八位纽约律师之一，市长法院对大部分海港的商业和一般诉讼拥有管辖权。如果在殖民地还有人比亚历山大法律知识更渊博，那一定是刘易斯·莫里斯，在亚历山大筹划新闻事业时，他一直支持他。他们的结缘则是因为莫里斯身为议员的儿子小刘易斯；律师威廉·史密斯，亚历山大年轻的法律助理，曾在耶鲁和格雷律师学院学习；另外至少在精神上，纽约当时的专家卡德瓦拉德·科尔登也一起加入了该项新闻事业，他们都是有成就的作家。亚历山大希望他们能一起创办新的反对政府的杂志。还有亚历山大的妻子，她靠自己的能力，成了一个像她丈夫一样受人尊敬的人。

玛丽·亚历山大（Mary Alexander）是一个地道的纽约人，其父亲是格拉斯哥的一名成功商人，母亲则出身于荷兰的一个金匠家庭。她的母亲两次丧偶，在步入她的第三次婚姻三年后去世——第三次婚姻，她嫁给了一个优秀的胡格诺派商人——留下玛丽一个孤儿，那时她已经 18 岁，已经是一个相当有想法的继承人。她很快就嫁给了她继父的弟弟，他是一个男装店店主，也是纺织品进口商和房地产经纪人。玛丽在他丈夫的生意中投入了一些自己得到的遗产，并在布罗德街上开了一家零售店，出售她丈夫进来的商品。在那个年代，现成的服装是十分罕见的，她销售蕾丝、绉绸、丝绸、毛织品等各种用于制作妇女华丽衣服的材料，以及销售用于日常服装的普通织物，她的店成了殖民地的时尚中心。结婚九年后，玛丽的丈夫去世，她独自带着三个孩子。玛丽花了一年的时间，挑选纽约创业者中合适的单身汉，并于 1721 年在她 28 岁的时候，嫁给了詹姆斯·亚历山大，那时亚历山大已经是殖民地内领先的律师之一，而她也已成为当时最杰出的商人之一。这对夫妇有七个自己的孩子，玛丽一边辛勤地抚养她的十个孩子，一边经营着她繁荣的事业。玛丽将她的宗教信仰从荷兰转到英国圣公会，她的社会影响力远远高于那些仅仅事业成功的人，这促使她成为纽约社会地位最高的女性。同时她还会抽时间去辅佐她丈夫的政治事业。据称，在 1743 年，她的个人财富达到 10 万英镑。[34]

这些关系密切的熟人中有一批志趣相投的核心人物，他们有财富、知识以及社会声望，足以对抗皇家总督，但是不能肆无忌惮地公然反抗。他们不会将自己的名字以出版商或作者的身份出现在公报上而引起新竞争对手的注意——正如在伦敦的一些拥有财富和地位的品德高尚之人，他们隐藏在伦敦社会杂志之后，低调行事，从而避免与政府的纠缠。但是几个世纪以来，英国法律要求所有出版物都必须附有他们出版商的名字。在殖民地里，对于亚历山大来说，只有一个人可以作为他杂志的出版者——如果他同意与他曾经的老板威廉·布拉德福德竞争，这个人现在为总督的官方出版人。

在 1736 年，彼得·曾格在自己的出版社发行了自己的回忆录。

他有点含蓄地解释了他这次加入新周刊的原因："由于纽约只有一个出版公共刊物的出版社，我希望我能创办另一个出版社，这可能值得我花费时间。"[35] 事实上，回忆录是由詹姆斯·亚历山大撰写，他可能希望隐瞒莫里斯报纸创办的真正原因和目的。这对于曾格而言不是一个冒险，因为他是一个有抱负的人，有能力靠自己发行刊物。虽然曾格不断努力以保持他的出版社顺利运营，但是他看起来并不像因为缺钱而轻易受到亚历山大和莫里斯团队唆使而成为他们的替罪羊。尽管他长时间与布拉德福德交好，甚至就像父子，但曾格知道，因为政府和书报检查官反对他们刊登的文章，他们在过去遭受了很多麻烦。此外，如果亚历山大一直对曾格谨慎诚实（我们没有理由不这样认为），他一定会提醒出版者，他出版的人民党机关报所面临的潜在风险，告知他们理查德·富兰克林因为出版的《工匠》攻击了英国政府，刚刚在伦敦监狱刑满一年。至少，曾格必须让亚历山大向他保证，律师和他的同事要为他和他的助手提供生活工资，同时如果每周订阅者和广告商没有支付够所需的纸张、墨水和设备，亚历山大需要为他补足差额。重要的是，如果他被起诉，他们将免费作为他的辩护律师；如果他不得不坐牢，他们必须养活他的家人。他们双方肯定没有说明他们要求的书面合同，因为它的存在会危害签署方的自由和报纸的继续运作，但亚历山大同意曾格的条款，也获得了出版人的承诺，既不出卖企业支持者的身份，也不改变和反对任何要求他发表的文章。

在刘易斯·莫里斯选区的选民决定莫里斯是否能作为他们的代表重返议会的一个星期后，《周报》首次问世了，这可能并不是巧合。选举大会在整个殖民地受到了密切关注，因为每个人都知道莫里斯与高傲自大的总督之间的斗争，因为总督在几个月前突然将他赶下台。崭新的杂志出现了关于投票记录的更频繁的报道，这是之前殖民地读者所没有遇到过的情形。

注 释

1　议会拒绝支付边界线的测量费用：NYGenWeb 网站，《帕特南县的历史》，第 8 章，www.rootsweb.ancestry.com/~nyputnam/history/chapVIII。

2　完成边界线测量：麦卡恩尼尔，作品同上，第 406—408 页。

3　哈里森利用与科斯比的关系：科尔登，作品同上，第 309 页。

4　科尔登对科斯比的负面评价：出处同前，第 311 页。

5　"在这样一个无知、妄为、贪婪的科斯比上校的管理下"：出处同前，第 305 页。

6　总督必须征求其理事会的意见和批准：拉巴里，作品同上，第 101 页。

7　科尔登对事件的描述：科尔登，作品同上，第 298—299 页。

8　严重违反了政府规定：科尔登，作品同上，第 298 页；怀特海德，作品同上，第 349 页，第 362 页；布拉内利，《彼得·曾格审判案件》，第 15 页，引用《纽约历史博物馆档案集》，第 5 卷，第 955 页。

9　出于报复才开除莫里斯：科尔登，作品同上，第 299 页。

10　"声望比英属美利坚历届任何一个法官都要高"：怀特海德，作品同上，第 362 页。

11　科尔登"会反对"：布拉内利，作品同上，第 15 页。

12　"但因为他没有做任何事"：谢里丹编辑，《刘易斯·莫里斯文稿》，第 2 卷（1731—1737）：第 52—57 页。

13　"我得知"：怀特海德，作品同上，第 354 页。

14　好像该指控得到了证明：亚历山大于 1733 年 12 月 4 日

写给"茜茜·波普尔"的一封信，参见怀特海德，作品同上，第363页。

15 "而我们基督徒又做了什么"：西摩·J.施瓦茨，《卡德瓦拉德·科尔登传记》，第40页。

16 "得知了这件事"：科尔登，作品同上，第304页。

17 "科斯比的影响"：出处同前，第305页。

18 莫里斯重复了科尔登的描述：谢里丹，《刘易斯·莫里斯文稿》，第2卷，第61—63页。

19 "计谋受到了长岛人民的反对"：史密斯，《纽约省历史》，第2卷：第22页。

20 "被撕毁因为科斯比"：卢瑟福，《约翰·彼得·曾格，曾格印刷业，曾格审判案》，第21页。

21 "他们不会在土地问题上采取卑鄙的手段"：博诺米，作品同上，第121页。

22 印第安人可能会倾向于：科斯比于1734年6月19日写给贸易委员会的一封信，《纽约历史博物馆档案集》，第6卷，第6页。

23 科斯比家族得到的莫霍克河谷赠地：参见"殖民地特许状的受让人索引"，纽约州立图书馆及档案馆，A4684-99，土地管理局，总务署。

24 "在那之前"科尔登，作品同上，第299页。

25 莫里斯派口号的含义：戈登·B.特纳，《刘易斯·莫里斯总督及殖民政府的明争暗斗》，第272页。

26 "主要是揭露"：布拉内利，作品同上，第26页。亚历山大于1733年11月9日致信亨特。

27 富兰克林提出的新闻自由概念：斯蒂芬·博丁编辑，《曾格先生的恶意与谬误》，第8页。

28 "都应该"：伦纳德·W.利维，《新闻自由的出现》，第9页。

29 "从事印刷和写作工作"：威廉·霍金斯，《刑事法专论》，第 1 卷，第 352—355 页。

30 他打算发行一份报纸：出处同前。

31 "加图"这个共同的笔名：利维，作品同上，第 109 页。

32 "在那些可怜的国家"：出处同前，第 110 页。

33 "这些诽谤性的表述"：出处同前，第 12 页。

34 她的个人财富：约翰·N. 英厄姆编辑，《美国商界领袖的传记词典》（格林伍德出版社，1983 年）。

35 曾格对创办报刊充满希望：卡茨，《关于约翰·彼得·曾格审判案件的简报》，第 41 页。

Chapter. 06 | 第六章

庞然大物

A Superlative Monster Arises

一

考虑到殖民地时期美国纸张和墨水的昂贵成本，彼得·曾格的《周报》从现代标准上来说可以理解为微型杂志。它是用一张 12×15 英寸的折叠对开纸，同时在正反两面印刷，以生成一本四页的小型杂志，每一页都是 12 英寸高、7.5 英寸宽。在印刷上，它比对手《公报》更具吸引力，也更清晰。每一双栏页面放置 700 个字，大部分文本以更大的字体呈现，线与线之间的间距也更宽，这使得它在外观上不像布拉德福德的报纸那样拥挤。

但是从美学上来说，这一新刊物没有多少可取之处。例如，没能够打破页面灰度的显示类型；没有木刻版画或者其他插图；除了首页社评之后内页的两个标题"外事""内政"之外，再无其他标题，而这两个标题下仅说明地点和起源时间的报道，且都是从英国或其他美国期刊中窃取和压缩而来，这些报道甚至都是在三四个月之前写成的。尽管校对以及其他工作，比想象中一家商店里几个人出版的周刊要好，曾格的周刊还是存在字体磨损、斜体字需要努力辨认、语法和标点不规范等问题。不过其散文比《公报》更注重细节，旨在传达高尚的文学风格，而这种风格对这一时代的英文期刊来说是相当普遍的。它的价格为一份 3 便士，或者 13 期 3 先令，并于每季度为订阅者免费发送一期。所有类型的广告以及类似于现代分类的广告首次刊登时需要花费 3 先令（大约相当于 21 世纪初流通的 40 美元），之后每次刊登需要花费 1 先令（但是每一期列出的价格没有声明广告客户在这一价格下可使用多少行）。

曾格引以为傲的仅有一个单词的新连合活字大字标题——以小字体、大写字母呈现的"THE"——略下方是以大得多的字体标注的"纽约周报",它的正下方是上下由细线分开、以优雅的斜体字写着的"包含国内外最新消息"。然后是发行日期,遗憾的是首刊的日期错写提前了一个月,写成了 1733 年 10 月 5 日而不是 11 月 5 日。

首页社评没有准确地做出修正。写着"曾格先生"的第一行保持着时代惯例,暗示了接下来的内容。这部分的内容同原作的其他部分一样,交由印刷工酌情决定,而不是由他或者编辑来书写。首次发行的《周报》充斥着浮夸的道德说教和哲学漫谈,它促使读者在智慧中找到所有生活苦难的慰藉以及逃脱死亡最可靠的方式。它结束于一种细致华美的诗歌(在那一时期非常流行),小号的字体降低了可读性。第二页包含一篇来自维也纳关于德国军队调动的报道,一篇在伦敦以及英格兰其他地方举行布道的文摘,旨在敦促教区居民帮助贫困和遭受迫害的灵魂在新美洲殖民地佐治亚安置下来,以及一份由当时神圣罗马帝国皇帝写给波兰大主教信件的摘录(大约 5000 英里之外新世界中的大多数新教徒很可能没有太多兴趣)。但在第二页右手一栏的底部,截稿线"西切斯特县,1733 年10 月 29 日"之下出现了完全出乎预料的东西,它占用了大部分的剩余版面——一个主要政治事件的真正鲜活、生动的新闻报道——现代记者将其视为可信报道。它还强烈暗示,总督科斯比以及他的同伙是滥权之人。

简明的导语写道:"这一天,该殖民地的前任首席大法官被绝大多数人选为西切斯特县的代表。"后面没有说明是作为纽约殖民地议会的代表,可能是作者不想侮辱其读者的智商。但第二段的情景描绘极具诱惑地声称投票已经引起了极大的"期待",因为竞争双方"据说"都声称自己已经尽了最大努力。然后又写道:"我会向我的读者详细说明,因为对于这一事件来说,我是一个在场的人。"——这个"我"几乎可以确定是詹姆斯·亚历山大,他就像文章提到的那样是的确在场的。这是另一种创新:一位目击者陈述仅一周以前发生的事件，以细节描绘来替代评论，用事实来控诉科斯比的支持者——这就是《周报》创立的目的。

报道的一开始就便指出，被总督任命的西切斯特县治安官尼古拉斯·库珀（Nicholas Cooper）和其他县治安官以及县官员一起于投票日（10月29日，也就是星期一）在东切斯特绿地、当地的教堂及其他公共场所等投票地张贴告示。但是这些告示未能指定投票时间，报刊写道："这使得支持前任法官刘易斯·莫里斯的选民怀疑存在故意欺诈。"为了警惕科斯比的投票者在县治安官的纵容下突然出现，一支由50名莫里斯的支持者组成的先锋队从午夜直到日出或露营或驻留在绿地附近的家中伺机而动，而剩余大部分的莫里斯支持者则聚集在新罗谢尔附近尽情享用食物（无疑还痛快地喝酒，尽管文章中没有提到）来打发无聊的长夜。

日出之时，莫里斯派队伍涌向绿地，他们由两个小号手、三个小提琴手以及四个"主要的世袭地产保有者"带领，拿着标有金色字母的横幅，一面是戴着帽子的"乔治国王"，另一面是人民党的座右铭"自由与法律"。他们的后面紧随的是候选人莫里斯本人，他位于由约300个骑马的世袭地产保有者构成的两列纵队之前，这些都是真正的投票者。同时，作者提到"自县建立以来，从未出现过如此众星捧月的场面"。他们绕着绿地转了三圈，然后退回到附近的家中吃点心，等待对立方的到来。

上午11点，莫里斯的敌人威廉·福斯特出现了。《周报》将他认定为近期被（现任总督阁下）任命的学校校长，据说他所购买的民事诉讼（法院）书记员一职花费了相当于100支手枪的价钱[1]（依据殖民地主要货币机构，这大约相当于2014年流通的2.3万美元）。公众可能已经意识到官职可以合适价格购买——而这一案例的数额巨大——正义的现代人习惯视其为腐败的赞助兜售。但是，如此露骨地揭露这一行为还是让许多读者大为震惊。这一消息没有引用来源，可能是因为这种交易已是众人皆知。同时福斯特案件中，报道可能是既准确又毫不尴尬的，否则福斯特会以诽谤罪控告《周报》。即使这样，《周报》对于法院书记员职位现行价格的坦率曝光，还可算得上是其首次公共服务。

福斯特带领约 170 名骑着马的支持者，后面跟着最高法院首席法官詹姆斯·德兰西和他的同事——被报刊称为"殖民地第二法官"的弗雷德里克·菲利普斯，他们绕着绿地转了两圈并高喊"无土地税"，这是他们富裕阶层的口号。当他经过之时，菲利普斯法官"非常谦恭地脱帽向前任首席法官致意，就像前任法官以同样方式回应的那样"——菲利普斯法官显得精神抖擞，因为他这一方的人数远远超过了对方。但这种和谐很快就被破坏了，因为有些莫里斯派人开始嘲笑福斯特是觊觎英国王位的詹姆斯二世党人的支持者。这刺激了福斯特，他气急败坏地大喊："你们给我小心着！"

县治安官库珀大约正午到达，这场会面变得更加激烈了。库珀穿着有银色装饰物的猩红色正式制服，看起来十分华丽。他宣读了选举的皇家授权，并指挥投票者到绿地上去。在那里，他们将两个候选人的支持者分开为两组，根据此文，"多数的那组，是支持莫里斯先生的……这时，就有人下令必须投票，叙述者（报道者）并不知道是谁下的令，尽管有人说是县治安官下的投票令"。但是，莫里斯立刻挑战了县治安官的命令，问了几次，"看下哪边的支持者人更多。但是，除了必须投票，再没得到其他答复"。当找到长凳、椅子、匾、笔和纸，用来记录一个一个大声喊出的投票时，已经整整耽搁了两个小时。

投票开始后不久，不出所料，科斯比派的伎俩很快显露了出来。当选民中 38 位贵格信徒中的第一位信徒被要求声明自己的选择时，所有人都以为他会像教派利益的长期盟友一样坚定地支持莫里斯，但是两个由县治安官精心挑选的检察员进行了干预。尽管《周报》将这一贵格信徒描述为"拥有已知财富和地产的人"，但检察员开始质疑他实际上是否拥有足够多的土地而享有投票资格。同时他们还指挥县治安官让这位选民以《圣经》之名起誓，"以适当形式的法律"证明自己土地所有者的地位，这一行为将会迫使他违反众所周知的"贵格会不起誓"禁令。"他拒绝这样做，但是提出会提供英格兰法律以及相关殖民地法律的严肃确认……该殖民地的贵格教徒代表从第一次选举到这一次都被施以这种做法，没有一次例外。然而县治安官对所有理由充耳不闻。"虽然被前首席法官莫里斯和他的主要助手殖民地参事亚历山大以及杰出律师威廉·史密斯告知"这种程序与法律相悖并且是对人民自由权利的野蛮践踏"，县治安官仍然否认这位贵格教徒的投票，同时也拒绝了其他 37 个贵格教徒——"拥有已知财富和地产的人"的投票。莫里斯的法律团队本来可以向两位正在现场的殖民地最高法官德兰西和菲利普斯上诉，声斥这位县治安官的行为是违法的。但众所周知，这两位法官因为长期的家族恩怨而对莫里斯充满敌意，又因为近期提升的司法等级受制于科斯比，因此即使上诉他们也不可能干预。《周报》不敢如此猜想，但是却以暗示的方式提到总督的圈内人已经事先算计好县治安官库珀是个在该县没有土地的局外人。很快，同情贵格教徒并声称福斯特对国王不忠的激烈言语就满天飞了。但是这些呼声都于事无补，到晚上 11 点所有代表个体呼声的投票最终被记录下来时，莫里斯以 231：151 领先。如果那 38 个贵格教徒没有被阻止，莫里斯将获得接近三分之二的投票。

县治安官库珀的威胁策略是徒劳的，投票结束后他向莫里斯表示祝贺。同时选举失败者说他希望莫里斯"不会因为自己反对他而更讨厌自己"。莫里斯对那些被他击败的人不怎么友好地回答道，尽管他认为福特斯"被反对他的倾向所胁迫"，但是他对县治安官暴力践踏人民自由应负有责任。尽管他不会怂恿大家这么做，但如果"人民感到不满"（例如被剥夺权利的贵格信徒）要起诉他赔偿1万英镑，也是此人活该。据《周报》报道，当莫里斯恢复地位时，他的支持者们兴高采烈地欢呼起来，但他的胜利远不止这些。莫里斯于两天之后的下午5点登陆纽约港渡轮码头时，路上的商船枪炮齐鸣向他致意，同时还有大量的商人和城市居民前来迎接，伴着民众的高声欢呼，他走上通向黑马酒馆的街道，那里有为他准备的精彩娱乐节目。刘易斯·莫里斯作为该殖民地政治旋涡中的一位经验老道者胜利归来，其如此深获民心的高招着实令人称叹。

二

可能是因为詹姆斯·亚历山大全神贯注于他的律师事务，并准备大部分（如果不是全部）《周报》内容，所以才没有时间进行进一步的目击报道。报刊自此再未运作得如此生动，也再未涉及像描述西切斯特选举一样跟踪报道。其最初的文章极富文学性，笔触细致入微，其中充满旁敲侧击和含沙射影，因此普通读者较难理解。

亚历山大在第二和第三期的前两页中，致力于扼要呈现特伦查德和戈登《加图信札》（*Cato's Letters*）的部分内容——此书十几年前就开始出现在伦敦——一字一字抄写下来，再通过精心挑选的语录和忠实的释义而使它们更具说服力，同时将其作为《周报》读者的学习内容。尽管法律上不允许这样说，《周报》遵循和使用的信条，就是减少总督中的独裁者。第二期一开始就是"新闻自由是一个有着极为重大意义的主题，每一个人应像关心其他自由一样关心新闻自由"。这对于大多数读者是一个新颖的观点，之前从未有批判总督的暗示呈现在面前。文章继续写道："任何国家，无论古时还是现代，无一不是在民众失去言论、写作或公开情感的自由后，便很快失去它们的普遍自由，沦为奴隶的。"新闻自由是"一条缰绳……一种对邪恶官员的控制"，他们理应遭受"讽刺的鞭打"，同时还应展示出他们滥用职权的"铮铮事实"以唤醒良知，如果他们还有良知的话，"并对所有诚实的心灵交代他们可憎的行为"。

但是"加图"（正如亚历山大所写的）在报道他的案件过程中，动机并不是很单纯，所以他未能承认有些老实人遭受了无节制新闻的诽谤。即使这样，值得尊敬的人，最后也不会被报纸上的诽谤而伤害，因为他的美德终会胜出，并使读者相信真相。同样，亚历山大也不是绝对新闻自由的追随者，不会写"滥用职权分解社会，瓦解政府基础，这类政府将不受新闻自由的荫庇"，出版物不能被免除习惯法坚持的犯罪行为以及煽动性诽谤的可罚性。但是，亚历山大以"加图"之名坚持认为：不应由政府、法官，而应由陪审团来决定诽谤性言语是否适当；以及作者和出版商在从事一种急迫的公共服务之时，是否应该定义为社会的敌人，也应由陪审团来决定。

第二和第三期的其他内容是船舶到岸与离岸清单，同时还有一些包括英国议会抗议的外国新闻小栏报道。明显缺少的——同时将会继续缺少的是对当地事件及其他殖民地新闻的翔实报道。这种空缺有两个原因，现代读者对这两个原因了然于心。首先，《周报》没有好的榜样；其他的美国报刊如《公报》、安德鲁·布拉德福德的《美国信使周报》以及本杰明·富兰克林的《宾夕法尼亚公报》在记录当地事件时缺少魄力；客观报道处于萌芽阶段。其次，撰写家乡或者殖民地新闻是充满风险的，殖民地当局除了纽约殖民地，不再容忍任何可能成为印刷物的批评，同时它们的立法机构仍然渴望维护"议会特权"，禁止新闻报道其程序。针对殖民地当局的《周报》已投入历史的冷流中，并逆流而行。

第四期有些乏味，是一个令人讨厌的社评——"菲勒—帕奇"（Philo-Patriae，爱国者）写给"曾格先生"的。他写道，由于最高统治者们被控告"谋取社会利益和安全",被管理者不应容忍其管理者不公正的任意行为。但是并没有引用罪犯的名字或者罪行作为例子。这一期的其他内容包括来自欧洲对美洲殖民者远程关注的报道。《周报》首次使用了一种文学手法——讽刺——这种手法越来越被英国智者所青睐,用于斥责罪恶和昏庸的对象,希望借此避免以诽谤罪被起诉。为了艺术性地伪装他们的中伤企图[2],英国文人经常以一种大众的方式将刻薄的寓言、戏剧或者逸事置于古时或外国、神话之地,使用历史人物、虚构人物或者将动物拟人化的方式,而不是指明进行犯罪活动的现实中的人或者政府官员来进行讽刺。有时,作者使用首字母来确定他们的讽刺对象,就像《周报》在这期开始以找回丢失的狗这一虚假请求登广告,而这条狗很明显代表了总督的亲信及其谄媚的公关人员——弗朗西斯·哈里森:

> 一条约5英尺5英寸高的大猎犬最近从狗窝里出来溜达,嘴里满是令人生厌的颂词,并在闲逛时将这些赞美都丢在了《公报》。还是一条小狗的时候,他的前额中标着"FH"和一个十字架;但是标记渐渐被磨灭了,他开始以一种非基督教的方式,用大量恶劣的谎言侮辱人类。无论是谁,只要能将所谓的赞美从虚伪中剥离出来,将这个畜生送回他的狗窝,就应该得到所有诚实之人的感谢以及所有合理的费用。

讥讽可能太隐晦,无法将科斯比热情的家臣马上变为《周报》取笑的对象,但是毫无疑问,读者清楚地知道,报刊下一期,也就是12月5日一期中的两页匿名社评指的是什么——一种对英国人陪审团审判这一历史权利的强烈维护,对他们来说,陪审团是"生命、自由、财产的堡垒"。而对此表示疑惑的人只能放眼国外,如法国、西班牙、意大利，观察居民的悲惨境况，这些居民任凭唯利是图的法官摆布。"当然，"《周报》文章总结道，"陪审团审判是基本法中的精华，无论谁公开废止或者蓄意破坏，根据事实抨击政府，引进专制权力，就是国家的敌人和叛徒"。陪审团的审判权一直被"议会看成国王和国民之间唯一的保障"。

可以肯定的是，文章的目的在于提醒读者他们的总督在前一年春天是多么的专制与不爱国，他试图在对范达姆提起诉讼时绕过陪审团体系，通过威胁来行使他作为大臣享有的权力，这一权力可宣布有争议的土地所有权无效（例如欧博朗的土地所有权）或者就像他在奥尔巴尼签订莫霍克契约那样对待地方法官，在不诉诸法院的情况下摧毁他们。可以说，科斯比在没有诉讼理由的情况下，通过开除陪审团体系最坚定的保护者——首席法官莫里斯，而进一步削弱人民的权利。如果说《周报》的意思太模糊，下一期的社评开始这样写道：

> 有人说与政府搅和在一起不是普通人应该做的事……但是因为该报刊最大的宗旨是维护和解释自由的光荣原则并且揭露那些抹黑、曝光它们之人的诡计，我特意在这里展示上述说法的邪恶和愚蠢。这些说法只应出于暴君或奴隶之口，而不应传入自由和正直之人的耳中……自由和被奴役国家之间的区别，就在于自由国家的地方法官必须遵循人民的意见和利益，而被奴役的国家中，个人意志、利益和统治者的欢愉是他们统治的唯一目标和动力……

但是《周报》小心翼翼，没有提及科斯比的名字，也没有引用任何其他涉嫌滥用权力的事例，就像第一期那样，它没有明确地控告科斯比，或者控告他的竞选经理人为了对抗莫里斯公然否认身为贵格信徒的选举权利从而试图操纵西切斯特的选举。在这一期中报道这些不可否认的事实是十分勇敢的，同时也暗示了科斯比的恶行。但报刊的背后是聪明的律师，他们不打算为敌人提供一个现成的借口来控告报刊，同时控告他们煽动性诽谤；扮演幕后指挥要强过直接挥动大锤，因为大锤可以很轻易地转向他们自己。

但在第五期中，报刊的冒险明显超越安全范围，（四页中的）第三页有一篇文章以一个短小的报道开始，这一报道抄袭自《公报》，但没有标明出处。它提到法国单桅帆船恺撒号上周已到达纽约港，它肩负着位于新斯科舍东部的布雷顿角岛上，刘易斯堡的加拿大堡垒统治者所赋予的使命，据说是为相邻设防镇的贫困居民获取食物。该船凭借科斯比总督和其参事会的允许得以完成任务。"他们在这里受到了总督阁下的热情款待并感受到了善意"，开篇这样结束，对英国政府而言这好像是一篇出于人道意图的报道。但之后《周报》立即转持怀疑态度，尽管并未声称不能仅关注《公报》中总督行为报道的表面价值。曾格的报刊详述了布拉德福德报刊中的梗概报道，"有一天在乔治堡，他们正在观看壁垒，一个恺撒号的船员用法语说的他认为'三艘船就可以攻破这个地方'被听到了。但因为他们是法国人，他的话可以假定为'三艘船可以攻占法国这样一个地方'"。这就是《周报》作者所需要的内容，它可用来抨击总督所谓的善意，并且暗示这相反可能是一个非常愚蠢的行为："法国目前正对德国宣战，英国可能因条款或者利益加入其中对抗法国，同时我们与法国殖民地接界，希望能够立即采取一切办法使奥尔巴尼和这个地方（纽约）尽可能地进入最佳防御状态；尤其是我们有理由担心，相较于他们声称的补充供给，来这里监视我们的实力才更像是这些法国人的使命；因为他们的水手坦率地承认了他们来时布雷顿角并不缺少给养。"文章婉转地建议，可能应该呼吁议会就这件事情进行商谈并加快采取防御措施。

这份刚创立的报刊不会让此事就此平息，它进行了真正的调查性报道。在 1733 年 12 月 17 日第 7 期中——最终会被科斯比派作为传播煽动性诽谤引用的几个例子中的第一个——头条新闻仍质疑之前所依托（现在也承认了）《公报》中的那段内容，将恺撒号访问纽约报道成（即使是有点怀疑）一次善行，认为它"与事实相去甚远"。通过这种做法，《周报》首次直接攻击已存在的对手，将其称为"受政府指使的报刊"，并声称其印刷商只能"插入上级批准的内容"。然后展示了三份旨在证实《公报》报道如何试图误导公众的宣誓书。

第一份宣誓声明来自一个 22 岁的波士顿海员，他的船两个月前停泊在刘易斯堡。他每天去该镇时，不仅没有发现缺少食物或者其他给养，还了解到堡垒本身正在扩大并加固，以击退任何外国入侵。更值得谴责的是，恺撒号近期访问纽约时，他从船员那里了解到法国军队官员及工程师都登了船。在纽约港航行时，他们忙着绘制海岸线和汇集于曼哈顿的海峡，探测水域深度环境，记录教堂尖塔、旗杆以及其他城市地标，还有乔治堡的布局和枪炮。第二位海员的宣誓书与第一位一致。第三位宣誓证人作证说不久前访问蒙特利尔时，受到了总督和其他法国官员的粗暴对待，就因为他是英国人——这显然是一种对比法国人对外国访问者的敌意与科斯比派人对恺撒号船长及其船员愚蠢善意的警报。在接下来的段落中，为清楚表达这一点，《周报》略施巧计，采用了疑问而不是声明形式的言辞（因而是公开的控诉）：

> 所有人都同意，愚者所问，智者难答，或许知道答案的话他会回答；尽管如此，我很乐意提出从以上宣誓书中得出的以下猜想：

问题一：一位法国总督不允许英国人观看其防御工事，测量其海港，在其国家逗留以发现其实力，这样做是否足够谨慎？

问题二：一位英国总督却允许法国人看到我们的防御工事，测量我们的海港等，是否足够谨慎？

问题三：如果上述宣誓书为真，法国人是否在加拿大收获不佳？或者他们缺少给养吗？

……

问题五：即使可以，我们的总督也可能无法像其他人一样轻易地发现谎言？

问题六：他不应该努力这么做吗？

问题七：我们的总督努力了吗？

问题八：在船只恺撒号离开纽约时，城里大部分人不知道吗？……法国人是否已经测量并获取除了桑迪胡克外直至纽约的地标？获得城区图了吗？进入要塞了吗？……

……

问题十二：通过控制他们的证件并约束其人员，我们能否在很大程度上阻止他们利用发现的东西？

……

问题十四：允许他们穿越赫尔门进入城市是否足够谨慎？……

报刊进一步巧妙地嘲讽了总督，通过修辞方法讽刺科斯比和助手们与敌人厮混在一起，而技术上仅抛出问题。一则短文告知公众——尽管语言不多——总督以只召集12名成员中6名的方式来减弱殖民地参事会的商议权。因为总督的随心所欲，他们大多占有一个或多个职位（名字和职位都已列出）。"参事会中其他各式各样的人也住在城中（纽约），这些人没有官职也不期望得到什么官职，他们几乎没有经常被召唤的荣幸。"《周报》这样写道。文章继续写道，在这些故意被排除在外的成员中，"据说有一位成员自1732年11月起就没有被召集过，尽管每一次开会时他都在城里"。当然，这是引用詹姆斯·亚历山大的话，几乎可以确认的是，他自己写了篇文章以宣泄自己的沮丧。文章的结尾这样写道："……因为五个（参事）确实达到了法定人数，而且这五个人见面时，他们中的大多数便决定了主要问题。这看起来似乎不需要那些（我们请求召集的）参事会无用人员，因为已经有了足够更合适的人选。"实际上，对于能解析《周报》措辞中优雅讽刺的读者来说，它以不提及科斯比名字的方式讲道，"你们的总督已经将自己与参事会中的傀儡隔离开，以便实现对该殖民地的绝对统治"。

当亚历山大以精心措辞的公众辱骂词来抨击总督时——注意他在引用的报道中使用"据说"一词将控告掩饰成（无证据的）指控，而非公开控告的罪名。刘易斯·莫里斯与此同时在和贸易委员会的私人交流中直言不讳，将恺撒号事件描述为"给纽约居民带来了很多担忧"。但是莫里斯带着复仇的使命，好像对以比《周报》更猛烈的方式摧毁科斯比名誉而存在的风险并不担忧。他在12月15日写的信中提到，"无论是有些人猜测的，她（恺撒号）由法国当局派来测量港口、了解我们的（军事）实力，或者正如有些人认为的，这是总督和他弟弟设计的诡计以秘密同法国交易。他的弟弟是安纳波利斯·罗亚尔（Annapolis Royal）的陆军少校——娶了一位当地（英国位于新斯科舍的海军基地）的女士——这些都可以确定歉收以及给养短缺都是骗局"[3]。他引用了《周报》所载的宣誓书中的报道，即一份有关法国人在刘易斯堡并不缺少给养，实际上是在加固军事堡垒的报道——同时远远不像科斯比对待法国船员那样欢迎英国来访者，"他们监禁了每一位去加拿大的英国人"——莫里斯没有提供证据证明他传播的恶毒谣言，也就是总督及其家族密谋非法交易，甚至是叛国式地同王室的死敌交易。为了完成破坏工作，莫里斯声称他有一份乔治堡官员的宣誓书，宣誓书中声明科斯比盗取王室资金用于置办衣物和为受他指挥的纽约驻军中几百个士兵配备武器，同时也未按预算要求购买及赠送用于安定前线土著部落的礼物，"目的是为自己谋取巨额利益"。

我们可以做出合理的假设：如果莫里斯拥有支持这些严重指控的确凿证据，现在回到殖民地议会并决定让科斯比离职，就应该将证据交给纽约立法机关和沃波尔的行政机关。但是莫里斯也没有这么做，可能因为之前是律师，他害怕针对科斯比的公开指控无法经受法律的详细审查，因此不得不寄希望于那些虚张声势的信件，希望这些信件能够很快引起王室对总督行为的彻底调查。

虽然可能不知道莫里斯持续的谴责已送至贸易委员会监督者的纽卡斯尔公爵手上，但总督对城里新报刊背后的人员以及其创始原因了解得一清二楚。科斯比写给公爵——他的妻弟——的信比莫里斯最新的诽谤早两天送至伦敦。在信中，科斯比写道："我已发现亚历山大是一项计划的头目，这一计划会给政府带来所有可以想象的不安……同时给民众留下了极其糟糕的印象。一个由他和他的政党支持的报刊（开始）充满了最恶毒的诽谤"。他也知道亚历山大的首席合作伙伴是刘易斯·莫里斯，"其对我公开及难以调和的恶意，以虚假可耻的诽谤形式每周出现在曾格的周刊上"。他接着说莫里斯的目的是使"轻信又不理智的暴民"持有偏见。但是对于他所有的严词谴责，科斯比说自己不会被引诱至所谓的"一场报刊战争"[4]中，或者在法庭上为自己的行为及王室的权威辩护。

但是亚历山大和莫里斯仅仅热了热身，他们的报纸在纽约居民中大受欢迎——他们开始欣赏《周报》挖苦总督的机敏形式。报刊不断售罄，有几周曾格又回到出版社继续加印。[5]

三

曾格的报刊立刻受到欢迎的原因之一，就是其文章尽管在文风上经常过于矫揉造作、难以捉摸，在政治事务上却具有指导性和劝告性——这种质量是殖民地阅读材料所稀缺的。其文章有时也很机智，这是布拉德福德的《公报》从未有过的。一个早期的例子是1733 年圣诞节前一天发行的第 18 期《周报》中的社评，尽管像大部分的投稿一样未署名（或者是使用"爱国者"、"托马斯·斯坦德拜"、"加图"这样的笔名）。莫里斯式诙谐文章的匿名叙述者声称，近期碰到了一位绅士，他对超自然的教义十分了解，将这种神秘意义归功于国王及王室管理者名字的特定首字母，从这些字母能够预测出他们是善良还是恶毒的统治者。叙述者充满怀疑地回答说，他"从未想过字母中会暗藏我们的朋友或敌人"[6]——字母就是字母——直到算命者揭示 C 是一个尤其可憎的首字母。应用于十年前纽约几位统治者身上时，这一看似无价值的言论促使面谈者不得不承认占卜的可信度，这些统治者是贝尔蒙特伯爵理查德·库特（Richard Coote）、科恩伯里勋爵，其中没有提到科斯比的名字，留给读者自行添加。

比这一嘲弄更尖锐的是同一期背面的两篇报道，这两篇报道都旨在指责科斯比允许法国船只侦查纽约港，并允许其船员对城内进行检查的天真做法。第一篇报道很有魄力，想要将《周报》作为一个爱国机构，与总督同敌人交往甚密形成对比。它以刘易斯堡的木版画为特色，这一木版画是报刊中的首个插图，揭示了标题所述的法国堡垒的组成部分，它是一名士兵根据宣誓书的记忆重现，这位士兵差点因为从事间谍活动而被捕。准间谍这一部分后面紧跟的两段更加暗示了总督的轻信。"城里公开报道，斯蒂芬·德兰西先生，一个众所周知光荣、正直并且诚实的人，"第一篇报道这样写道，"说过有一位跟随刘易斯堡的恺撒号船只来到这里的先生告诉他，希望能在其他 2 万名占领军之前再次在这里见到他。"另一篇报道了"一位法国先生赞扬了总督对他们的礼貌接待，还有一些城里的先生说：当前以他们的能力无法报答这些热情接待，但等到成为这里的主人之时，他们会心怀感激地记住这些人"。

《周报》接下来的三期几乎没有对抗性，都是说教性的报道，如沃尔特·罗利（Walter Raleigh）爵士论自由的光辉事业，以及更多被改述的"加图"的文章，讨论为什么恶毒的统治者无须受到尊敬。这些引用对于当代纽约当局来说无关痛痒，于是《周报》的贬低程度被进一步加深。第 11 期后，科斯比终于忍无可忍——尽管他几周前向纽卡斯尔吹嘘不会采取法律措施对付诽谤他的人——决定要制止它。顺从的法官詹姆斯·德兰西，命令大陪审团于 1734 年 1 月 15 日会晤商议对最近发行的几种报刊进行控告……即离间国王在该殖民地的臣民与国王认为对臣民来说正确的管理者之间的感情……有些极具恶意的人曾费尽心思地诽谤总督阁下并中伤其管理；他们传播了许多煽动性诽谤以降低民众内心对像他这样身处高位的人应有的尊重。

这些攻击已达到了一定程度，"到该停止的时候了"，德兰西断言，因为"所有的秩序和政府都遭受着疯狂的践踏"。如果大陪审团成员不结束这种辱骂，首席法官告诉他们，"从公共和平的这种扰乱中可能产生的不良结果……会部分地出现在你家门口"。他的指控还伴有一个关于诽谤法的六页备忘录，诉讼由律师而不是现代判例法官执行，该诽谤法是霍金斯于 1716 专著中陈述的，据说足以让陪审员起诉曾格和他的报刊。

科斯比及其法律顾问可能一直希望，这一来自奥林匹斯山的闪电，能够恫吓印刷者和其支持者即刻投降，而非导致刑事起诉。这也可能会使曾格惊慌，他的营生已经足够危险——他的工人好像也就是一个熟练工人，连同做他学徒的两个儿子。但是他的主要支持者亚历山大和莫里斯，精通法律，或许已向这位焦虑的印刷商指出，德兰西的陈述明显不够具体——《周报》中的引用没有哪一期、哪一篇、哪一段是诽谤的，被认为是嘲讽的篇章中也没有提及科斯比的名字。此外，德兰西承认"（被指控为诽谤的）作者并不能确定，但是要猜出他们是谁很容易"。尽管控告一般来说不是通过猜测来验证的。科斯比写给贸易委员会的信表明，他知道亚历山大和莫里斯是这一行为的主要作恶者，但是这两个人一定都非常小心地避免被看到与印刷商接触，以防处于政府监视之下，同时隐匿所有他们为报刊写作的痕迹，以防政府命令王室代理在他们的家、办公室或者曾格的报社中搜寻诽谤材料的手稿。科斯比派人至今还在避免进行压迫性管理，也没有试图对莫里斯派人提出起诉，可能是因为他们认识到《周报》是那些资源、专业能力、政治成就都在纽约殖民地社会中处于高位之人的工具，将他们视为人民的敌人可能会激起一场暴乱，而这一暴乱是当局希望可以使印刷商退却而尽力避免的。无论如何，对总督阁下如此冒犯的材料是如何传播给公众的并不神秘：每一期报刊都会在最后一页的底部列出作为印刷商和销售商的曾格的名字。

大陪审团成员对总督的愤懑可能有点幸灾乐祸，他们拒绝听从德兰西极端的话语，并投票决定不起诉彼得·曾格。《周报》阵营的喜悦在 1 月 28 日这一期的感谢信中显而易见，信中列出了 19 名陪审团成员的名字，并对他们大加赞扬，赞扬他们"对同胞自由的殷切关怀……他们的美德和诚实为自己赢得了爱国者的称号"。文章提到尤其尊敬"他们对新闻自由（被公开抨击）高尚而慷慨的关心"。

民众拒绝政府试图压制一个突然出现且带有强烈不敬的敌人，并从中受到了鼓舞。亚历山大和莫里斯不断加大的攻击力度将受控于科斯比的信差——《公报》拉入美洲殖民地前所未有的印刷战争中。《周报》下一期（1734年1月21日）的社评带有莫里斯式的华丽风格以及对科斯比白热化的敌意，力图激励读者站起来反抗所谓的压迫者。文章一开始提到，统治者们被赋予了极大的权力，只有他们"支持公正和合理之事才值得拥有这一权力……他们可以做，也做过很多害人之事而免于受罚，这些害人之事都太过明显而无法否认。我们与国王的距离使得向他申诉（惩戒滥用职权的管理者）十分困难，同时在我接手的一些棘手案例中，真正的原因是他们中的有些人以及他们贪婪的肮脏工具"未受惩戒地消失了。"但是因为他们作恶时比其他人更小心"，几乎不会形成"我们应在任何条件下跟随他们……这样一种逻辑……因为所有人，即使是一个恶棍，都能够成为有些统治者的工具，而这是有些统治者会红着脸说明的……我们为什么不与蛇和狼保持一样的步调——动物远比有些统治者无辜、无害"。接下来就是煽动性的一段，与文章有条理的自我谴责一致，从未提及科斯比，但通过这一隐含主题留下了一点想象空间：

> 一位总督变成了流氓，他所做的一千件事对一个小流氓来说都足以被绞死。从他那里获得救助很困难……因此谨慎的做法是跟随他，并出于自我保护的原则和他一样从事一些流氓行为。也就是说，一个统治者会竭尽所能来禁锢你，要阻止他很难，（你）得帮助他将这种枷锁固定。

随后是一个尴尬的言语诡计，让读者知道他们应对这种暴政负有罪责。没有人能超越荷兰人对自由的贡献，《周报》谈道，"但在种植园里（意思是纽约作为新阿姆斯特丹的继承人），他们好像失去了所有关于自由的意志。一个稍微有点智慧的人都应随心管理，酌情处理他们和他们的财产，治安法官无论如何都会跟随着他，同时认为他的支持是对他们失去自由最好的补偿……一个糟糕的管理者不仅奴役当前一代人，而且使奴隶制成为遗产传承下去……除非出现一种最强的巨人，无论他愿不愿意都强迫他们重获自由。"

对于这一由威廉·布拉德福德以前的学徒发行的粗鄙的报刊，《公报》一开始耻于与之为伍。但由于它言词激烈，《公报》作为科斯比的雇佣军，被迫出头应战。1 月的时候，《公报》提醒读者，总督是"民族之父"，并声称他的批评者是"一群牢骚满腹的人"，将《周报》的通讯员视为"煽动暴乱的流氓"以及"不忠的纵火与暴乱煽动者"，并暗示曾格的名字可理解为"骗子"的同义词。[7] 它抱怨道，其新竞争对手从英国期刊中抄袭文章时，以扭曲其原始意义的方式省略了论据及过渡段落。它鄙视《周报》嘲笑其敌人的厚颜无耻的广告，例如将弗朗西斯·哈里森变为一个逃亡的西班牙猎犬，经常在《公报》办公室留下令人生厌的颂词，称他们为"在黑暗中飞行的秘密箭头"。它上了莫里斯的当，坚持称不能因为科斯比与库特和查尔伯里的名字都以字母 C 开头就将他与其他两人比较。它还回忆到莫里斯 1727 年作为首席法官时猛烈抨击了使用叛国字眼诽谤地方法官的危险，并且在管理陪审团时警告纽约人不许说，或者写蔑视当局的话语。发行最后一期的那个月，《公报》在给编辑的一封信中宣称："对政府及正直的公民而言，没有什么比诽谤性报刊和小册子来得更卑鄙无耻。"[8]

这最后一次斥责，促使《周报》在下一期中进行了不同寻常的直接回应，而这一期是被之后当局引用为煽动性诽谤的六期中的第二个。在"内政"的标题下，曾格的报刊给《公报》写了一封公开信，敦促它不要再浪费语言为《周报》和社会讲授诽谤法的要点，而是"谈论城中和殖民地民众眼中的问题重点,即他们认为现在的问题是自己的自由和财产很危险,如果有些过去的事情得不到修正的话,他们及后代将会遭遇奴隶制"。文章要求对两份报刊进行公平调查,并在公共场合调查有争议的期刊,以免读者在无法就建立"无约束权利"进行抗议的情况下同意,就像首席法官德兰西对大陪审团提出起诉曾格的控告所证明的那样,"作为其他所有自由保障的新闻自由如今受到了攻击"[9]。

《公报》在下一周进行了反击。像往常一样,打着致编者信的幌子,可能是弗朗西斯·哈里森写的,他在布拉德福德的报刊(被《周报》经营者指控为总督谄媚的支持者,支持科斯比派人的报刊)中宣称:"我有理由相信城里,以及殖民地中有些人认为这与曾格报刊中的内容有关,这是一个严重的诽谤。"写信者接着指出之前《周报》对"新闻自由正遭受攻击"的指控是无根据的,并质问其作者:"谁告诉他的?他怎么能确信地将其看作事实发表出来?"

可以说,《公报》和科斯比派无法抓住或理解"事实"和观点之间的区别,就像他们十分教条地给任何抗议贴标签,无论多么正当的行为,只要反对政府就是犯罪,因为这可能煽动公众骚乱并使执法复杂化。同样,一个人不需要是专制的保皇派或者科斯比支持者就可以感受到,《周报》的作者经常沉醉于用夸张手法来妖魔化总督。他在位期间的行为是否真的使纽约人感到自由和财产是"危险的"?奴隶制是否会由"流氓"统治者施加于他们身上?

威廉·科斯比很难说是高贵的存在。他来自英国上层社会的最底层,其军事履历无特别之处,在当一座小岛的王室管理者时被判犯有大宗盗窃罪,在殖民地美国获得的尊贵地位几乎全靠家庭关系。此外,在他成为纽约和新泽西总督的一年半后,科斯比表现为一个居高临下、喜怒无常、恪守细节的人,还经常做出轻率、无礼的决定。但后代已没有不可辩驳的证据证明他是——正如《周报》

巧妙又无情地暗示的那样——一个对殖民地公民权利和自由声名狼藉的亵渎者。他和他的部下有几次非常明显地篡改法律程序，但最终无功而返；对范达姆的诉讼被阻止，而且在西切斯特选举中对抗莫里斯的代理候选人被击败。他对奥尔巴尼——莫霍克土地契约的破坏可能得到了人道主义的谅解。他让狡猾的法国人得以对纽约港实施监视和防卫的善意姿态可能是外交失误，不能作为叛国证据。同时他的赞助行为和土地批准并不比亨特、伯内特总督更偏袒和自私（没有可靠证据证明不是这样），亨特和伯内特为莫里斯、亚历山大及科尔登的执政期间提供了极大便利。如果科斯比系统性地阻止有争议的成员参加参事会会议，为什么他们——所有杰出公民——不向贸易委员会和国王强烈投诉？

四

  如果曾格报刊的反政府运动可作为美国大胆进行言论自由表达的先驱，其意义不在于科斯比是否像被控诉的那样，是一个骗子和压迫者，或是一个语言暴力的受害者，这些攻击者是因不受总督待见而愤愤不平。这问题有待进一步辩论。回想起来，争论的真正核心是《周报》或任何报刊、个人，是否可以声称拥有反对总督行为的法律权利，这些指控是否正当，以及是否应当留给公众来决定。当纽约的报刊战争蔓延到2月时，这一问题成了争论的焦点。

  《公报》提出这样的观点：新闻自由并非一种不受任何限制的权利——政府有权阻止并惩罚破坏其权威及执政能力的攻击，即使是暗中攻击。《周报》回击道，尽管它同意对手的"为了社会的利益，不能有嫉妒、愤怒、无礼要求以及假话"的观点，但反对"无论公正与否，总体上将要求与那些低俗的恶习列为一类；将有着正当理由的要求赋予一个自由的人，它就会成为一项美德和一种责任"。在一封给布拉德福德的公开信中，《周报》提到有理由时"要求"确实是"所有自由人的权利"，接着又提出了这样一个问题："我们怎么知道它是否公正正确？"它回答道：

> 如果要求的行为（被认为）是公正的，交易的人永远不会害怕新闻将其交于世界裁决……另一方面，被要求事件的行动者拒绝对他们的行为监测，努力用任何方式和手段来堵住人们的嘴，摧毁新闻自由，不要求对事件进行纠正，然后就有理由总结这种要求是公正的。[10]

这一论据对于《公报》来说太宽容了，它通过嘲笑曾格的报刊来反击，声称新闻是所有英国自由的保障。印刷商像普通人一样，都有责任——对他们口述或书面陈述的不良影响负有责任。"滥用、不使用新闻是犯罪，理应受到惩罚。"[11]《周报》回应称滥用新闻应该受罚，但是指出这样一种观点规避了真正的问题："困难在于决定谁是这种滥用的评判者。让我们的敌人作为评判者，我不知道什么不会成为诽谤；如果我们是评判者，可能也很难说明什么是诽谤。我情愿让读者作为评判者，但是如果什么都没有写的话，他们就无法判断。"[12]

詹姆斯·亚历山大，《周报》的实际编辑，在读完2月11日的《公报》后就新闻中所有关于要求的争辩以及如何辨别使用和滥用都做了注释，并越来越愤怒。其中有一位信函作者坚持认为，什么构成了对政府的可惩罚性印刷诽谤这一话题没有讨论的余地，因为威廉·霍金斯的《皇家诉讼专集》早在十八年前定义煽动性诽谤的要素时就解决了这个问题，这些要素中包含诽谤政府及其官员与诽谤事实相差无几这一前提，同时这一前提与一百二十七年前臭名昭著的星室法庭据说无法反对的裁决紧密联系在一起。亚历山大不会接受作者或印刷商因为发表事实而被控滥用自由表达权这一说法。在他看来，霍金斯的书根本没有神圣之处。

亚历山大的笔记，后来成为曾格抵抗顽固政府试图压制其报纸的基地，质问"他（《公报》信函作者）从哪里看到，霍金斯被看作权威，一个收集者（亚历山大对编辑的贬称）有何理由将这一观点强加于人……（霍金斯说）那就是法律，因为他把它收录在那本书中"[13]。亚历山大认为霍金斯是有选择地编纂，解读诽谤案中普通法裁决的主体，"但是我希望个人的观点无法决定什么是法律，什么不是法律，（否则）如果它依赖于个人之笔或呼吸，法律将变得非常模糊、不确定"。此外，"只发布星室法庭唯一一家权威机构的法律事件，难道不是误导（就霍金斯而言）吗？"那些案子"自从星室法庭被摧毁后就不再具有权威性"——亚历山大正踩在不太坚实的地面上——他接着就其裁决不是建立在合理推理上而是在对"自由的毁灭和绝对奴隶制的引入"上这一点谈了更多。随着他的笔记加长，他也变得更加狂热。亚历山大问道："他（曾格）提出的事实不对吗？……这些许多人都关心的事件对外保密吗？人们会被蒙蔽而无法清晰地像在正午看见太阳那样看到事实真相吗？……人们难道就应该被恶毒之人搞到静坐，闭上耳朵不听，闭上眼睛不看，闭上嘴巴不喊这种境地吗？"

在2月18日这一期的《周报》中，亚历山大通过登载"加图"1721年6月的文章内涵，将个人愤怒转变为印刷品，直接挑战霍金斯对星室法庭的《文字诽谤案裁决》的认可。该裁决规定，诽谤不在于揭露政府行为的真伪，而在于什么能够使煽动性诽谤成为犯罪。相反，《周报》声称，终止"公共邪恶的暴露……每一个人对真实和国家的责任……任何进行公共和必要真实诽谤的人，都使我们了解到他的性格并警惕其计谋……狡诈及险恶的人都应被公之于众，令大家唾弃"。简言之，诽谤的目的是反对政府机构滥用权力，否则顺从的大众永远都是受害者。

五

在这一激烈的印刷竞赛中，亚历山大发现自己是一个诡异阴谋的猎物，这一阴谋很可能由弗朗西斯·哈里森策划。毫无疑问，作为科斯比的谋划助手、宠物"西班牙猎犬"（由《周报》画成漫画讽刺）以及《公报》页面上皱眉的守护者，哈里森显然因为大陪审团未能在1月中旬以诽谤罪起诉曾格而被激怒，好像还密谋了一个陷阱来诱捕折磨他的报刊煽动者和主要作者，而不是可怜的印刷商。

1734年2月1日，寒冷的星期五晚上，詹姆斯和玛丽·亚历山大在他们优雅温馨的家中举办了晚宴，很多杰出的纽约人都出席了，包括罗伯特·勒汀（Robert Lurting），这是他连任市长的第八年，第二年他去世时仍然在位。聚会于午夜解散，此时亚历山大用烛光将客人带至前门，有一位客人——"社交雌狮"安妮·德佩斯特（Anne de Pevster）于前厅地板上发现了一封信或一个账单。[14] 由于信是写给妻子的，亚历山大将信交给了她，根据另一位客人在大陪审团前的证词，她对朋友说："我对你们没有秘密，我们一起看看里面是什么吧。"[15] 由于前门开着，午夜的冬风使站在那儿的大伙感到十分寒冷，玛丽将大家都请进了客厅。詹姆斯将他的蜡烛放在壁炉边的一个小桌子上，他妻子将信大声地念给他们。信的内容使这个夜晚更加寒冷。

寄信者写到他"之前也算是一个绅士，但现在却陷入贫困，没有食物可吃，因为知道你很慷慨，希望你答应我的要求，赠予我10

皮斯托尔（pistole，大致相当于2014年流通的2500美元）购买一些必需品，并让我回到我的祖国"。同时还附注：未能遵守就意味着"你和你的家庭会感受到我不满的结果"——实际上，他威胁要摧毁他们，"以我设计的阴谋……我对上帝起誓一定会毒死你家族中的每一个人，而你将不会得知谁是犯罪者"。信件指挥玛丽将钱包裹在一块布中，第二天晚上7点放在地窖门口。如果写信者发现有人守卫或者在附近徘徊，便会离开，待会儿再来；如果他的要求得到了满足，将不再打扰亚历山大一家。

被邪恶信函吓到的几声惊呼声打断了读信。亚历山大夫人坐下来，看起来"改变了很多，也考虑了很多，（认为）她在世界上没有这样一个敌人"。德佩斯特夫人提出为她拿点喝的镇静一下，但玛丽拒绝了。男性客人劝她不要害怕，因为恐吓者的目的就是让被恐吓者完全服从。

信件的笔迹几乎是立刻被认出来了，和弗朗西斯·哈里森的笔迹非常相似——主人和客人都认为这是故意的。作为纽约市官方记录员以及市参事，哈里森签署了大量文件，这些文件勒汀市长都曾过目。亚历山大曾在殖民地参事会同哈里森一同工作过多年（在总督开始不邀请他参加会议之前），同样很熟悉他的笔迹。亚历山大的律师同事威廉·史密斯也在晚宴上，他经常在正常的商业实务中看到哈里森的笔迹，这是他作为海事法庭法官以及海关官员职责的一部分。史密斯的历史学家儿子后来回忆说："从忽略到伪装笔迹……可以猜测（写信者的）目的是要挑起一件刑事诉讼，这一诉讼基于对相似笔迹的证明。"[16]如果亚历山大仅以相似笔迹而没有其他进一步的证据来指控哈里森，被告当然会争辩这是假冒的，目的就是陷害他企图勒索。哈里森可能会被免除罪责（或者如果不是的话，一定会被总督宽恕），然后起诉亚历山大诽谤并严重损害他人名誉和金钱。或者更糟糕的是，如果哈里森有他自己的方式。因为知道哈里森是《公报》中所有政治文章的作者，亚历山大只需读对方在 1 月底和 2 月初的两份连续报纸就可以证实他的怀疑，也就是这确实是哈里森设计的一个狡猾陷阱。在讨论诽谤及其骇人听闻的效果时，《公报》的两篇文章明显地暗示抹黑某人的好名声应该——除非指控已被证实——受惩罚，而这惩罚不仅仅是罚款和监禁，还有死亡。

没有人是傻子，亚历山大直接将此事提交至殖民地及市政当局，同时将信件交给小刘易斯·莫里斯（他好朋友的儿子）保管来规避这一明显的诡计。在大陪审团面前作证时，亚历山大敦促他们不要仅基于那封信中的相似笔迹来控制哈里森。但是既然提到了哈里森的名字，那么他至少还提出了怀疑：受雇于总督的诽谤文人可能已经密切地参与到肮脏交易中——但没有因此控告他。除了压制所有哈里森所想到的诽谤控告，亚历山大还补充说，大陪审团员不应该得出这种结论。大陪审团听取了他的建议，没有采取行动，将事情提交给了大议会，在议会中成立特别调查委员会进行审查。亚历山大本身是一名参事，甚至还是一个不受总督欢迎的人，他拒绝出现在调查小组前，因为哈里森是小组议员，同时无论其错综复杂的动机是什么，他还是犯罪嫌疑人。可以预见的是，参事会对科斯比做出的报告完全消除了哈里森对这一事件的参与，称他不是一个会做出这种邪恶行为的人，并将这封信定义为邪恶之人诋毁高尚的总督参事会成员的恶意伪造，还要求总督提供 50 英镑作为发现伪造者的奖励。

可能是源于哈里森对《周报》越来越受欢迎的愤怒，该信件的语调充满绝望；亚历山大在致莫里斯信中将其归因于对手阴谋的破产。"信中笔迹并没有怎么掩饰，他们难道指望我将其都告诉写信者吗？"亚历山大说道。他猜想，如果他愚蠢到指明哈里森是犯罪者而不是将作者身份留给其他人去调查，那么根据哈里森《公报》

上的文章，他可能会为自己找一个正当的理由，即因为亚历山大损害自己名誉所以才将其杀死，然后"一个毫无价值的陪审团可能被引入一桩因冲动而过失杀人的案件中，犯罪之人必须现身听审……可能他们希望谋杀我之后，其他人便都只顾各自逃命了"[17]。

正由于亚历山大成功避开了圈套，哈里森深感挫败，在写给纽约市参事会同事的信中，他只能声称自己是旨在摧毁他的政治仇敌的阴谋受害者，聊以自慰。好像是为了证实自己的说法，他说他给玛丽·亚历山大写了几封信，从她的商店订购货物，因此她的丈夫——众所周知，是哈里森的宿敌——有机会得到他笔迹的样本。但是，本来他指控亚历山大对伪造信件并将其放置于自家门口负有实际责任，现在他谨慎地撤销了这一指控。市参事会从未对哈里森的信做出回应。[18]

但亚历山大得出哈里森极有动机对他施以诡计还有另一个原因，这也许是最令人信服的原因。上交勒索信时，哈里森面临着指控者指控他多重欺诈的审判，指控者曾雇用亚历山大来为他的案子辩护。指控由亚历山大的前任雇员威廉·特鲁斯德尔（William Trusdell）提出，他是一个长期债务人，哈里森试图将其作为人质获得他欠英国商人约瑟夫·威尔登（Joseph Weldon）的全部 200 英镑或者其中一部分。还假装声称威尔登雇用他要回特鲁斯德尔的欠款。哈里森用他强大的政治影响力诱使警察于 1732 年 10 月逮捕特鲁斯德尔（他忠实的前助手），并将他在债务人监狱关了九个星期，然后释放了特鲁斯德尔，还假装是一种同情行为，可能是希望获得他和他的波士顿债权人的报酬。如果威尔登访问康涅狄格时，没有恰巧碰到了解特鲁斯德尔苦难的人，没有什么事情会进一步泄露出来。威尔登前往纽约澄清事件，很快哈里森发现自己被带至纽约市法庭。在那里亚历山大已经代表特鲁斯德尔提出了指控。他说："这个可怜的人曾是他（哈里森）忠心的仆人，而他得到的却是因一大笔债务而施加于他的虚假诉讼，并且诉讼是以没有提供证据，以债务理由监禁他好几个星期的人施加的。"

市长法庭认为哈里森犯有欺诈罪并对他进行罚款，可能是他在大陪审团控告他不久前将勒索信放在亚历山大家门口之后就预料到的。也许哈里森曾希望通过暗示亚历山大所谓的伪造诡计来分散对自己欺骗行为的注意力，同时也从亚历山大那里赢得损害赔偿，以便向他的客户特鲁斯德尔支付罚金。无论事实如何，哈里森的声名狼藉有增无减。但在总督的青睐之下，他还保留着政府职位及政治地位。

注　释

1　福斯特购买民事诉讼（法院）书记员一职的花费：笔者和约翰·J. 麦卡斯克盖尔的通信（参见"参考资料来源"）。

2　伪装他们的中伤企图：艾莉森·奥尔森，《回溯曾格案》，第 223—245 页。

3　"无论是有些人猜测的"：谢里丹，《刘易斯·莫里斯文稿》，第 2 卷（1731—1737），第 72—73 页。

4　"一场报刊战争"：卡茨编辑，《关于约翰·彼得·曾格审判案件的简报》，第 10 页；谢里丹，《刘易斯·莫里斯文稿》，第 2 卷，第 73 页。

5　报刊不断售罄：现今没有任何《周报》销售额的相关记录。比较合理的一种猜测是，在《周报》创办的前几年间，其发行量大概是每周 500 份，但如果某一期直言不讳，敢于揭露事实的话，那么它在殖民地全境的发行量可能会达到 750 份左右。

6　莫里斯首次出现在公众视野：谢里丹，作品同上，第 80 页。

7 "曾格的名字可理解为":文森特·布拉内利,《科斯比总督的刀斧手》,《纽约历史》47,第1期（1856年1月）：第26—39页。

8 "没有什么比诽谤性报刊和小册子来得更卑鄙无耻":《纽约公报》,1月21—28日,1734年。

9 "新闻自由":《纽约周报》,1月28日,1734年。

10 "如果要求的行为":《纽约周报》,第14期,1734年2月4日。

11 "滥用、不使用":《纽约公报》,1734年2月11日。

12 "困难在于":《纽约周报》,1734年2月11日。

13 亚历山大的笔记:《詹姆斯·亚历山大文集》,纽约公共图书馆—手稿及档案分馆。

14 一封信或一个账单:出处同前。

15 致亚历山大一家的书信内容:卢瑟福,《约翰·彼得·曾格,曾格印刷业,曾格审判案》,第34—35页；墨戈兰,《细看曾格》,emoglen.law.columbia.edu/publications/zenger.html（1998）；W·史密斯,《纽约省历史》,第2卷,第8—9页。

16 "从忽略":史密斯,作品同上,第9页。

17 因为亚历山大损害自己名誉所以才将其杀死:卢瑟福,作品同上,第36页。

18 市参事会从未对哈里森的信做出回应:科尔登,《卡德瓦拉德·科尔登书信集》,第315页。

Chapter. 07 | 第七章

痛下杀手
An End to Generous Pity

一

1734年春，当詹姆斯·亚历山大在幕后操纵总督的垮台时，刘易斯·莫里斯作为反科斯比力量的精神领导人和战地指挥官，就同一目的公开发表了全新的激烈言论。前一年秋天，他在殖民地议会获得连任，大陪审团于1月拒绝以诽谤政府罪起诉曾格——这无疑增强了莫里斯对同伴的信心：殖民地人民最终一定会坚决支持他的政党反抗暴政。为了形象地展示这一趋势不可阻挡，被撤职的首席大法官写了一本近万字的小册子，曾格报社将此印刷并在3月18日发售。

在题为"詹姆斯·德兰西受控原因调查"的文章里，莫里斯对他的继任法官予以猛烈抨击：殖民地最高法官居然要求大陪审团收回对印刷工人曾格不利的控诉，而非把他既定罪行的证据一条条列入陪审团成员的考虑，无异于已沦为行政官员（总督）的帮凶。莫里斯写道："我一直认为应该由陪审团，而不是法官来决定哪些文件是诬蔑的。"并补充说："对曾格，我感到有些痛苦，他的法官对他抱有先入为主的偏见。"[1]莫里斯继续辩解道，德兰西完全诉诸相关的习惯法，诉诸1605年星室法庭对文字诽谤案臭名昭著的审判，并由此痛下严惩曾格的决心。在此情形之下，"如果他们愿意"，法院"可以把一个邪恶的君王或伟人的历史解释成为一种诽谤"。莫里斯写道，"诽谤的真实性或者被诬蔑的人的善恶名声是不重要的"——只是用言语、标志、歌曲等形式发表，或者是被私下发现，没有立即烧毁或者交给裁判官就是犯罪行为。这样一个严厉的法令"不仅使得文字诽谤成为危险，而且写信、说话甚至针对任何伟大或小人物的耳语都成为危险……如果是这样，那么人民的自由权利不再长存于写作自由和新闻出版自由"——自由"不仅是一种证明人民自由权的证据，也是暴露罪犯并使之受到相应惩处的重要手段"。

莫里斯反驳道，德兰西先生未能体察星室法庭发布的此法令事实上是"奴役国家的引擎"——使得"最无辜的表达"变成了"用最残忍和野蛮的方式"惩罚的诽谤罪，由此引发相当长一段历史时期的社会混乱。星室法庭"引起大众的不满，在查理一世时期被议会废除"，查理一世也因为他专横的性格而丧命。的确，在王政复辟和斯图亚特专制王朝回归之后，"奴役国家的执政理念也同步复活，发布不合人意的事实会被起诉，甚至其中有些被判处叛国罪"，并施加巨额罚款和血腥惩罚，为光荣革命和"英国自由的伟大救赎者"威廉三世国王的到来铺平道路。莫里斯断言，自宗教改革以来，也有一些判决对星室法庭煽动诽谤罪名并非一味顺从附和，用当时著名的法律评论家霍金斯的话说是"温柔而谨慎的"——简而言之，尽管服从于上述专制法庭，但"在许多情况下却不无怀疑"。在莫里斯看来，霍金斯显然不愿意承认，当旧的案例过时，它们应该被抛弃，成为当今司法标准的垫脚石。对于德兰西来说，他在四十年后坚持认为法官有权采用他们认为合适的任何方法和手段，判定罪犯是否犯有煽动诽谤罪，而不是将其交给陪审团——这一做法也符合公众利益。

无论议会何时举行，莫里斯都会把他的政治手腕和好辩的天赋投入工作。他的支持者是少数，不是多数，所以他经常提出旨在限制科斯比的权力的议案，诸如限制官员的薪水，建立一个独立的"代理人"代表纽约在英国法院的角色，要求总督是"善良可靠的"当地人，以防止科斯比为满足私欲从其他地区随意派遣，等等。为了让科斯比本人难堪，莫里斯提出一个"防止秘密婚姻"的法案，并爆料前一年春天总督女儿与奥古斯塔斯·菲茨罗伊（Augustus FitzRoy）勋爵的秘密婚礼——之所以秘密成婚，是害怕男方亲友因为女方的家庭地位卑下而从中作梗。莫里斯对他作为首席法官被解职一事始终耿耿于怀，他的持之以恒的复仇尽管于总督毫发无损，但也令其大为烦恼。菲利普斯和德兰西家族依旧领导贸易巨头和他们的盟友，并保留了对立法机关的控制权——他们赢得这项特权已经六年，而且只要他们忠于科斯比，后者就没有理由要求举行新的选举使莫里斯党人重新掌权。总督有权解散议会，这也给他的盟友施加了压力——其盟友必须对莫里斯反保皇派、亲殖民地的政治姿态还以颜色。

幸运的是莫里斯找到了另一种挫伤总督的办法，就是《周报》。亚历山大是曾格报纸背后的驱动力，莫里斯经常在报纸发表文章，尽管报纸并不公开作者的身份，但莫里斯睿智的讽刺和夸张的风格清晰可辨。有一篇署名为"无官员"的文章（意思是作者不是科斯比党派的支持者，因为当时菲利普斯—德兰西联盟无人不知），在4月8日第23期报纸上刊登，占据报纸一半以上的篇幅。这一举措成功地激怒了总督，也使得曾格成为殖民地历史上第三个被控告的诽谤者——就像所有前期反政府文章一样，它从来没有提到科斯比的名字，但是让读者毫无疑问地知道谁是目标。

"新布伦瑞克，1734 年 3 月 27 日"头版文章以一封写给"曾格先生"的信件的形式发表，来自一位声称最近访问了新泽西一家酒吧的作家，他在酒吧偶遇一些来自纽约的人，其中大多数人"抱怨纽约毫无生气的经济状况"，尤其影响"勤劳的穷人"。一个常年混迹于酒吧的家伙，哀叹"一些人（他称作工具）受到政府的影响"，以及在议会中有多少人极易受到"总督微笑与皱眉"的影响，"当他们国家的利益受到威胁时，这些同样应该受到鄙视"，酒吧里的家伙嚷道：

我认为法律面临终结。我们看到，人们的财产被破坏，法官被迫离职，新法院未经立法机构同意就建立起来，在我看来，陪审团已站在总督那边……谁在那个殖民地？谁把任何东西据为己有？或者又是谁享受着更长久的自由？

　　其后有一则评论，"美洲殖民地议会只能制定一些微不足道的规章制度，还自称拥有英国议会的权力"，但根本不能弹劾一个不称职的管理者。尽管如此，作者以莫里斯喜欢的问答法，提出了一系列问题，旨在激起公众呼吁总督和他的合作者为他们的失败而负责，并首先提问："在英国是否可以不惩罚犯罪者，在英国是否有无法控告的罪名？"答案是没有。下一个问题是："在种植园（即殖民地），法律和司法管理是不是薄弱的、不完善的，任何英国臣民都不能根据其案情轻重，被审判为有罪或者无罪？"答案也是否定的。然后："大陪审团不能起诉任何在他们州县犯罪的人吗？"答案是："他们可以。"

　　科斯比等人很容易看出这些文章中的煽动性。即便再冷静的读者，看了4月18日的报纸之后也会激发控告总督的欲望。莫里斯虚构的在新布伦瑞克的酒徒抱怨"财产被破坏，法官被迫离职，未经立法机关同意建立新的法院"，陪审团的审判"在总督高兴时也会被带偏"，因此，如果能够将科斯比有据可查的、单个的侵权事件上升为别有用心的反复越权，莫里斯显然大为开心。除了值得怀疑的莫霍克政府赠地之外，莫里斯和曾格提到的财产侵害在哪里？除了莫里斯自己之外，还有哪个法官被任意免职？除了总督及其参事会为扩大最高法院审理股权纠纷的权力而作出的努力之外，在没有征得议会同意的情况下还设立了哪些法院？除了范达姆事件之外，又有哪次陪审团被取消？莫里斯的代理原告可能在他的不满中加上这样一条："那些永久产权的业主因为他们的宗教信仰在选举中拒绝投票"。迄今为止，据历史记载，这种滥用只发生过一次，而且在计划阶段夭折。也许就是这每一件小事足以误导莫里斯和《周报》，让他们误认为这是一种猖獗的暴政模式。但是这样做时，科斯比的反对者开始公开指控滥用出版自由，然后问题可能已经演变成——诽谤法是否规定这样的界限——政府的不当行为被夸大叙述以便将其称为公众的注意力是否应该被视为犯罪行为。谁应该给出答案？对于莫里斯和亚历山大，谁会承认新闻自由是不完善和公开滥用的，政府本身不应该来判断这种行为的合法性，应该由人民陪审团决定。

尽管对莫里斯这种以文字为武器的复仇方式存在争议，但是时评家和历史学者普遍认为曾格的《周报》可敬可畏。文森特·布拉内利在 1957 年的《彼得·曾格审判案件》中写道：

> 每逢星期一，科斯比都会承受巨大的压力，如同肩膀受到鞭打一样，攻击由轻快的讽刺发展到激烈的谴责……报纸上刊登的都是官员的信息，这些材料来自普通民众，也来自一个反对科斯比党派的"工作人员"。由于《周报》畅销，很大一部分人不断接受批判性新闻，显示出他们支持或反对的意见有多大的影响力……通过创建真正意义上的政治新闻媒体，它比其他任何一个机构更能影响美国人的生活方式。[2]

将这种美德和成就归功于《周报》，其实夸大了它的实际特征和历史价值。报纸没有每周都给总督压力，但它间歇性地用了一些尖刻的讽刺和无耻的漫画讽刺科斯比是暴君。报纸没有涉及政府官员的消息，只有来自"普通公民"的稿件；除了亚历山大，没有出名的编辑人员；它并未提供批判性的新闻，也没有创造"政治新闻"或其他任何类型的新闻，如果这个词我们指的是无党派报道或者是所见、所说、所发现的事件。在《周报》开办的初期，只有报道西切斯特选举和法国恺撒号访问纽约这两个事件才接近现代新闻观念，只提供少量的易于理解的新闻报道；就其文学性而言，至多也就是刊登一些颇有腔调的评论，而且往往来自匿名的作者或者根本没有出处。事实上，这个报纸有着非新闻性的使命，布拉内利明确地指出，它"明显表明，伦敦（科斯比）的长官应该减轻他们强加给他们的殖民地的折磨"。亚历山大和莫里斯的密友卡德瓦拉德·科尔登看到了他们的报纸，对他们的政治纲领表示理解。《周报》主要意在揭露总督的行为，"丑化他的行为"[3]；也包括一些信息"无法证明其合理性，可能当时那位冷漠的作者现在也会羞愧难当，因为他们挖掘到了个人隐私和家庭的秘密，但是这和公众没有任何关系"。现代评论员艾莉森·奥尔森（Alison Olson）同意，将《周报》称为"两位政治对手的代言人……下决心报复科斯比解雇了莫里斯……作为殖民地的首席法官"[4]。

这显然是《周报》作为现代新闻的孵化器和公共信息运输平台的一个延伸，它只有在传递过程中才能发挥作用，至今仍是美国言论自由的重要贡献者，同时也是美国生活方式的重要基准线。《周报》只是表达观点、主张的媒介物，而不是客观性的新闻传递者，就像在法庭上辩护的律师一样，公平公正不是它需要遵守的准则。相反，目前它正在行使其假定的许可，选择甚至夸大支持其立场的材料，并贬低、淡化或忽略不需要的材料，留给另一方来反驳，让读者来判断哪一方更有说服力。《周报》为自己设定的任务本身就是评判，这种任务必然要求"诽谤"一位压迫人民的总督——当然会被指控为煽动诽谤罪——曾格和他的支持者冒险地认为只要《周报》中不刊登虚假谎话，他们就不会因为言论而受到惩罚，也希望他们的同胞能够做出裁定。

二

在 1734 年 3 月，《周报》不再谴责总督科斯比，其关注的领域扩大到困扰殖民地的经济困难问题。在过去的几个月里，报纸就富人中自私自利的行为发表激烈言辞，讽刺菲利普斯商业集团，尤其是他们保守的政策和行动。[5]

《公报》似乎认可这种更彻底的做法，甚至把这种扩大化了的政治辩论和莫里斯党派的强烈抗议视为一种健康的公民现象，评论道："反对是公众热情的生命和灵魂，没有这种热情，就意味着发挥自己价值的希望破灭了。"[6]但是为了坚守科斯比的行动方针，布拉德福德的报纸与竞争对手进行了激烈的交锋，他并未将公众不同意见的表达视为不合偕的声音，反而视之为总督仁政的体现。"这个地区的人民拥有自由的政府，因此，行政当局遇到反对意见是不足为奇的，因为这是自由政府的结果。"[7]

《周报》呼吁公众对严肃的政治改革公开发表意见，就像在亨特和伯内特政权时期一样，却忽视了代表管理阶层宣传政府时的虚假恭维话。提议远远越出以前规定的界限。《周报》称，税法需要调整，富人应该承担更多的政府费用。因此，应该调整选举法，允许以投票方式表决，而不是实行通常的口头投票。经济改革满足了广大劳动群众的需求，例如恢复对进口奢侈品的外国承运人征收的吨位税，提升当地航运业务，这样百慕大船运就会失去很多生意。创新的计划也得到了认可，比如允许更多的当地钢铁铸造和制绳所用的大麻纤维的生产。此外，为了避免科斯比在执政过程中摇摆不定，《周报》重新提议了莫里斯之前被否决的议会提案——当然，此类提案最终只能服从总督的否决权。提案主要内容包括普选，而不是任命纽约和奥尔巴尼市长；每三年举行一次议会选举，以确保立法机构更关注民意；政府及服务机构固定薪金和收费标准；由议会而不是当权者规定法院的司法权益；法官须品行良好，任职期间不受统治者的控制；由立法机关任命的殖民地级代理人担任纽约驻伦敦代表，在伦敦给殖民地提供一个直接和英国政府部门沟通的渠道，而不必再通过总督。尽管《周报》从未明言，但其意图一目了然：它主张传播自由与平等的概念，造就经济繁荣；它反对暴政的奴役——科斯比即为其代表。由此埋下了下一代人从英国人手里争取自由独立的种子。

那年春末，科斯比使那些批判莫斯里派的人感到莫名其妙——甚至是他的一些盟友——他假装专心致志地阅读《周报》，并且似乎从中发现破解之道。4月议会开幕时发生了巨大的转变，总督的传统咨文采纳了大量莫里斯派的提案，所有这些提议都旨在改善殖民地停滞不前的经济和漏洞百出的军事防御。科斯比有一次甚至起草文件——很可能是由弗朗西斯·哈里森捉刀——意在让公众有所觉醒，并抨击皇家监督对殖民地民生漠不关心。

科斯比要求立法者通过鼓励贸易来保护商人和劳动者的利益，这是经济计划的核心部分。他要求减轻进口关税，以便外国托运人在返程时购买更多的纽约产品，同时支持对抵达港口的外国承运船只征收适度的吨位税，并采用授权补贴或其他形式来刺激当地造船业的发展。由于面粉是殖民地的主要出口产品，科斯比吩咐磨坊主和筛粉者提高商品的纯度和质量，并出资雇用更多的检查员来进行监督。为了更有利于提高当地劳动者和工匠的地位，他还要求立法机构将移民罪犯和黑人劳工排除在外。为了分散税收负担并帮助支付治理所用的行政费用，科斯比建议所有法庭诉讼程序中法律文件和所有财产的运输都缴印花税。为了回应让法国恺撒号得知纽约港和乔治堡的战略信息的尖刻批评，总督提议加强城市防御工事，在奥尔巴尼和斯克内克塔迪建立新的防御工事。与之相应地，他还提出另外一个天才设想：建立一个年轻的铁匠、机修工和其他"技师"的团队，作为年轻干部将他们派往印第安人中间，从而说服他们离开他们的法国朋友——这就相当于日后的美国维和部队。科斯比甚至也让殖民地公开选举，正如《周报》一直希望的那样，每隔两三年举行一次，如此可以有效阻止贸易巨头们对立法机构的控制。[8]

这是一个宏大的和解计划，表明科斯比拥有之前并未显露的社会意识和政治手腕。在经历了种种麻烦之后，他唯一的收获是一个教训——必须要与美洲殖民地的政坛人物，包括他的盟友与对手，保持政治合作。议会计划清单上的很多措施起初是由莫里斯党派起草的，但在他们看来，这是科斯比为增进其个人声望的巧妙盗用，因此他们对此大加反对。莫里斯派对军事扩展的详细计划也加以反驳，如科斯比想要在纽约港中间的岛屿上增设一座大型堡垒，而他们认为一个小型的环路即可覆盖汇合在曼哈顿山脚下的通道。[9]与此同时，议会中科斯比的盟友对他提案的平民主义性质持怀疑态度，而反对派也迫切希望通过加强总督的监督让殖民者得到更多的权利，来吸引更多民众的支持。那个春天，科斯比从立法会获得授权，更新了对外国航运的吨位税的规定，但是由于从新英格兰和费城的船只早已免费通行，这一举措并未带来实质性效果。无论如何，科斯比的一系列行动表明：莫里斯和《周报》针对他的指控，他并非置若罔闻。

当然，总督的恶劣行为越少，他的敌人就越感到挫败——这可能也是科斯比的主要意图——所以在议会接受了他的计划之后，总督表现得坚持不懈，不像往常一样遭到阻碍就变得暴躁。科斯比于1734年6月开始了防御措施，好像为了反驳那些控诉他傲慢无礼的报道，反对《周报》将他刻画成一个贪婪、嗜血成性的暴君形象。

他邀请了那些有财富和身份的市民在总督乔治堡的官邸共进晚餐，或以其他方式招待他们，与托德酒馆俱乐部的成员谈论政治，在咖啡店会见一些商人以了解他们的诉求。科斯比的社交活动显然对他很有利，因为他在同一个月就收到了从纽约市议会发来的贺信，祝贺他向殖民地议会提出的立法计划，后者受商业利益集团操控，往往自以为是。无论如何，此刻科斯比作为人民的总督，其表现可谓差强人意。

虽然他保留了殖民地参事会的控制权，但严重分化的议会却远不能调停科斯比和莫里斯之间的矛盾，刘易斯·莫里斯和他的儿子小刘易斯在他们的立法委员中间仍然是一股不容忽视的力量。尽管支持科斯比的人数超过了支持莫里斯的人数，但此刻双方却结为盟友，以骄傲的殖民地利益代言人的身份反对宗主国的压迫统治。因此，一年多前总督和参事会授权最高法院听取科斯比对范达姆的诉讼，不经陪审团即可裁判这一举措激起了广泛争议。在6月，议会投票否决了这一司法审查的合法性，因为此举无须也不必征得立法者的同意。

两党的矛头共同指向总督的专制，由此执政党以微弱的优势通过了在秋天实施的科斯比的经济改革计划。他的一些提议被修改，也增加了一些新措施。其中之一是使用纸币刺激商业活动——尽管债权人反对，莫里斯和总督亨特二十年前就采用这一机制，并且对进口苹果酒、桶装牛肉、盐猪肉和奴隶征收关税以帮助支付新军事设施，包括萨福克、长岛的军事设施。除了通过选举来取代退休或去世的成员，1728年以来，立法机关的组成情况至今未变。在莫里斯党派和《周报》的推动下——他们觉得每隔几年就要进行强制性的议会选举很有必要，因此向参事会提交法案，以获得后者的批准。由于科斯比和他的派系打算改弦更张，这一提议遭到搁浅，但它所引发的连锁反应，现任者却不能置之不理。

最后，莫里斯派抱怨说，总督已经送出 11 万英亩地产贿赂那些勉强支持他提议的议员，因此他们被迫对科斯比及其同党的议案投出反对票，尽管其中很多是他们自己早期提出的改革计划，由此公民美德战胜党派之争。尽管科斯比连做梦也不想承认，但是总督及其盟友的逐步觉醒在很大程度上是对曾格《周报》抨击的回应。

三

最近，致力于改革的总督正设法使议会服从他的意愿，部分原因是他强力否定新一轮选举，这极有可能会使立法机构倒向他的敌人——科斯比没能赢得纽约市政委员会的选举，很大程度上由于缺少莫里斯民粹派的支持。市参事会占据了市政厅西翼的房间，那也是殖民地大会及其办事处的所在地，在 9 月底举行了七位参事及其候补委员的选举。

科斯比掌控着市参事会下属的执行官员，他们全由皇家任命。科斯比重新任命市长，即现任市长罗伯特·勒汀——一位受欢迎的非党派人士（也是詹姆斯和亚历山大的朋友），让他的同谋弗朗西斯·哈里森作为市政书记员，由约翰·赛姆斯（John Symes）出任新的治安官。但对于同时拥有立法和司法权的市参事会本身，他却无可奈何。科斯比的拥趸多出于商人阶层，受到乡镇中富裕人群的支持，而莫里斯派扶植的候选人多为工匠阶层。尽管其中只有少数人符合投票资格，但他们的人数却足以帮助莫里斯一举扭转乾坤——莫里斯派只失去了一个市参事席位，在全部 75 票中以一票之差败给现任的"港区"候选人——在另外七场市政执行官员投票中更取得压倒性胜利。在计票过程中，有传言称，莫里斯派动用数百英镑贿赂工人阶级，而科斯比派则暗箱操作，将要塞驻军的投票也计入总数。

选举后的夜晚，城市的街道挤满了欢呼的人群，游行队伍经过获胜的候选人莫里斯的明亮通透的房子。他们唱着民谣，嘲笑落魄的总督。这段直白的歌词已经谱入两首流行歌曲，在小镇上传唱，最后由曾格印发——这一次他貌似不用担心受到责难，因为这一年年初大陪审团已拒绝对他提起控诉。这段民谣引起了轰动，下面是其中的一段：

> 来吧，勇敢的男孩，让我们勇敢地 / 为了自由和法律
> 大胆地鄙视那些从前 / 使我们敬畏的高傲的武士……
> 我们将捍卫国家的权利 / 像勇敢和诚实的人
> 我们投出正确一票，结束一段专制 / 所以我们还会从头再来……
> 尽管骗子政客 / 剥夺了我们的权利，
> 我们却将他们赶跑 / 永不回还。

进一步激怒科斯比和他的集团的是《周报》在两场市政选举前后率先向公众通报选举结果。第 47 期和第 48 期报纸主要就总督与新泽西议会的历史关系进行了极其复杂的技术性探讨——特别是他们哪一方才有权召集、暂停及终止立法议会。一篇疑似莫里斯所写的风格散漫的散文，指控科斯比在殖民地参事会批准之前一直要求公开纽约议会的条款；他和市参事一道擅自批准上述条款；更有甚者，他居然以个人的名义，而不是以国王的名义，召集和延期议会——以上种种，都是对总督职责的公然违背。日后贸易委员会最终获悉此事，科斯比也将因此而受到轻微的处罚。[10] 第 49 期《周报》（1734 年 10 月 7 日）刊载了一篇冗长的文章，名为"米德尔敦（新泽西）报道"。该文公布了纽约市参事会的选举结果，宣称这一结果对总督本人"相当不利"，并以冷漠的口吻评述道，这一选择体

现了"当地居民的美德和活力"。

同一期报纸还刊登了一封来自哈德逊山谷奥兰治县 78 位自耕农的神秘感谢信,这封寄给他们的议员文森特·马修斯(Vincent Mathews)的信件,连同"米德尔敦报"和那两首选举前夜传唱的嘲讽总督的刻薄民谣,无疑进一步激起科斯比核心集团对曾格煽动性诽谤罪的指控。奥兰治县人民感谢马修斯先生在会议期间所作的努力:"关于我们生命、自由和财产安全的重要问题和……反对专制强权"。但是这封信根本没有说那些重要的问题是什么。事实上,马修斯先生曾要求议会同事向总督提议从地区参事会罢免弗朗西斯·哈里森和"所有政府委托的官员",因为"众所周知,那位先生臭名远扬"[11]。哈里森最近被判伪证罪,他昔日的一个仆人,威廉·特拉斯戴尔(William Trusdell),揭露了他嗜好欺诈行为。尽管当下马修斯身为奥兰治县民庭法院的法官和职员,但他跟哈里森还有旧账要算。法官最近在自己的管辖范围、邻近的阿尔斯特地区和达切斯县发现了伪造的法院令状和其他法律文件,毫无疑问与一对被他称为哈里森的"工具"联系在一起——这一对秘密探员从事的是不可告人的肮脏业务——也许以保留他们土地契约的方式从业主那里索取回报。议会一致赞同马修斯先生向总督提出的建议,但科斯比置之不理,而哈里森则不肯善罢甘休。在《周报》发表了那封感谢信之后的几个月,马修斯被总督解雇,不再担任地方法院的法官和职员,其他与之结盟的官员也被撤换,签署了表扬信的居民受到威胁,将要被严惩。该郡的纳税账簿被查封,此外,根据马修斯在下一年向议会披露的情况,他们还炮制出那些同情被解雇法官的人员名单,按图索骥,并对其中具有轻微漏税情节之人向衡平法院提起诉讼——该法院由科斯比先生一人身兼法官和陪审团——其罚款和法院费用远远超过其未缴税款。

哈里森仍然是总督信任的副官,他更直接地发泄了对曾格及莫里斯派支持者的愤怒。在 10 月 7 日的《公报》中，他的满腔愤怒和随之而来的严重后果在一封给编辑的匿名信中表露无余：他宣称《周报》必须为他们之前三期的言行负责，并谴责四处传唱的反对科斯比的歌谣是"最无礼的恶语"——而且那些歌谣至今还在传唱。"我相信，我们总督在曾格的报刊上所受到的非议，史无前例，"这封不怀好意的信中写道，"而他用慷慨的怜悯和蔑视来看待这些责难，其胸襟也无人可比。"[12]

科斯比"仁慈的怜悯"耗尽后的一周，他和他的阵营批判《周报》是不知悔改地嘲笑和抨击政府的工具，并决定再次采取行动封锁这一媒介。10 月 15 日，首席大法官德兰西如年初一样，以"对政府进行无耻的中伤、恶毒谩骂和煽动性责难"[13]的罪名，对曾格提起诉讼。德兰西告诉陪审团，"政府及其所有指令被肆意践踏，如果不及时制止，结果肯定会对所有人造成影响，其煽动性作用非常明显，这种行为早该得到制止"。同样，他对那两首传唱的歌谣也横加指责，"沉重而丑陋不堪……他们自以为掌握了节奏旋律，但是当它们逐渐演变为对政府无礼的、恶意的谩骂时，就必须加以摒弃"。首席法官同时指出，陪审员的职责就是要根据这一定义，确定作者和散播者的身份，并起诉他们。著名的法律评论员威廉·霍金斯也认为，"就政府具有管理公众事务的责任……提出任何中伤政府的言论，向民众传播反政府的思想并煽动其叛乱或是具有这样明显倾向的行为，都应该被判定为诽谤政府罪"。

总督阵营似乎否认了两周前举行的市政选举的结果。副总督卡德瓦拉德·科尔登与科斯比一向不和，后来写道："对曾格受控的同情可能来自各种各样的人，《周报》暴露了那么多对政府的强烈不满，有人认为应该谨慎地停止进一步程序……而当局却蒙蔽了双眼，对人们的共识视若无睹。"[14] 19 位陪审员中，有 5 位陪审员是上一届大陪审团成员——他们曾拒绝起诉曾格——因此，当新一届大陪审团决定对《周报》及其出版商免于起诉时，德兰西先生和他的保皇党丝毫也不感到震惊。大陪审团还补充说，"经过严格的调查未能发现歌谣的作者、印刷商或出版商"——这当然是一种虚假的声明。因为在殖民地只有两个印刷商，其中一个是总督的喉舌。再次遭遇陪审团阻挠，德兰西法院命令两天后（10月21日）市（和县）绞刑吏在市政厅前烧毁"恶毒、可耻和煽动性"的歌谣，这一象征性的行为让任何人都没有受到惩罚。

当大陪审团还在审议时，科斯比的法律团队采取了更明确的步骤来压制其诽谤行为。他们收集了一系列曾格的出版物——第7期《周报》（关于法国恺撒号对纽约港的可疑访问），47—49期（主要包括"米德尔敦报"，批评科斯比无视关于总督行为的规则），还有那两首歌谣，并将其提交殖民地参事会，作为对殖民地煽动性威胁的指控。按照科斯比的指标，支持莫里斯的参事都缺席了，参事发现曾格的出版物确实倾向于"使统治者的政府被蔑视……使此地区人民的感情与政府疏远，激起人民的叛乱和喧哗"[15]。为了制止这种"胆大妄为"，他们向议会提交了一封信函，建议由两家机构出面建立一个联合调查委员会，考虑对曾格如何进行司法判决，同时附送最高法院的指令，让绞刑吏将疑似毁谤、令人憎恶的出版物悉数焚毁。

为什么王室特权的监护人偏偏选择那几期特定的《周报》和讥讽的民谣，认定它们是煽动民意的罪魁祸首，一时还无法看清。11月5日的《周报》，亚历山大反驳道，引用的材料是无害的，并要求政府"必须考虑到原文的语境……因为作者并未指明讥讽对象，而且歌词的意义也不太确定"[16]——换句话说，歌曲都没有名字，又怎么能根据这些来历不明的小曲推断谁是诽谤的受害者呢？至于第47—49期《周报》，现代读者谁都会同意斯蒂芬·博丁（Sfephen Botein）在1985年的小册子《曾格先生的恶意与谬误》（《*Mr. Zenger's Ma*

lice and Falsehood》，由"美国考古学家协会"发行）中的评论："很
难理解为什么认为这封来自米德尔敦的信是一种异常的冒犯，而且更
难以相信这样一个复杂而乏味的讨论会激起任何普通读者的政治想象
力。"但是科斯比自己给我们留下了一个清楚的记录，说明为什么曾
格的报纸让他如此愤怒。在刊载于 10 月 14—21 日《公报》的信中，
总督对纽约市长及其僚属说：

> ……你们理应有所了解，在我的治下，一群政治失意
> 的无耻之徒如何以自由的名义恶意诽谤、造谣生事，无所
> 不用其极。他们别有用心地将之归因于我个人的性格缺
> 陷……简直寡廉鲜耻——其目的无非是诱惑意志力薄弱的
> 暴民发动叛乱，危害公共安全……作为治安官，你们理应
> 采取适当的方式将其绳之以法。

科斯比希望市参事会至少能像他所控制的殖民地参事会那样，
由治安官赛姆斯下令让法警当众焚烧烧毁那几期《周报》——并以
此作为对其支持者的官方谴责。与此同时，他还要求市参事向市
议会施压，无须经过大陪审团，双方联手就有权对肆意毁谤者进
行惩处。但在他发出呼吁的几天时间里，殖民者的两大民选机构
皆未做回应。

10 月 22 日议会开幕，名义上仍居多数派的科斯比根据其智囊
团的建议，重新提出就曾格案的审判设立一个联合调查及行动委
员会的请求。经过审议，议会投票表决将该提案"搁置"——即无
所作为。仅仅在大陪审团继续拒绝起诉曾格一周之后，议会的再
次公然拒绝令哈里森怒不可遏。总督及其首席辩护士的愤怒几天
后在曾格的《周报》刊出。"以万能的上帝起誓，"曾格在 12 月 23
日的《周报》上说，"倘若他哪天在街上遇见我，一定会对我恶语

相加，甚至会将我痛打一顿。"此后，公开外出时，这个印刷工开始佩剑出行。

为了证明政府对《周报》诽谤进行镇压的合理性，《公报》10月28日宣称："不应该压制媒体，但是要防止滥用媒体，滥用媒体会导致社会涣散，也会动摇政府基础。"对此，亚历山大在11月4日的《周报》中回应道："很高兴看到布拉德福德先生报纸上的这一论断。"——只有极端滥用新闻才应该被起诉——同时将对《周报》四则引文及大选之前民谣的指控称为"一个可笑的闹剧"。当然，他也预感到科斯比的耐心已臻极限，并补充说："我们迄今未受惩罚，这是真的，但……我们这样逍遥法外还能多久？"

四

11月2日，殖民地参事会正式判决曾格出版物含有煽动性内容，并要求四天后在市长及其僚属监督之下在市政厅前当众焚毁。因此，治安官赛姆斯于11月5日在纽约市和纽约县的值季法庭上露面——其功能相当于该市两院制立法机构的上议院（由勒汀市长、哈里森书记员和其他司法以及行政官员组成）。根据殖民地参事会的命令，治安官要求市政当局命令法警将《周报》于次日11时至中午焚烧。但是，市长及其僚属拒绝记录警长的命令，因为就在几个星期前，他们刚与曾格签约印刷修订的《纽约市宪章》。在弗朗西斯·哈里森的激烈抗议下，值季法庭裁定，无论是它还是市参事会都无权发布这样一项指令，并补充说，服从任何未经法律授权的行政命令将"为可能导致危险后果的独裁专制大开方便之门"。考虑到议会"和几个大陪审团拒绝干预与殖民地参事会有关的报纸"，市政官员表示，他们"有义务……保护这家公司（即城市）的权利……和新闻出版自由"[17]，该地区并未采取进一步措施惩罚曾格，也禁止法警按照当局指令焚毁报纸。

受市政机构的阻挠——他们几乎一致反对科斯比派一个月前的当选——治安官别无他法，只得下令由自己的手下在指定日期焚毁报纸。11月6日，科斯比也采取了另一个同样徒劳无益的行动，判决那四期报纸和莫里斯派的民谣是煽动性诽谤，并分别悬赏50和20英镑捉拿其幕后黑手。

曾格《周报》对总督一再的口头警告置若罔闻，对此治安官也无能为力，唯有强行拆除印刷机器——否则无法消除当局的疑虑。十天后的安息日，曾格被捕，尽管他以循规蹈矩的荷兰归正教派人士而著称。11月17日，总督发布逮捕令，由首席法官（和参事）德兰西附署，罪名是非法出版及诽谤。弗朗西斯·哈里森与司法人员一道抓捕印刷商，确保要让他尝到苦头。

曾格被送进了市政厅的监狱牢房[18]——有些人说它位于第三层（顶层），但留存至今的零散文件表明，囚犯更可能是在地下室——几天后，他写道："我被监禁，我无权使用钢笔、墨水或纸张，也无法看到别人或与别人说话。"[19]正如政府所料，《周报》第二天没有再出现——这是它出版一年多以来第一次中断。曾格的支持者了解到，如果曾格无法很快释放，他们可能就失去了击败科斯比的利器——他们曾经许诺他不会被定罪。

亚历山大放下羽毛笔，戴上他的假发，代表曾格发言——他的逮捕在法理上存在漏洞。11月20日，在市政厅的一大群观众之前，亚历山大提交了一份人身保护令，以挑战政府的控诉和逮捕令。亚历山大坚持，为使逮捕令合法，议会必须对总督及其僚属的逮捕令加以批准，因为只有一致行动时，它们才具备最高上诉法院的功能——否则他们怎么可能同时担任检察官、法官和陪审团？印刷商的权利被剥夺，亚历山大说，没有任何证据支持这个控告，这只不过是总督及其走狗的一己之见。亚历山大认为，他的当事人最多犯有轻罪，因此他的保释应该根据"囚犯的品质和罪行的性质"适当地进行处置，方能符合《大宪章》及其他相关法律文件。据此，法院理应考虑是否同意被告缴纳合理的保释金——除印刷工具和家庭衣物，其个人财富净值为 40 英镑。

德兰西先生在 11 月 23 日听取了关于保释条款的详细辩论，当时亚历山大进一步指出，由于殖民地参事会无权下令逮捕曾格先生，并没有明确的证据或明确地透露他被指控的罪名，因此他不应该缴纳保释金，应该被无罪开释，并在下次开庭时等待大陪审团的调查结果。但是，如果法院坚持要求保释金，他请求法院以他提交的被告微不足道的个人财富总值为参考。

德兰西无动于衷，还表现出他的敌意。正如亚历山大在 1736 年的一个议会小组委员会作证时所说，首席大法官签署了曾格先生的逮捕令，现在却"口无遮拦地向在场的观众宣布，如果陪审团发现曾格无罪，那陪审团差不多是作伪证——或诸如此类的言论"[20]。然后，德兰西将曾格的保释金定为 400 英镑（约合 2014 年的 11.5 万美元）——外加 200 英镑押金，由"两位证人"代行保管。

无论莫里斯派和他们雇用的印刷商多么心存侥幸，希望总督遴选的首席大法官会公正、仁慈地为曾格案主持公道，结果不免失望至极。在 1736 出版的关于他诉讼案的自我叙述中，这位印刷商写道："以我的能力，我只能支付这保释金的十分之一，但我不能要求任何人担任我的保释人；因此我只得重回监狱……在那里，一直到星期二，也就是 1735 年 1 月 28 日。"本来这是最高法院羁押期限的最后一天，但政府却以惩戒为由蓄意延长他的拘留时间，等待第三次大陪审团关于煽动性诽谤罪的审理。

然而，逮捕他的人也很沮丧。他们原以为一个天价的保释金就能将曾格长期收押在监狱，其报纸也将永久地停止出版，然而没等多久他们就得知事实并非如此。11 月 25 日，周一的《周报》出版——在曾格系狱期间只暂停过一期——头版上的第一句话是仍然由被监禁的印刷商发出。他这样说道，"因为上周你们对我的报纸感到失望，我认为我有责任致歉"，由此开始讲述他如何被逮捕和隔离，以及直到最后才允许与他的律师接触，并给予"隔着牢房门上的小孔和妻子还有仆人说话的自由权。我相信你们能够理解我上周没能印发报纸，我希望在此之后，你们还能够像以前一样享受每周一期的《周报》，即使是隔着牢房的小孔所发出。您感激和谦卑的仆人，彼得·曾格"。

没有他，报纸还像以前一样正常发行，但是在曾格的命运还没有定论的时候，报纸的内容显得更为谨慎。无可辩驳的事实证明，编辑詹姆斯·亚历山大（而不是出版商）才是《周报》不可或缺的主要角色。报社的人手现在只有一个熟练的印刷工、曾格的两个儿子和妻子安娜，安娜负责在去监狱探视曾格时，从他那里接受指令，并设法保持他的精神状态饱满；其余时候则负责校对（这可能是她一直在做的工作）和财务。

《周报》（其出版商不定期缺席）能否保持平稳运营目前还很难说，但无论如何，曾格的被捕对《公报》而言是值得庆贺的。在 12 月 9 日的《公报》上，科斯比对曾格受难表示幸灾乐祸，并且假惺惺地宣称，那是由于他的支持者不愿意筹集资金保释他——即使在这样的情况下，小报记者依然"每小时通过一切邪恶的方法和低级的诡计破坏政府的信誉和权威"。为进一步混淆视听，《公报》还写道，他的朋友们都忙着保全自身，"却忽视了这个可怜的印刷工"。

其实这也真的是一个明显的问题——成功的亚历山大、他富有的妻子、他常常合作的律师威廉·史密斯、他富有的朋友刘易斯·莫里斯和范达姆，都是《周报》的主要支持者，他们为什么不筹集保释金救曾格出来，而让曾格在监狱里替他们当替罪羊？除非有人特意把亚历山大描绘成一个幕后操纵的懦夫——他的工作证明情况恰恰相反——在肯特·库珀（Kent Cooper）缺乏文采且令人难以信服的自传体小说《安娜·曾格：自由之母》（*Anna Zenger: Mother of Freedom*）中，人们不能不注意到以下铿锵有力的字句："以亚历山大的地位和性格，如果他自己有什么罪行的话，他将拥有足够的钱财保释自己出狱，也可以在任何诉讼中为自己成功辩护，但是现在，他却只会袖手旁观，眼睁睁地看着可怜的曾格遭到迫害，简直不可思议。"[21] 库珀的滑稽可笑之处在于——他以小说家的笔法言之凿凿，曾格的妻子安娜·曾格才是杂志幕后的天才和首席作家，而不是亚历山大——当然，这一论断完全缺乏书面证据。为什么曾格《周报》的智囊团让曾格入狱，最令人信服的解释是：亚历山大的确不是无所事事地袖手旁观，让曾格当他的替罪羊；相反，比起重获自由，曾格在监狱更有用，因为他们的使命是让科斯比垮台。虽然亚历山大和他的同僚们可以负担保释金，但是正如斯坦利·卡茨所说，"通过发布曾格落难的新闻激起民众的同情，这是明智之举"[22]。毫无疑问，他们也非常担心后续的起诉——也许是针对他们，也可能针对曾格——如果他们代表他把钱寄过去，很可能被没收。

也许还有一个更为有趣的问题，曾格要养活一大家人，现在收入也断了，他为什么不推翻之前的证言而将执法人员的目光引向幕后操纵者亚历山大，以此来换取他的自由？说到底他不过是个无足轻重的为了谋求生计的印刷工。小说家库珀将彼得描绘成一个诚实的傻瓜，他的奇怪观点是彼得是在保护他的妻子，据说他的妻子才是报纸的主要策划人和首席作家。摒弃这一荒谬的想法，我们转向最简单、最可信的理由，那就是曾格没有背叛他的报纸的原则——他与他的朋友有一个坚定的盟约，曾格负责出头，作为回报，他将获得经济保障，并成为名人，如果需要，还会有法律专家为之辩护。曾格是一位可敬之人，他忠于誓约。也可能是科斯比的起诉团队没有必要强迫曾格确定《周报》的诽谤内容的作者，因为他们已经知道答案，而且控告这些带有诽谤意图的有权有势的殖民者又谈何容易！既然通过囚禁印刷工可以达到解散其同伙的目的，又何必冒险与莫里斯派正面冲突？此外，出于对自己的担心并为了保持曾格的士气，亚历山大守口如瓶，他必须保证，曾格的牢狱之苦能够激起公众对总督和他的随从的不满。事实上，曾格被监禁的每一天，他和他的家人都备受煎熬，同时这也加速了科斯比被召回英国的时间。无论如何，曾格希望监禁不超过6周，直到大陪审团复会后再次拒绝对他提起诉讼。

总督控制了纽约的司法系统，但同时也看到《周报》对他的攻讦：他一贯肮脏、专制。

五

在彼得·曾格被捕的两天后，纽约议员刘易斯·莫里斯得到了他的立法者同事的许可——"不舒服的话就可以回家"，所以他的病腿得以恢复。"家"是他的西切斯特庄园，但他没有回到新泽西海岸附近的大庄园，而是在这一周和他的小儿子罗伯特·亨特·莫里斯一起登船离开美洲去往英格兰。

在传记作家尤金·谢里丹看来，莫里斯神秘而仓促的不辞而别很可能是试图逃离威廉·科斯比的管辖范围[23]，以防这位脾气暴躁的执政者决定一劳永逸地根除对他的统治吹毛求疵的批评者，不仅仅是曾格——他是冲锋陷阵的雇佣军。也许是这样，但是莫里斯的英国之旅很可能不是一时冲动——此时距离他代表新泽西人首次成功出访英国已整整三十三年……他连续向伦敦贸易委员会写信，声称科斯比是个暴虐成性的统治者，但这些信件对被解职的首席法官毫无帮助。总督毫发无损，莫里斯一党没能阻止他对纽约殖民地参事会的控制（科斯比在纽约市遭遇挫败），只能眼睁睁看着科斯比的大多数立法提案在议会获得通过。

莫里斯在很大程度上并未能削弱总督的职权，这是因为科斯比在英国有强大的后盾，而美洲出生的殖民地人士则缺乏类似的关系。但是长期身为一名法官，莫里斯也应该承认，他怨气十足，但缺乏必要的确凿证据来动摇帝国的监督者，他们根本不愿听从殖民地的抱怨——因为在当时，莫里斯对总督的不满在白厅众所周知。贸易委员会特别是国务秘书纽卡斯尔——他是格蕾丝·科斯比的亲戚——在谢里丹看来，他"想要看到证明科斯比不善管理的确凿证据，而且证词是要被纽约公正党派的人认可"[24]。到 1734 年 11 月下旬，莫里斯终于意识到要实现他的两个主要目的——让科斯比下台，自己重新执掌纽约高等法院——唯一的策略是远渡重洋，将他的案件向每一位皇家官员，甚至国王，当面陈述。

虽然身在纽约的反对派无力派遣一个代表团前往威斯敏斯特支持他们精力充沛的首领，但也不想让他孤军奋战。莫里斯离开美洲时携带 297 位支持者的签名，其中包括一些殖民地最显赫的家族——斯凯勒、比克曼和利文斯顿，这些人提供资金支付远征者莫里斯的生活、法律和秘书费用，使之不至于像乞丐一样在伦敦街头游荡，他的使命极有可能耗时数月方能完成。不出意外，支持者中最慷慨的是亚历山大和范达姆，他们每人各拿出 200 英镑，但另一些包括曾格在内的签名者只能捐赠一些零钱。收集大量针对科斯比行为的抗议请愿需要花费一些时间——而曾格被捕显然会加速完成这一任务——同时，这也表明莫里斯的离开一定蓄谋已久。他还随身携带精心准备的更多证据——在威廉·史密斯和小刘易斯的帮助下，亚历山大起草了这次行动目标的备忘录和优先实施项目的清单。

按照他们的计划，莫里斯首先需要召集一些最好能帮助他对总督发动攻势的英国盟友。从贸易委员会开始，在首都获得一次当众申诉的机会；与此同时在纽约，亚历山大和他的同事们将以宣誓的形式收集"进一步的证据和材料"，证明科斯比的暴虐行为，并尽快将其提交至英格兰。亚历山大还希望从市议会和市参事那里获得背书，为莫里斯的请愿增添砝码。理想情况下，莫里斯应该在离开之前掌握所有他需要的证据——所以曾格的被捕极有可能加速了莫里斯看似突然的离开。无论如何，一旦他收到来自纽约的补充材料，莫里斯将完成他对现有证据汇编记录的分析，并在伦敦法律顾问的协助下，起草一份完整的反对总督的请愿书，而这份请愿书将被提交给科斯比的朋友和支持者进行认真的审查[25]——并希望他们会得出唯一适当的结论：很不幸，纽约和新泽西需要一个新的值得尊敬的总督。如果这一提案被拒绝（很有可能），莫里斯则会将这一写满苦衷的纲要呈交国王的枢密院、议会成员和新闻媒体，以迫使问题尽快解决。

除了罢免科斯比之外，莫里斯首要的任务还包括恢复其首席法官的职位以及为他的殖民地同胞争取一些商业利益，例如对与英国制造商不构成竞争的本土企业给予大力扶持。莫里斯一党很现实地预计，如果他们的诉求未能得到满足，国王极有可能采取折中方案，即允许科斯比继续留任，前提是他需要同意一系列改革措施。这些举措包括立即选举新一届议会（现任者已任职七年）；接受议会规束，厘清殖民地法院制度，并详细说明地方治安官和其他王室官员的任职资格；禁止总督以立法者身份出席殖民地参事会——此外，不出意外地，要求总督罢免可恶的弗朗西斯·哈里森的行政职务。

《公报》多次对莫里斯的秘密离开冷嘲热讽，对他此行的意图，科斯比当然心知肚明。当12月莫里斯横渡大西洋之时，科斯比向纽尔卡斯连发数信，严斥前任首席大法官和他的朋友亚历山大、范达姆和科尔登，将他们贬称"臭名昭著的鼠辈"和"肆意挥霍的无赖"，并将之归咎为"一张报纸引发的仇怨"。但他没有提到他逮捕了他们的印刷工，也没有提醒他的伦敦上司莫里斯即将进行的访问，以免他们察觉他对莫里斯的伦敦之行深表关切。

至于亚历山大，他的任务是哪怕缩减开支，也要维系《周报》的正常运转，直到曾格案结束。在 12 月 4 日的报纸上，他转载了一封"加图信札"，对曾格被监禁含蓄地加以抗议。"加图信札"的部分内容，很适用于针砭滥权的科斯比，它声称一些统治者和管理者"不愿意他们的野心和求财之路被打断，以最好和最快的方式创造个人财富和实现个人野心，只要有人反对他们野蛮贪婪的计划并试图维护人民权利，就以煽动叛乱和维稳的罪名，指控他们动机不纯、图谋不轨"。

这是当年最后一期报纸，其时曾格仍被关在市政厅冰冷的牢房。他的《周报》正式承认了莫里斯雄心勃勃的远征[26]，并以打油诗的形式向他致以迟来的祝福：

> 你们诸神要善待可敬的首领，
> 让他宽心，救援即将来临；
> 在伟大的奥古斯都治下；
> 他定会找到一条更简洁的途径，
> 而且一定是最好。

注　释

1 "对曾格，我感到有些痛苦"：谢里丹，《刘易斯·莫里斯文稿》，第2卷（1731—1737），第95页。

2 "每逢星期一，科斯比都会承受巨大的压力"：布拉内利，《科斯比总督的刀斧手》，第160—161页。

3 "丑化他的行为"：科尔登，《卡德瓦拉德·科尔登书信集》，第318—319页。这些评论表明，尽管科尔登赞成《周报》的直接政治诉求，但是他可能并不热心撰文投稿。

4 "两位政治对手的代言人"：奥尔森，《回溯曾格案》，第223—245页。

5 "就富人中自私自利的行为发表激烈言辞"：麦卡恩尼尔，《纽约殖民地的政治》，第420—421页。

6 《纽约公报》似乎认可：《纽约公报》，1734年3月11日。

7 总督的善行：麦卡恩尼尔，作品同上，第422页。

8 "科斯比甚至也让殖民地公开选举"：W.史密斯，《纽约省历史》，第2卷，第11页；麦卡恩尼尔，作品同上，第434—445页。

9 军事扩张：麦卡恩尼尔，作品同上，第422页。

10 在伦敦获得轻微的处罚：布拉内利，作品同上，第28页。

11 "众所周知，那位先生臭名远扬"：《纽约殖民地议会公报》，1735年10月21—25日。

12 反对科斯比的歌谣：麦卡恩尼尔，作品同上，第425页；卡茨，《关于约翰·彼得·曾格审判案件的简报》，第110—111页。

13 "政府及其所有指令"：卢瑟福，作品同上，第39页。

14 "有人认为"：科尔登，作品同上，第535页。

15 "使统治者的政府": 卡茨, 作品同上, 42—43 页。

16 "亚历山大反驳道", 引用的材料: 出处同前, 第 14 页。

17 市政官员拒绝惩罚曾格: 卢瑟福, 作品同上, 第 43 页。

18 曾格被关押: 菲尔普斯·斯托克斯, 《图说曼哈顿岛》, 第 5 卷, 第 272 页。文中提到的三楼据说是在 1763 年市政厅翻修工程中加上去的。现今仅存的一幅描绘翻修前市政厅的图画作于 1818 年。它是时年 82 岁的大卫·格里姆根据年轻时的印象创作出来的。在格里姆的画作当中, 市政厅只有两层楼高, 最上面阁楼的天花板很低, 窗子不大, 如此一来它更适合储存家用物品而不是收押犯人, 因为纽约的夏天酷热难耐, 犯人若被关押于此, 那简直是难以忍受。

19 "我被监禁": 《纽约周报》, 1734 年 11 月 25 日。

20 "口无遮拦地向在场的观众宣布": 卡茨, 《述略》, 关于德兰西多达 139 次的严重口误, 参见亚历山大就曾格案简讯所做的笔记; 同时参见第 219 页第 50 条注释。

21 库珀谈亚历山大的个人品性: 肯特·库珀, 《安娜·曾格》, 第 331 页。

22 "激起民众的同情是很明智的": 卡茨, 作品同上, 第 19 页。

23 逃离威廉·科斯比的管辖范围: 谢里丹, 《刘易斯·莫里斯, 1671—1746》, 第 193 页。

24 "想要确凿证据": 出处同前, 第 161 页。

25 这份请愿书: 卡茨, 《纽卡斯尔的纽约》, 第 91—95 页; 谢里丹, 《刘易斯·莫里斯文稿》, 第 2 卷, 从第 118 页开始; 谢里丹, 《刘易斯·莫里斯, 1671—1746》, 第 163—166 页。

26 承认莫里斯雄心勃勃的远征: 《纽约周报》, 1734 年 12 月 30 日。

Chapter. 08 | 第八章

疯狂迫害

Whiffs of Torquemada

一

为了对《周报》持续施压，也为了让曾格最大限度遭受痛苦，政府的执法人员在最高法院期限到期、大陪审团第三次审判之前，以诽谤罪指控彼得·曾格，并将他一直监禁到1月底。在这期间，作为报纸的实际发行人和曾格的辩护律师，詹姆斯·亚历山大利用《周报》煽动公众来反对监禁曾格。例如，刊登在1735年1月26日报纸上写给被监禁者的信中，一个"记者"问及他的施虐者："一个人怎么可能忘记那些迫使他沉默并且摧毁出版自由的行为……其目的无非意图阻碍公众知晓他们卑劣的行径？他们怎么可能为设立满足其私欲的法庭，悍然随意撤换法官？"

由于现有资料没有记录首席法官德兰西对第三大陪审团的责难与前两次有何不同，因此只能猜测他及科斯比之流肯定希望一个截然不同的结果。几乎可以肯定的是，他们绝对没有料到目前这一结果——他们原本只是装装样子，以免对手进一步指控他们蔑视法定程序。当然，眼下大陪审团愿不愿控告曾格已无关紧要，因为当局已经决定诉诸其他手段以确保曾格受到起诉。曾格后来回忆道，1月28日，"大陪审团没有发现对我不利的证据，我本希望能解除监禁，但是我的希望落空了，因为总检察长又控告我的印刷出版内容……我创办的《周报》的第13期和第23期的部分内容虚假、造谣中伤、具有煽动性、意在扰乱人心"[1]。

这些"出版内容"就是控诉的原因——政府的检察官们可以向法院起诉，将被指控的罪犯送至小陪审团面前受审而不需要首先获得大陪审团的起诉书。即使受到法律认可，这样的阴谋也同样引起了公众的愤怒，他们认为这种手段专横且具压制性。"在一场公认的政治案件审理中，"殖民历史学家斯坦利·卡茨认为，"这项程序无疑疏远了许多其他中立的纽约殖民地人，也使得这项程序更加不受欢迎。"[2] 为了证实他对曾格的控告，总检察长理查德·布拉德利采取了一个先前当局在提交给大陪审团的控诉书中时常被忽视的防范措施。布拉德利忽视《周报》之前被引证的、被认为是具有煽动、诽谤性质的，并且被总督及其参事象征性焚烧掉的四期报刊——虽然焚烧行为并没有得到殖民地议会或者纽约市参事会的同意——而是引证其他两期中意义更为明确的文章，这些文章对科斯比之流极具讽刺攻击性。在第 13 期报刊上有如下文字："这个城市的人和整个纽约殖民地……都知道，照目前的情况，如果一些陈旧的东西没有被修正，那么他们的自由和财产将会非常危险，而奴隶制则很有可能在他们和他们的后代身上重演。"第 23 期报刊也遭受到了起诉，由于它报道了在新布伦瑞克客栈的一个诉苦的纽约游客和一个倾听的新泽西人之间的对话，这个新泽西人建议其他人穿过哈德逊河，因为搬家毫无意义，毕竟两个殖民地"是在同一个总督的管辖下……我们看到人类的成就被无情摧毁，公平的审判被专横取代，新的法院不经立法机关的同意就建立，只要总督高兴，本因经由陪审团的审判被免除；有身份的人否决他们的投票……在那个殖民地（纽约），谁能声称他所拥有的东西、所享受的自由不是在当政者屈尊纡贵的准许下才有的？"

布拉德利一定十分自信地认为这些罪状是如此荒谬地有违事实，以至于曾格的辩护律师几乎不可能反驳他们的虚假控诉。但是即使亚历山大尝试提供证据来证明起诉方的政府滥用职权，总检察长仍然不担心审判的结果。几乎可以肯定的是，负责这起诉讼的首席法官德兰西已经透露给他，在双方争论结束之际，他将诉诸这样一个条令，即决定被告人能否依据习惯法的诽谤罪被定义为一个罪犯是陪审团的权力。德兰西将让陪审员们执行这样一个"特殊的裁决", 英国法院常常在煽动性诽谤案或其他复杂刑事案件中用到这类裁决, 即限制他们只能决定案件中的"事实"部分——在曾格案中, 被告人是否确实印刷了一些诽谤的刊物并影射了政府官员——然后交由法院来决定这些刊物是否能被习惯法定义为犯罪行为。皇家法庭恰好在三年前对著名的英国国王起诉理查德·富兰克林案件中作出类似判决, 理查德·富兰克林是反沃波尔的期刊《工匠》的出版人; 陪审团服从了法院的判决, 发行人因犯有诽谤罪——声称英国内阁从与法国、西班牙即将签订的协议获得好处——而获刑。

布拉德利呈交政府部门控诉曾格的"出版内容"意味着在最高法院4月重审案件之前, 曾格必须待在监狱里等待开庭——除非亚历山大恳请法院能大幅减少保释金或只要他发誓不逃离殖民地就释放他。但是无论哪种方法都不符合政府想尽快关闭《周报》的想法; 曾格被监禁的时间越久, 他的报纸停刊的可能性就越大。然而讽刺的是, 亚历山大却对他的被告人一直被监禁表示赞成——恰恰相反: 曾格被监禁的时间越久, 公众对于这个看似无情的政府的不满就越大。在2月23日的期刊上,《周报》刊登了写给曾格的信, 意在助燃其读者对于科斯比的怒火。其中一个读者激励曾格:"继续抗争, 直到你能呼吸到自由的空气并且反对压迫, 愿你终获胜利, 战胜对手。"还有信直截了当地问:"那些出版自由的敌人们有因约翰·彼得·曾格的入狱和检举而获得任何好处吗?"

在同一时间段的伦敦, 常与亚历山大通信联系的刘易斯·莫里斯做了一件在他们交流中很少做的事情——公开提及曾格。两个精明的律师平时都很谨慎, 没有深入涉及《周报》或者其出版人的相关文字记录, 毫无疑问, 他们担心这类证据的发现会让他们遭受科斯比等官员的检举, 指控为报纸所谓诽谤罪的同谋。在他2月24日写给亚历山大的信中, 莫里斯提到了现存唯一的证据: 那就是曾格的主要支持者并没有觉得他们有义务提供保释金来救他出监狱——

并且对此也并不感到内疚。由于两三个月的跨洋时间差，莫里斯提到曾格的保释听证会在 11 月，信息并不准确，但对于新近被超期羁押的曾格案的进程影响很大。"在没有参与到担保曾格的事情上，你做得很对。"莫里斯建议亚历山大，并解释道：

> 那些惯于颠倒黑白之人总能抓到你的把柄。《工匠》的出版人理查德·富兰克林的案件和曾格案很类似；他的出版社就在我们隔壁的考文特花园，但是他本人却是个囚犯被关在……绍斯威克，他的投稿人并不会因为他的正义行为而变得更加安全，因为他们清楚地知道谁真正有权解读这些文字。像曾格一样，他也决意继续出版报纸，是非功过，留给世人评说。[3]

直到莫里斯写信给亚历山大--一个月后，莫里斯良心受到的谴责才稍稍减缓，因为他确切地知道，相比于在纽约小城的莫里斯自己而言，《工匠》的主投稿人和赞助人博林布鲁克子爵亨利·圣约翰在伦敦可谓是头面人物——他是保守党的领袖，并且也是个有天赋的辩论家。他可不愿担保富兰克林将不再出版攻击政府的刊物，致使自己出现在财政大臣沃波尔的黑名单上。博林布鲁克还自我辩解说，他不愿花钱保释被政府起诉的印刷工，对于《工匠》的发行来说绝对是利大于弊。

莫里斯和亚历山大出于自身利益的理性思考，将使曾格从政府用"出版内容"控诉他的那一天起待在监狱里 6 个月之久。但是曾格的报纸不但没有停刊，甚至发行量不减反增；随着审判日的到来，来自民众的抗议也越发尖锐。例如，在 2 月 17 日的期刊上，它控诉科斯比的贸易大亨联盟在议会上将投票权出售给了政府官员：

他们中几乎每一个人都有着手握利益、荣誉和权力，这些利益、荣誉和权力使他们的邻居心生畏惧，也能让他们为自己、朋友和亲戚累积财富……而政府官员总是乐于用土地的授权或其他个人好处来贿赂他们。[4]

在这起令人扼腕的彼得·曾格案中，鲜有富裕的殖民者的身影。

二

莫里斯于 1735 年的隆冬季节到达伦敦，在那里，他的命运与一位年龄悬殊的年轻人紧密相连——刘易斯·莫里斯此时已经 64 岁，他不习惯英国政治社会的斗争与喧嚣，不堪其扰。身为纽约议会议员，他此行并未获得正式授权，也不是颇具影响力的英国贵族或商界巨子的政治盟友，莫里斯不情愿地依靠伦敦的杰出律师费迪南德·帕里斯，由他为自己起诉科斯比的案件，以及为他自己恢复纽约首席法官的席位而辩护。

这两个目标都只能在法庭之外进行，因为莫里斯并没有一个合法的起诉权、证人或者宣誓书来起诉科斯比的在位行为，正如莫里斯对亚历山大所说的那样，"我们要做一顿无米之炊"。另外，如果没有充分的理由，总督将命令有关部门将曾格从法庭上遣送回监狱。为了使统治者们相信——科斯比解雇他单单是为了报复他与范达姆在有关薪资问题的官司中，他裁决科斯比败诉——莫里斯在报纸上义正言辞地刊登了这件事的始末——当他忙于此事时，他还重新印刷和散播了十年前枢密院反对当时还是米诺卡岛总督的科斯比的裁定。但是莫里斯很快就发现，他面临的最大障碍不是在当局从内部到外部都缺少身居高职的支持者，也不是他控告科斯比无故解雇他——甚至也不是科斯比在王室里有有权的靠山；事实上，莫里斯意识到，总督远不如伦敦上流社会或权力金字塔中的某个名人。这个美国人遇到的最棘手问题是政府的制度性倦怠——当面临殖民地居民受到王室官员肆意压榨的投诉时，政府会流露出明显的冷淡麻木。

莫里斯在他 2 月 24 日写给亚历山大的信中表达了他对于政府冷漠反应的心痛领悟，他说道："总督被认为是国王的代表，他们必须被礼貌而体面地对待——案件中，那些诉苦的事远不如诉苦的态度重要。"一个月后，他又一次切中要题地对亚历山大说，"你的想法很好，但是你对于大西洋这岸的世界却并不了解"。他写信回家，"他们不关心美国人民的遭遇"。面对国会和政府部门的冷漠氛围，他们的作用只是例行公事甚至权力买卖，肮脏的交易在这里是合法的程序，这位被侮辱的殖民地居民——他并非能从伦理上凌驾于这模棱两可的政治活动之上——承认他在反对劲敌时的高声呐喊遇到了挫折。"这里的每一个人都同意科斯比那卑劣的观点，"莫里斯说道，"没有人比他所依赖的朋友更了解他，也没有人比那些朋友对他的看法更糟糕，但是对于下列说法也许你会深感震惊：一个总督所犯下的最大的过恶并非殖民地人民对他的种种指控，而是由此牵连当初引荐他的高官，并将之公之于众。"[5]

初次受挫后，莫里斯并未一蹶不振，自怨自艾，他和他的儿子罗伯特不知疲倦地致力于让那些被假相蒙蔽双眼的英国官员看到他们的冤情。他们不顾颜面，试着从权力最底层的官员开始，将大把的基尼双手奉上，交给擅长玩弄权术之人，由此他们的陈情才能上达天听。尽管莫里斯一直坚持不懈，但他对英国帝国体制内的系统化的懒散和冷漠始终心存疑虑，担心他的一番心血将付之东流。"由谁来纠错？"他沮丧地问亚历山大，"如果这两件事来比较，撤换一个滥权的总督，远比得到一位廉正之士困难得多……与其换成一个人格卑鄙而手法高明的总督，不如保留当下这一个同样卑鄙而手法拙劣的总督。"[6]

这样的认知反映了虽然还是少数派但力量却在不断壮大的殖民地人士——他们的隐忍力令人惊叹，其中也潜藏着美国革命的萌芽。

三

詹姆斯·亚历山大在最高法院春季开庭前为曾格案的辩论厘清了思路，他有足够的理由相信陪审团庭审时会拒绝裁决他的被告人存在犯罪行为，并驳回政府对曾格的控诉。事实上，当曾格被囚禁时，他已经成为一个引发公众怜悯的角色，也更可能被陪审团宣布无罪释放。

根据亚历山大的审判前笔记判断，这个笔记可能写于 1735 年 3 月，他似乎并不担心这样一种十有八九会发生的情况：首席法官德兰西将让陪审员们宣布这样一个"特殊的裁决"，要求他们只能确定案中的两件明显的"事实"部分——到底是谁印刷了那些被援引的内容以及他们意图损坏的是哪位官员的名声——然后交由法庭来决定这些诽谤的话是否足够具有攻击性而将给予应有的惩罚。亚历山大的笔记表明，他知道强行质疑对曾格确实印刷了那些内容的起诉毫无意义。同时他深信不疑，他到目前为止所收集的材料可谓铁证如山，足以"扭转陪审团的看法，使之坚信控告曾格诽谤罪缺乏足够依据"[7]。

但是亚历山大当然留意到，最近的沃波尔政府对《工匠》的理查德·富兰克林成功起诉，就是多亏了这"特殊的裁决"，因此如果德兰西也做出这样指令，他必须准备迎战。为了做到这点，确立这样一个观点非常重要，即曾格受指控并非只是由于印刷了一些明确或含糊地暗讽总督及其政府的文章，而是由于印刷了一些特殊的字眼，这些字眼的意思或内容毁坏了他们的名声而构成诽谤罪。这两项控告都包含在对曾格的控诉中并且与之密不可分，因此一个陪审员投票认为曾格有罪必须证明这两件事他都有罪，而不能仅证明第一点而让法院去决定第二点。他将提出，陪审员不能被要求把宣布无罪释放的权力交给法官，在判断案件相关"事实"时，陪审员们有权在亚历山大传召控诉科斯比犯罪的证人后，考虑那些诽谤的话是否是虚假的。如果曾格报纸中那些被控诉的内容是可证明或明确证实过的，他们就理应是一份自由报纸有理有据的表达，并且被认为是公共服务，而不是诽谤犯罪。总而言之，审判认定，不恰当的事实应该远胜过一个滥权的特权阶级妄图掩盖的丑行。

亚历山大的笔记表明，他考虑到其他更直接的策略，将完全防止德兰西诉诸"特殊的裁决"——或任何影响审判的事；他曾计划请求首席法官从本案中回避，因为他对曾格存在明显的偏见。在前三次庭审中，德兰西迫切地希望陪审团成员们控告曾格，作为殖民地参事会的一员，他也是在地方参事会和殖民地议会会议上支持控诉曾格《周报》的人之一，这些会议谋划将四期报纸看作诽谤物而焚烧。同样作为一名参事，德兰西为总检察官签署了逮捕令并正式控告曾格。另外，在曾格的人身保护令的听证会上，有人听说首席法官曾发出威胁：如果陪审团不能证明印刷工有罪，那么这个陪审团将会以伪证罪被起诉。

亚历山大真的认为德兰西将会同意撤换自己，不再负责曾格案的审判吗？这种对于司法公正的期盼看起来似乎遥不可及，但事实上，在前首席法官莫里斯被逐出法院后，德兰西的确曾拒绝参加旁听科斯比控诉范达姆的讼案，并且他发誓从未以最高法院的一员自居，从未使用未经议会批准的公正权力。法官德兰西的解释是，身为一名参事，他已经同意作为总督的科斯比得到范达姆一半薪水的要求，唯其如此，他只能选择缺席听证会，否则必然会损坏他的名声。从历史角度回看，亚历山大的头脑风暴看似十分不光彩。因为即使有着同样顾虑的德兰西听从了亚历山大的要求，并且同样拒绝参加曾格的审判，他的缺席也只会让一位毫无经验的最高法院法官弗雷德里克·菲利普斯来审理案件并指示陪审团。如果那样的话，几乎可以肯定，科斯比将指名其他的法官协助菲利普斯去填补那空缺的第三个位置——那个人也一定和德兰西一样十分乐意站在政府一方去控诉曾格。也许亚历山大想让负责审判的首席法官感到羞辱，他的这一举动背后隐含其他目的，即为了将科斯比想继任刘易斯·莫里斯成为高等法院法官的图谋公之于众，将科斯比行使总督之权想让《周报》停刊、让其印刷工饱受牢狱之灾并将其作为对其他不满的殖民地居民的威慑的恶劣行径公之于众。即使亚历山大用某种方法说服德兰西不再插手，曾格的辩护人却仍须说服陪审团英国的习惯法远不能断定曾格犯有诽谤罪。根据霍金斯那学识渊博的文章所言，法定权力的意义很明确地不利于亚历山大：几年前给理查德·富兰克林定罪的最后的司法判例也是如此。星室法庭于1605年颁布的《诽谤法》法案中的裁决便是横亘在亚历山大前进道路上无法回避的路障。

作为法律史和法律理论专业的学生，亚历山大已经察觉到星室法庭对中伤政府名誉的语言（例如煽动性诽谤）的刑事诉讼和认为这合乎统治本身的唯一理由之间明显的脱节——也就是说，这种理由的前提是，没有什么比委任邪恶堕落的人来统治人们这样的言论更让臣民们感到不安。但是，法律认为对一个实际上既未对委任他们的国王尽责，又对他的百姓公然凌辱的无耻之徒的抗议申诉是一种犯罪行为，这在逻辑上怎么说得过去？应该被控诉犯罪的难道不应该是那些腐败的王室官员——而不是这些痛斥他们渎职的控诉人吗？对此，星室法庭的裁定并未提及。它对于逻辑上的关键疏忽和为何对王室官员渎职的合理控诉不能为王室所容忍（即使不受王室所欢迎）的沉默，意义重大。

亚历山大的辩词通过尖锐地指出，为何斯图亚特王室对于任何公众对王室政权的批评都展示出零容忍，来说服陪审员们无视《诽谤法》法案中看似合理的部分。令人生畏的星室法庭的这种做法，其核心恰恰是坚定地维护国王统治的神授君权——斯图亚特王朝在它即位三年前便颁布了《诽谤法》法案。被授予了这天佑的权力，王室永不会做错事，国王委任的官员也因此绝不是腐败邪恶之人；即使指控他们做错事，也会被冠以诽谤王室、通过煽动性的暴乱以破坏王土和平的罪名。但是事实上，即使亚历山大质问这些唯科斯比马首是瞻的曾格案陪审员们，部分或大多数王室官员仍然明显是坏家伙——（否则）为什么一个公正的君主应该容忍这些人一直在职呢？（否则）为什么陛下不愿获悉这些人的愚顽并惩罚他们，反而去惩罚那些揭露这些罪行的人呢？难道国王的威严不是相比于承认被损害的名誉更容易被包庇一个不公而又滥权的政府所破坏吗？不应该是那些压迫百姓的地方行政官、大臣部长们和他们卑鄙的同僚被逐出政府，而那些正确揭露他们并试图提高而非减弱国王在他的臣民眼中的仁慈的人被传颂称扬吗？但是这看似无可非议的逻辑却一直被愚忠于星室法庭的隐含规则的普通法回避一旁，这隐含规则便是，国王和他的政府不可能犯错。

因此，亚历山大的笔记中写道，由于星室法庭和1688年查尔斯二世及詹姆斯二世领导下的王政复辟带来的大革命的破坏，是时候让法庭来认定《诽谤法》法案的权威以及随后的秉承它的裁定是否已经失效。亚历山大写道，他们的统治充斥着"显而易见的偏袒和不当……因为那些听凭政府部门处理的裁决都被迫服务于政府的意志"[8]。因此，科斯比派的检察官所信任的那些陈腐老旧、名誉扫地的法定权威来审判曾格将不得其所，而应该为更多明智的、富于同情的论证所代替。

亚历山大的观点虽然是进步开明的，却也是非常激进的。他的笔记中提及一些自《诽谤法》法案后旁听诽谤案的法官和法院提出的思想开明的想法，但是却没有一个人能洞察到这险恶的裁决的规则核心。亚历山大不得不专注于如何攻克习惯法的极力主张，即任何对政府的诽谤，即使是符合事实本身的，也是煽动性诽谤。他将论证"诽谤必须是因为虚假或者造谣中伤的事被指控……因为传播正确的传闻不能称其为诽谤"。历史记录表明：

> 所有对于诽谤罪的控告和资料必须要明确地指出到底是什么构成了这份报纸诽谤，即虚假、造谣中伤、具有煽动性、意在扰乱人心的内容，但是如果不能证明一份报纸具备上述内容，或恰恰相反，如果上述内容是真实的，那么 12 位宣过誓的陪审员将不能因这些提交的资料给这份报纸定罪。[9]

并非直接挑战《诽谤法》法案宣布的第一条款，即诽谤语言不会因为真实性问题而构成诽谤罪，亚历山大考虑在审判过程中扭转乾坤。总检察长布拉德利对曾格的控诉反复列举《周报》的典型摘录话语，那些他称为诽谤性文字，每一次提及都始之以"虚假"、"虚伪"，结之以"造谣中伤"、"具有煽动性"或"意在扰乱人心"。报纸内容的所谓虚假似乎成为布拉德利控诉印刷工的关键点，正如在数世纪之前星室法庭所裁定的：对于政府的批评倘若虚假则为诽谤，倘若真实——则只会因引人注目地破坏国家权威而加重其自身的罪行——由此英国法律里"虚假"就成为诽谤罪定罪的关键。但是亚历山大可能会质问陪审员，为什么总检察官怒气冲冲地开始他的正式控诉——通过描述曾格报纸中的摘录内容为"虚假的"、不真实的——而根据星室法庭，即使真实的内容也仍然是犯罪？并且既然起诉人强调那些内容是虚假的，使那些说法成了指控中无法逃避的部分，难道他不也有责任去证明那些说法的真实性吗？或者至少，为什么辩护律师不能提出能够证明那些存疑的词句的真实性的证据来质疑起诉所仰仗的虚假内容的指控呢？亚历山大可能认为，陪审员在裁定之前有权知道总检察官的指控是否有据可依。如果不需要，是否所有对于政府的批评——无论它的真实性是否可以证实——都会被认为是诽谤罪而受罚，而只有对于行政官员的溢美之词，就像《公报》所做的那样，才会被免于惩罚，得以继续出版发行。这样受限的出版自由实则一点也不自由，或只是一种歪曲的自由，几乎等于国会于 1694 年同意废止的出版前审查制度。

关于其余三个对曾格的控诉所宣称的诽谤特征，每一个都将同样地被曾格的律师质疑为玩弄文字游戏。声称所摘录的《周报》中的文字是"造谣中伤"，从这个词普遍被接受的意义来看，就意味着报纸通过违背道德或礼节的方式谴责政府因而使之名誉受损。这句话的另一种说法只是由于政府可能存在的渎职，这些存疑的文字才是真正的诽谤，或者意图诽谤——但是如果这些控诉不是虚假的，那么陪审员就应该被告知丑闻不是报纸捏造，而是政府作为，因此科斯比和他的政权的名誉活该被抹黑。给报纸的文字打上"意在扰乱人心"的烙印，就意味着他们支持对合法权力的限制并妄图取而代之。但是假使亚历山大请求陪审员们思考，政府正用非法的方式行使权力，它不是应该受到抵制直至渎职行为停止或者一个全新和更好的政权取而代之吗？因为总检察官把《周报》的文字打上"蓄意的"的标签，并认定他们是正直政府的诽谤者，其目的在于引起痛苦、伤害和灾难。但造成这些滥权者的不适几乎不能算是犯罪行为，因为这只是伴随着报纸的主要目的而来的：它的主要目的是为了消除政府的不当行为。到目前为止那些承担痛苦的人们的严重之罪是什么，以完全合理的理由指控科斯比政权的不公或者带来的痛苦、伤害和灾难而伤了政府的感受吗？

判断报纸中文字是真实还是虚假，以便决定他们能否被定罪，交锋的双方真正的焦点是人的经验的模棱两可。当用现实生活的变幻无常来衡量时，无论是事实还是虚假都不是绝对的。有关行为或事件，品格特征的属性，对环境和语境的描述——所有都最多是部分事实真相，是可以进行开放式讨论的，并且易受争论人的观点、阐释和偏好而非既定的客观、无可争议的事实所影响。无论在亚历山大的年代，抑或是我们现在，陪审团的职责应当根据遵守社会规则下双方都能同意的范式和事实，对案件进行评判。因此，亚历山大希望呼吁陪审员，说服他们应用在所谓的反政府的诽谤中的英国习惯法，这已经成为被告人获取公平保障的障碍，而非明晰的指引——它不应像一块磁石一样重压在陪审员的集体良知之上。

四

在刘易斯·莫里斯身处伦敦期间，詹姆斯·亚历山大随时告知他这位二十多年的挚友纽约发生的所有事情，其中一件便是在1735年年初发生的弗朗西斯·哈里森的复仇阴谋事件——具体来说，弗朗西斯·哈里森计划从莫里斯派投资者手中夺取授予的5万英亩欧博朗沿纽约和康涅狄格边界圈定的土地。

大型的投资土地交易实际上是由纽约测绘局长副总督科尔登负责的，他在解决边界争端中起了关键作用，并于后来邀请了莫里斯、亚历山大和其他朋友参与到投资中。总督蒙哥马利已经于1730年9月以750英镑的费用授予他们土地的临时所有权，最终的转让要等到土地公司完成对两个殖民地边界线的标明和绘制，巨额费用将由他们自行承担。这项工作于 1731 年 6 月才完成，但是在过渡时期里，哈里森被继续留在莫里斯派投资集团里，尽管这有利于整个安排，但哈里森因此阴郁不乐，他迅速集合了英国以钱多斯勋爵为首的一批富有投资者组成竞争集团。钱多斯勋爵曾在 1731 年 3 月请求英王将一块同样非常中意的欧博朗土地授予他们所有权。由于钱多斯勋爵贵族身份的助推，财团于两个月后顺利获得了皇室准许——就在总督蒙哥马利授予纽约集团所有权的几周之前，总督蒙哥马利对于这互相矛盾的申请并不知情。

在纽约法院，哈里森的阴谋是对莫里斯派投资者的授权的极大挑战，但是纵容者知道，即使钱多斯派获得了皇室的批准，也没有一个殖民地陪审团可能站在他们那边。哈里森一筹莫展，直到他获得了即将就任的总督科斯比的青睐，他向科斯比提议，以他负责纽约衡平法院且没有陪审员的首席法官的身份，他可以旁听案件（因为这个案子涉及王室所有权的转让）并且做出支持钱多斯派、让莫里斯派欧博朗所有权无效的裁决。科斯比仍沉浸在莫里斯裁决他败诉给范达姆的悲伤中，此时他更乐于接受哈里森的提议，因为如果将土地所有权转让给英国投资者，则会有一大笔来自钱多斯派的收入。尽管被与莫里斯派的法律政治争论所困扰，但是科斯比却并不急于火上浇油。在两年的等待之后，哈里斯在他原本的法律对策上提出一点变化——总督让他的首席检察官以国王的名义起诉，而不是代表钱多斯派对纽约投资者（莫里斯派）获得欧博朗土地所有权提出动议，因为毕竟王室已经授予了钱多斯派所有权。也是到那时候，莫里斯派听说——虽然没有更多真凭实据——英国投资者（钱多斯派）提出，如果作为大法官的科斯比做出对他们有利的裁决，那么他们会贡献出争议土地的一部分给科斯比。[10]

在 1735 年 4 月，亚历山大写给莫里斯的信的附言中，他记录到他已经确切地知道总检察长布拉德利将会立刻请求衡平法院代表英王驳回莫里斯派投资者对欧博朗的所有权。如果报道是真的，亚历山大十分担忧："没有什么事会比政府所做的事更让殖民地居民恐慌的了，因为我十分确信如果莫里斯派都丧失了所有权，殖民地中几乎没有一个土地所有权能经受得住这样的考验……每一个纽约的土地所有人的土地所有权都很容易以同样的方式被质疑，然后土地被送给英国的大人物。只有时间会证明这件事的结果是什么，但是我十分害怕看到那种结果。"[11]

布拉德利在三周后提起诉讼，由于从莫里斯派手中抢夺欧博朗土地的哈里森的厚颜无耻和科斯比的愚笨迟钝，诉讼明显未受到阻碍，而即将到来的则是法律程序。从英国在美洲建立殖民地之日起到此时，英王一直将授予土地所有权的权力委派给他任命的王室官员或者他完全赠予殖民地的所有者，比如新泽西的威廉·佩恩、伯克利和卡特莱特，以及马里兰的卡尔费特。这些特权是拉拢总督的主要手段之一，能够允许他们获得财富并在他们所在殖民地获得影响力。另外，将这些未经开垦的处女地判定给美洲当地殖民者有着更多的好处，能加快这些土地成为农田——因而能增加财富量——而不是让英王将土地授予这些远在英国的所有者，他们可能只会让这些土地无限期地闲置荒废在大洋彼岸。

科尔登悲痛地宣布了英王公然地将土地授予给钱多斯派这种违法乱纪的行为，他是比任何人都熟悉欧博朗土地历史的人。在关于科斯比政府的回忆录里，他写道："自从英王将授予土地的权力授予王室委派的地方官员之后，就再无公平可言，因为这些地方官员从未受到英王或者其他权力部门的干涉，他们独自行使这些权力已经有七十余年。"[12]钱多斯获得的许可只是对一群受宠贵族的纵容，因此科尔登补充道："仍然有很少的案件以英王的名义被起诉至衡平法院，因为英王对撤销纽约的授权而支持授权给英国毫无兴趣。"科尔登只能总结道："这一系列的诉讼程序（布拉德利以英王的名义起诉的案件）本不会在任何一个衡平法院发生，但是科斯比殖民地上的这个衡平法院除外，因为科斯比无论对自然正义原则还是平等的法治大陆都毫无概念可言"。

作为莫里斯派在欧博朗案件上的律师，亚历山大在文件中写道，布拉德利的起诉是个"例外"，他指出公然将授权转给钱多斯派的违法乱纪行为，实则表示英王在委托科斯比的总检察长（布拉德利）将蒙哥马利的所有权裁决给纽约莫里斯派上毫无既得利益，并且侵犯了科斯比自行判断案件的权力，因为科斯比在这件事上有既得利益——换句话说，作为首席法官，如果他裁决莫里斯派获得的授权是无效的，并且作为总督将欧博朗土地的授权交给钱多斯派或者其他集团，他将会获得大笔钱财，至少和纽约派四年前支付给蒙哥马利的 750 英镑一样多。

当欧博朗的案件于 1735 年 4 月 12 日在衡平法院庭审时，首席法官科斯比看来对此完全一窍不通。在布拉德利回答了亚历山大写出的对于案件的异议之后，科斯比让他坐下，并且声称他已经下定决心了，案件将取得进展。又一次，总督将自己置身于以一种鲁莽、专制的姿态滥用权力的控告之中。幸运的是，他身边还有他主要的顾问和密友，殖民地秘书、参事乔治·克拉克，他在这起草率的法庭戏剧中出演了个即兴角色。当亚历山大之后站起来讲话时，布拉德利想当然地认为这是对首席法官科斯比所作出的即决判决的抗议，并且否认案件已经解决。亚历山大回应道，他想要让法院关注另一件事，正如后来科尔登叙述的那样：

> 总督看起来并不知道做什么——无论他有没有听亚历山大的话——反而总是看向克拉克议员，并且根据克拉克议员的行为来下决定；当克拉克不再出去的时候（因为只

要科斯比驳回了亚历山大的异议，克拉克就站起来要出去），科斯比就停下，并且看起来好似在听亚历山大的辩词，但是只要克拉克议员开始移动，科斯比就离开了他的席位，并不再听亚历山大的辩词，因而被告们写好的辩词、对起诉书的申诉和异议不得不被搁置一旁。[13]

克拉克与莫里斯派疏远几乎有十年了，但仍是殖民地王室官员无党派的私密伙伴，他可能本打算在建议科斯比裁决欧博朗授权案之前写信给伦敦的王室法定权威。但他无疑已经看穿他的同事议员哈里斯的所有阴谋，他和科斯比两个人都对莫里斯和他的朋友们怀有深深的憎恨。当只有一位法官的衡平法院在七周之后再次开庭的时候，总督宣告说，与前任亨特总督和其他前辈们一样，他受王室之命担任大法官，全权审理欧伯朗赠地一案；并宣判驳回莫里斯派对这5万英亩所有权的异议。

亚历山大不可能乐观地认为他在曾格案上比欧博朗案上会更有优势。

<h1 style="text-align:center">五</h1>

在总督科斯比拒绝回避庭审听证否决莫里斯派的欧博朗所有权案的几天之后，詹姆斯·亚历山大重回法庭，这次是纽约最高法院4月15日春季开庭，也是约翰·彼得·曾格受审的第一步。让曾格出狱当然是亚历山大的主要目的，但是亚历山大和他的协理律师——威廉·史密斯，同样也希望告诉大家，政府裁决印刷工犯罪的无情判决正是它迫害科斯比反对者的惯用模式，他们希望有足够的理由将这些官员遣回英国去。

思考了几个月的对应策略，亚历山大决定放弃他原本的计划，改为质疑首席法官德兰西的庭审身份，以他对曾格明显的敌意为由——更不用说，作为辩护律师也不行，德兰西家族对支持曾格报纸的莫里斯派有着众所周知的敌意。因为首席法官的歧视偏见，排斥他的证据是充分的。德兰西非常感激科斯比指派他为殖民地地区最高等级的法官，他十分顺从且多次努力尝试将《周报》的印刷工起诉，并且强加了烦琐的保释要求，在曾格的保释听证会的公开法庭上发表有偏见的言论。尽管如此，即使德兰西几乎肯定会驳回亚历山大让他不再插手庭审的请求，这个请求也十分可能引起公众关注首席法官与苛政政府的共谋关系。这有助于威慑德兰西，在庭审中他的裁决能更加明智而审慎。但是全力以赴地阻碍首席法官同样冒着进一步与他敌对的风险，很可能危害到他被告人的案件。但是，即使出乎所有人意料地，德兰西同意撤换自己，又对曾格有什么帮助呢？科斯比必然会撤换听从他命令的第二个法官弗雷德里克·菲利普斯，他的家族对莫里斯派的敌意绝不会少于德兰西。

　　相反，亚历山大对他早前的计划采取了一些细微的调整。并非诉诸德兰西对曾格的偏见言论的人身攻击，亚历山大考虑了一些"异议"，即他质疑两个法官是否有听审案件的权力——或者任何案件，就此而言——因为总督将他们提升一个等级的委任是在莫里斯从法院被解雇之后，这不可避免地令人诟病。科斯比的委任状声明两个法官只在"总督满意期间"就职，意味着如果他们的裁决不能完全和科斯比的愿望相一致，那么他能够随时随地解雇他们。然而在英国长久的惯例中，法官是在"品行良好期间"就职，能轻易让他们被议会弹劾的，或者被英王、政府部门轻易免职的，只有对他们不端行为的指控。另外，根据亚历山大和史密斯所言，科斯比在作出两名法官的委任前并没有成功赢得参事会的正式同意，这是一项违反他自己以及任何一名来自枢密院的地方官员的命令。

亚历山大的异议比它们看起来更加精明。德兰西很可能漠视辩护律师对于他和史密斯法官委任合法性的异议，并把这些异议看作只是转移注意力的小把戏。但是如果有突然缓和的转变，首席法官承认亚历山大提出的异议是正当合理的将会怎么样？亚历山大所言的委任状上的纰漏事实上是严格按照规则的，如果科斯比能得到参事会迟来的对委任状的赞同，并且修订委任状为两位法官将遵从英国惯例在"品行良好期间"就职，这些纰漏可以被轻易纠正。这样的让步其实绝妙地契合了亚历山大的真正目的，即暗讽现在的法官委任状的措辞是把法官的任期限制在了"总督满意期间"，使他们成为科斯比专制蛮横的傀儡，也因此更可能做出符合科斯比命令的裁决。如果德兰西和菲利普斯委任状的措辞修改过，他们会感激曾格的辩护律师将他们从科斯比的桎梏中解放出来——这也是亚历山大所期望的。

在这种情况下，希望总是短暂的。辩护律师试着提出对法官委任状的质疑，德兰西开始非常诧异，而后又被隐含在其背后的暗讽所激怒。一个更为老练的法官则会筹划满足辩护律师的异议——这甚至很容易得到科斯比的配合——会将他们从总督掌控中解放出来增强独立性，并且可能延长他们的任期。但是德兰西一定是意识到了科斯比不可能同意修改委任状，从而限制了他对殖民地法官的掌控。首席法官力劝曾格的律师认真考虑他们提出的"异议"的含义和后果——这个"异议"事实上是对两位法官法律地位的蔑视，并且引申开来，是对委任行为合法性的轻视。史密斯向法官保证他们已经彻底考虑过这件事，真正的重点是他愿意用生命担保法官委任状的不合法性。面对这样果敢的对手，德兰西表示他将通宵考虑这项异议。[14]

在那个夜晚，德兰西可能和科斯比以及他的法律顾问讨论辩护律师的质疑，因为当第二天德兰西出现在法院时，他采取的一步激烈的措施完全超出了亚历山大的预期。根据多年后曾格出版的关于那场官司的《简报》，首席法官用尖锐、惊人的语言指责辩护律师史密斯："你以为你像上次在经济庭（科斯比在最高法院中创建的，以方便他旁听他控告范达姆的案件）中那样通过在法庭上争论赢得了许多掌声和名气，但是这只能导致我们被逐出法院，或者是你被逐出法庭。因此，我们决定将你和亚历山大先生逐出法庭。"然后，他呈递给法院办事员一项法院决议，即不仅剥夺两位律师作为曾格辩护律师的资格，而且禁止他们之后在殖民地上从事任何法律活动。因为在纽约没有比亚历山大和史密斯更熟练、更受人尊敬的律师了，首席法官的决议无疑是故意破坏彼得·曾格的脱罪、出狱和他的职业——当然还有不影响《周报》。正如利文斯顿·卢瑟福在他对曾格案的评论中所说的那样，"取消他们的律师资格这个值得注意的决议恰恰说明了政府行为中非常的、坚决的党派性特征"[15]。

当然，纽约有比亚历山大和史密斯更有资格为曾格辩护的律师——曾格是配得上这样优秀的律师来为他辩护的，因为他引发了对科斯比行为谴责的风暴并且帮助创建了《周报》。但是当时正值刘易斯·莫里斯在伦敦致力于将政府官员赶下台期间。因此当4月18日，曾格请求德兰西委派其他合格的律师来代表他辩护时，德兰西注意到了他断然剥夺曾格律师的资格给曾格带来的强烈打击，便满足了他的要求。虽然约翰·钱伯斯才二十几岁，但是他却是纽约市法院仅有的8名具有律师从业资格的律师之一；他的才能从他日后在殖民地参事会工作并担任最高法院法官的经历中可见一斑。但是众所周知，钱伯斯就像是围绕在科斯比集团周围的卫星一般。他早前曾签署过一份支持当局政府的公开声明，因而他自前一年9月起就被科斯比集团选在纽约市参事会为其工作，但是在投票中以35:5遭受挫败。作为安慰，他被委任为参事会的记录员，大概等同于现代意义上纽约市的法律顾问，接替了臭名昭著的弗朗西斯·哈里森。根据威廉·史密斯的儿子所写的纽约殖民地历史来看，钱伯斯作为一名律师的能力被曾格的律师们诟病为"以高谈阔论而非法律学识著称"[16]。亚历山大不得不寄希望于钱伯斯的职业道德，希望他不会给曾格一场敷衍马虎的辩护。

曾格的替代律师立刻为曾格无罪辩护，并表示他不会被亚历山大和史密斯所操纵，因为他无视了他们让他向法院询要免职文件，并将其作为上诉的有力基础呈交给法院委员会的建议。但是钱伯斯出面向法院申请延迟开庭时间，因而他才有足够的时间准备为曾格辩护并且要求出席庭审的陪审团是"选定的陪审团"。现在法院下一次开庭的时间被安排在了8月初。"选定的陪审团"意味着法院办事员将——可假定是随机地——从合法登记的纽约不动产终身保有者中挑选出48位善良真诚的人，起诉方和辩护方各对其中12名陪审员身份进行质疑并剔除后，从余下的24人中挑选出12名陪审员。钱伯斯的请求意在阻止常常使用的（有时是滥用的）权宜之计，即总督或政府要员，随便挑选一个他觉得合适的陪审团来陪审。法院直至下一次开庭前一直对"选定的陪审团"这一要求保留意见。

在这期间至少三个月的时间里，曾格仍然被囚禁在市政厅，亚历山大和史密斯只能不停要求钱伯斯准备一些大胆的辩词，声称习惯法对于诽谤罪的定罪绝不能像霍金斯论文主张的那样死板僵硬，应该呼吁证人来证实曾格报纸中控诉的真实性。但是，现存的钱伯斯当时的笔记显示出了他试图让陪审员们的观点更加狭窄。他试图说明，刊登在《周报》上的控告和挖苦，主题和目标都太过模糊不清，和起诉方猜测的报纸真正所指的人物事件并不吻合，因而很难被定罪为煽动骚乱，也不能被布拉德利指控为对于政府的无视不敬。哥伦比亚大学法学院教授埃本·墨戈兰（Eben Moglen）认为，钱伯斯的想法就是，即使大家都知道报纸所控诉的对象是谁，但是"这个理论上充足的借口能有把握让陪审员找到事实依据，因而无罪释放曾格"[17]。这个计划的成功将仰仗于一个开明的陪审员的选择，即使第三大陪审团表露了他们对于曾格的同情，辩护律师也不能仰仗于这一点。正如德兰西在曾格保释听证会上不明智地预测道，在审判中，陪审员很可能被首席法官胁迫作出一个"特殊的裁决"并作伪证。如果他们无视法官的指令并无罪释放曾格，那么也就无视了《周报》所针对的那些人。

显然，亚历山大坚定地相信钱伯斯缺少足够的技巧和能力在庭审中胜诉，他开始想方设法寻求一个更有经验、更有把握的律师来替此案辩护。在纽约的律师圈里找不到一个人愿意冒着激怒贪婪的总督的风险，与一个由他自由支配的烦琐法律机关做斗争，亚历山大需要寻找一个在科斯比管辖之外的律师，这样的人才可能接手这个案件。最大并且最近的法律人才聚集地便是费城，一个比纽约还要大的城市。亚历山大认为42岁的约翰·金西（John Kinsey）就是他要找的人。约翰是一位公谊会牧师的儿子，也是宾夕法尼亚议会一位杰出的议员——他不久之后将成为其发言人和联邦的首席法官。这也是亚历山大个人的评价，但是金西回应他说，他是想要同意这个纽约人的邀请，"在任何正义的事业中，我都是自由的"。但是他道歉说道，他不能着手曾格案，因为"近来我和总督（科斯比）之间的信件往来太多了，虽然这些信件并没有提及曾格案，但是如果我接手曾格案，我就不得不让自己背负着不光彩的骂名来与科斯比对簿公堂"[18]。

在宾夕法尼亚律师圈还有另外一位同样杰出的律师，正担任宾夕法尼亚立法机关的发言人，但是他已经59岁了，身患痛风。纽约法庭中充斥着寻找候选人之旅无望的痛苦和盛夏的炎热。亚历山大不再沮丧于难以找到替代钱伯斯的律师，他起草了一系列简明的陈述词，希望曾格能在法庭上说出这些陈述，从而博取那些钱伯斯不太可能赢得的陪审员的同情心。第一份陈述处理的正是那些亚历山大选出来撤销的期刊，他唯恐曾格的辩护律师递送这些期刊会激怒德兰西，但如果是印刷工亲口说出这些话，首席法官可能会犹豫一下。亚历山大让曾格在庭审开庭前陈述的话就是恳请德兰西"他不应该以一个法官的姿态在我的庭审中"，因为他是"授权将我送入监狱的、可敬的参事会的一员，也是参与殖民地议会讨论的负责人之一……阁下乐于坚称我《周报》的所有内容都是诽谤"。此外，他也是命令将曾格的报纸"被平民刽子手焚烧"的参事之一。总而言之，曾格想说的是，他认为首席法官"对案件有着极大的偏见……不能公正地审理我的律师提交的材料，而公正却是审理案件必不可少的"。这位印刷工还在他的保释听证会上补充道，"阁下……也乐于宣称，如果任何陪审员同意无罪释放我，那么他们就近似作了伪证"[19]。

亚历山大为曾格起草的第二份陈述更是感情激烈、令人动容，他希望德兰西允许曾格在庭审结束时陈述。开头是"各位在座的陪审员先生们，你们都认识我，我一直在这个殖民地太平地生活着……我的工作是为了养家糊口"。接下来，他开始据理力争，无论钱伯斯代表他说了什么或者没说什么，政府一直没有证明"我在报纸上控诉的内容是虚假、造谣中伤、具有煽动性、意在扰乱人心的，反而有更强有力的反面证据"。他提醒陪审员，他已经入狱大半年时间，其间要不是"好心人的施舍"，他的家人可能因此挨饿受冻。他对陪审员们说，作为一个年轻人，他和家人"已经逃离了一个专横的、压迫的、摧毁所有人的专权的国家"——并且"如果说出事实我将会面临更严苛的惩罚，任由其……结束我的生命，因为我不能忍受让我家人挨饿受冻……先生们，惩罚一个说出实话的人，没有一部人类法律是这么规定的，因为这违背了上帝在《圣经》中立下的神法"。

虽然没有确切的证据表明，但也能隐约地想象和描绘出在那个

6月，彼得·曾格在他沉闷的牢房中努力背诵他的挚友詹姆斯·亚历山大为他写的、希望他在陪审员面前叙述的话，这些陪审员手里掌握着他的命运——他向造物主祈祷力量，祈求对他的折磨快点结束，因为曾格是个虔诚的人。

六

《周报》在6月的最后一周、曾格庭审的前夕发行的期刊上公开了亚历山大的不祥的担忧，首席法官在法庭上和法庭外对摧毁曾格和他的报纸的所作所为都充斥着西班牙宗教裁判所般的狂热。那周报纸上刊登了一篇文章，编辑希望借此吸引纽约殖民地可能成为陪审员的人们的注意，希望即使法官对这起诽谤官司做出特殊裁决的指令，陪审员们也能不受限制地忽视指令自己决定而非交由法院，去判断那些诽谤的话是否是事实上有罪的、意在煽动人心的——而不仅是去判断谁出版印刷了它们以及它们指责攻击的对象。除非在陪审名单中的陪审员有着坚韧不拔的勇气敢公然对抗法官想要执行特殊裁决的指令，否则曾格的机会微乎其微。

因此，两位法官如何裁决辩护律师约翰·钱伯斯三个月前提出需要深思熟虑的"选定的陪审团"的请求变得十分重要，最高法院在案子开审前六天，也就是6月29日召开了审判前的听证会来讨论此事。值得高兴的是，从他在陪审员问题上的两次裁决，詹姆斯·德兰西——至少是此时——跳出了之前的偏见心态，第一次是在挑选陪审团成员问题上，以及不久之后在它被诚信地执行的问题上。由于他和科斯比政权的明显纠葛，年轻的首席法官对他职业的道德非难的忠诚，而不能忽视了英国民众为他们的同伴诉求一个合法陪审团的古老的权利。这就意味着曾格有权要求一个从官方登记的不动产终身保有者中随机挑选陪审团成员，而非由那些政府部门的马屁精用不可告人的方式挑拣。尽管德兰西下达了这样的指令，但是在政府命令下工作的执行吏约翰·赛姆斯和法院办事员却有其他想法。

挑选陪审员的工作于同一天下午5点开始，有许多曾格的顾问和朋友在场，以便监督法院办事员挑选48名陪审员。但是并非拿出不动产终身保有者名单[20]——它包含了不超过一千名符合条件的人员名单，因而能谁在其中早已知晓——而是公然地以规定的方式拟定其中的48名人员"组建"陪审候选团，法院办事员呈递了一份据执行吏约翰·赛姆斯称是从不动产终身保有者名单中挑选出的既定人员名单。经检查，很快发现这份名单是个明显的骗局。曾格的律师说这份名单上的许多人不是合格的不动产终身保有者。这些人一部分是在"政府满意期间"于科斯比授权下在机关或委员会供职，还有一部分是前一年9月被投票赶下台的前任地方法官。一年以后，曾格在关于这一事件的暧昧叙述时说道："他们一定因为我印刷出版了那些有关他们的事而十分记恨我。"最后，最令人惊讶的是，这份办事员预先安排好的名单里竟包括了在政府部门工作的手艺人们（糕点师、裁缝、工匠、鞋匠和蜡烛制造工）。曾格进一步表示，总检察长布拉德利在场一直维护起诉方组建陪审团的利益，仔细注意"个别的名单上的无党派人员"[21]，希望他们不会和王室作对。

法院办事员拒绝接受钱伯斯对于这扭曲不公的陪审员名单的异议，因此曾格的法律顾问在第二天早上出庭抗议这种对总督奉承阿谀的法律办事员操纵陪审团的行为。他们这种鲁莽的行为甚至刺激了德兰西，他在取消亚历山大和史密斯律师资格上的过激行为可能同样驱使执行吏和办事员认为曾格是在法律阴影下默认的牺牲品。首席法官立刻将执行吏拟出的陪审团名单作废，并且当着起诉方和辩护方的面，独自从不动产终身保有者名单重新选出一份新的陪审员名单。这对于辩护方寻求一场公平的审判来说，是一个激动人心的改进结果。

虽然陪审团名单中有 6 名背地里是支持刘易斯·莫里斯伦敦之行的 297 位资金募集者成员，但是在新拟定的 48 名陪审团名单中只有一名莫里斯派的陪审员候选人被总检察长质疑其身份。[22] 最终的 12 名陪审员中，有一半的人被认为偏向于莫里斯派的政治派别，其中包括陪审团主席托马斯·亨特（Thomas Hunt）。陪审团中多达 7 人具有荷兰血统，他们对于科斯比不遗余力地起诉范达姆怀恨在心，因为范达姆是他们荷兰移民纽约一辈的领头人。其中一名陪审员，赫曼努斯·罗格斯（Hermanus Rutgers）在 1734 年 1 月的大陪审团中第一次接触曾格的诽谤案，并在当时拒绝指控他。[23]

陪审团的组成成员强调了科斯比及其法律同伙为了让《周报》和喧闹的莫里斯派沉默不发声所采取的行动所面临的风险。纽约殖民地的大多数公民们一直对王室为他们殖民地所委派的政府官员持冷漠态度，曾格的报纸恰好为他们的不屑提供了发泄口。公平地说，他们的不屑态度就像以前那些从母国派遣来统治他们的盛装招摇的贵族一样。科斯比就是王室特权的化身，他有着对殖民地法律实施和司法人员的至高无上的统治。他特意选择首席法官是为了能在曾格案中敲下法槌，并且通过对每项提议、异议和陪审团最终指令的裁决得到他处心积虑想得到的结果。另外，习惯法总是坚定地站在政府的一方。自从星室法庭出台《诽谤法》法案至今的 130 年中，只有两起著名的诽谤案件里被告人没有被定罪。一个是由于法律细节，控诉方说错了诽谤物出版的具体时间。另一个案件是 7 名主教敢于声称詹姆斯二世非法取消国会禁止天主教徒和其他非英国国教教徒参与公共活动的法令，大部分国民站起反抗，支持 7 名主教——最终以粗暴地将君主逐下台结束。

勇敢的彼得·曾格不能指望类似的偶然事件发生。即使是有一个更加有才华的律师在身边为他辩护，这个可怜的印刷工也要面对这难捱的庭审日。曾格案最终于 1735 年 8 月 4 日（星期一）这一天开庭审理。

注 释

1 "大陪审团发现"：卢瑟福，作品同上，第 47—48 页。

2 "在一场公认的政治案件审判中"：卡茨，《述略》，第 20 页。

3 "在没有参与到担保曾格的事情上，你做的很对"：谢里丹，《刘易斯·莫里斯文稿》，第 2 卷，第 143 页。

4 "他们中几乎每个人"：麦卡恩尼尔，作品同上，第 422 页。

5 "这里的每一个人都同意"：博诺米，《分裂的人民》，第 127 页，引用莫里斯写于 1735 年 3 月 31 日的信。

6 "由谁来纠错"：谢里丹，作品同上，第 24—25 页。

7 他到目前为止所收集的证据：卡茨，作品同上，第 139 页。

8 亚历山大对王政复辟时期法官们的看法：出处同前，第 140—141 页。

9 "所有的控告和资料"：出处同前，第 141 页。

10 如果作为大法官的他做出对他们有利的裁决：谢里丹，作品同上，第 2 卷，第 132 第 9 条注释。

11 "让殖民地居民恐慌"：出处同前，第 131 页。

12 "英王将授予"：科尔登，《卡德瓦拉德·科尔登书信集》，第 311 页。

13 科斯比遵从克拉克的意见：出处同前，第 312 页。

14 面对这样果敢的对手：卢瑟福，作品同上，第 49 页；卡茨，作品同上，第 52—53 页。

15　"取消他们律师资格的决议"：卢瑟福，作品同上，第51页。

16　钱伯斯的律师职业技能：W·史密斯，《纽约省历史》，第2卷，第19页。

17　墨戈兰谈钱伯斯的想法：墨戈兰，《细看曾格》，第38页。

18　金西不能替曾格辩护：卢瑟福，作品同上，第57页。

19　首席法官"对案件有着极大的偏见"：卡茨，作品同上，第147页。

20　并非是拿出不动产终身保有者名单：卢瑟福，作品同上，第60页。

21　希望他们不会和王室作对：卡茨，作品同上，第56页。

22　297位资金募集者：《卢瑟福文集》，第2卷，第75页，纽约历史博物馆；卢瑟福，作品同上，第62页。

23　陪审员赫曼努斯·罗格斯：卢瑟福，作品同上，第62页；《纽约周报》，1734年1月28日。

Chapter. 09 | 第九章

费城律师

Philadelphia Lawyer

一

　　审判日期定于周一，这天是《周报》常规发行的日子，但出于特殊需要，该报已提前一天，于周日付印，尽管当天是安息日。曾格的报社周一被勒令停工，他向读者痛诉该事件是由于"法院传唤我的工人甚至我的两个幼子出庭，作为指控我的证人"。起诉人计划传唤他们到证人席，以证实曾格曾下令印刷两期颇具诽谤嫌疑的报刊，同时认为凭该证言及报刊登载的诽谤性言辞，即可给曾格定罪。然而，周刊提前一天出版发行另有隐情：莫里斯派希望通过在审判前夜散发该报，提醒纽约市民关注这一重要审判，并试图吸引大量同情被告的旁听者到庭。

　　该计划效果显著。距开庭尚有多时，喧闹的人群从市政厅入口三道优雅的拱门蜂拥而入，上至法院二层大门外等候。法院规模不大——利文斯顿·卢瑟福在 1904 年发表的对此次审判的重要说明中将其描述为"一个小房间"[1]，待法警整顿好秩序，法院已"人满为患"。旁听者人数据推测在 250 到 300 人，又如卢瑟福所述，"旁听者来自社会各个阶层"。尽管作者（利文斯顿·卢瑟福）与亚历山大沾亲，明显在纪念其为新闻自由所做的贡献，但他做出如下评述也并非夸大其词：

　　　　大部分市民汇聚在此不仅为见证审判……而是要向专制政府发起绝地反击。如果曾格被判有罪，他们无疑将会丧失最后一线生机，任由总督压迫而无力抵抗。反之，如果曾格无罪开释，则无疑终结了他们的不幸遭遇，为其意欲实现的需求及理念释罪，鼓励其为挣脱营私罔利之总督而不懈努力。

审判伊始，公诉人即检察长理查德·布拉德利，宣读对被告的指控及其认为有虚构、煽动诽谤之嫌的报道，声称该报道中总督被"严重不公地丑化为一个僭越法律和司法的形象"。布拉德利毕业于剑桥大学，此案临近其二十九年殖民地首席执法官生涯中期。反对派认为布拉德利政坛常青与其说是因为其政治手腕高明，不如归功于对历届总督所做的殷勤奉承。他在议会和莫里斯民主派中的政敌谣传检察长极可能滥用职权、透露"小道消息"收受贿赂并包庇检举。正如对科斯比及其副手的揭发一样，该类指控缺乏明确书面证据。

布拉德利指控曾格对殖民地稳定造成"轩然大波"的行径并要求其认罪，之后列举了有诽谤嫌疑的报刊。其间，他念及判例法（如霍金斯条例）规定诽谤罪务必明确受诋毁的个体或团体，于是自作聪明地提示陪审员：每次"总督"一词出现，即确指现任官员。然而，科斯比的名字在援引的文本中并未出现。

在此之后，辩护律师约翰·钱伯斯提请为委托人做无罪辩护。此时，亚历山大按数周前的计划，安排曾格起立，并请求允许向法官做当庭陈述，发言稿由其时已吊销资格的首席律师撰写。众所周知，过去一年半中首席大法官对印刷商抱有极大的偏见，因此发言人请求首席大法官规避。然而，亚历山大预判此举风险重重，必然遭到德兰西反对，并极有可能使得双方反目成仇。更为关键的是，亚历山大不久前成功囊获另一杀手锏，亟待亮剑，以弥补钱伯斯律师不尽人意之处。于是年轻的钱伯斯律师开始首轮辩护，并未完全依据亚历山大和史密斯事先规划的步骤和台词。

当时速记技术尚未出现，法院书记员缺乏书写利器，无法生成完整、忠实的诉讼记录，因此曾格案的确切辩词并无从获取。所幸凭借辩护律师和亚历山大在庭审前后的笔记，及亚历山大据此撰写（后由曾格于次年 6 月发表）的该案件《简报》，后人得以近似估测：几乎可以确定的是，钱伯斯在首轮辩护中强调了两个关键点：首先，检察长不仅须证明曾格刊载过上述言论，还须证明该言论虚构、诋毁以致构成诽谤。为此，政府须向陪审团证实该攻击性言论实如霍金斯及其他法律权威人士在判例法裁决摘要中所论断的，是"虚构的，恶意的，煽动的，造谣的"，才能构成犯罪行为。钱伯斯听从亚历山大的提示，强调诽谤普遍被定义为"恶意诋毁"，继而提出"诋毁是虚构事实，恶意侮辱，剥夺或企图剥夺他人名誉和人格"。因此，鉴于公认的定义，诽谤罪须满足虚构、恶意的条件，起诉人除证实曾格刊载了相关言论外，还须传唤证人证实周刊的言论满足上述条件。

其次，钱伯斯展开另一主要观点论述——他自恃驾轻就熟，但亚历山大听取开头后不以为然：政府有法律义务在"特殊裁决"诉讼中证实印刷商及受诋毁个人的身份。"我认为检察长对此义不容辞，"钱伯斯在笔记中声明，"应通过直白、正面、有力的证据充分证明并揭示而非通过旁敲侧击、捕风捉影或牵强附会的暗示。"[2]

此时，正当辩护人准备将发言权移交起诉人时，一位德高望重、旁听者不甚熟悉的人物从钱伯斯席后的曾格顾问席起身，随即与印刷商的年轻律师易位。审判的节奏和走向由此发生转折。此人向法官介绍自己是安德鲁·汉密尔顿，宾夕法尼亚法院的注册律师。[3] 他激起了拥挤的市政厅人群的惊讶和猜测，业界人士无不了解他的声望，他被认为是美洲殖民地最负盛名的律师。人群愈发躁动不安。

汉密尔顿在其殖民地政务中发挥中坚力量长达近二十年时间，时任宾夕法尼亚议会议长，位居总督一人之下。身兼宾夕法尼亚领主、创建者威廉·佩恩亲属及其继承者的常年法律顾问，汉密尔顿议长与总督之间冲突颇多。汉密尔顿才华出众，语言表达运用自如，当庭表演如鱼得水，嬉笑怒骂拿捏得当，正如当时的一位仰慕者所说，"其自信无以复加"[4]。如此多才多艺的律师在纽约法律界还未曾出现过。

詹姆斯·亚历山大为曾格寻找辩护律师来替代初出茅庐、疏于胆识的钱伯斯时，认为汉密尔顿接受委托希望渺茫，毕竟他公务缠身，审判日程满满当当，加之他已59岁，身患痛风行动不便，但亚历山大仍一再请求。尽管他年少汉密尔顿15岁，也不比其能言善辩，但两人结下忘年之交，不仅是同行，也有其他若干共同之处：二者均生于苏格兰，二十出头移民美洲，意气风发，满怀抱负；政治才干使律师业务风生水起；法律专著收藏颇丰（经常互相借阅）——至于其家世以及早年与当局的抵牾，二者均缄口不提。

关于汉密尔顿的家族及成长经历，没有可靠记录留存。然而，在他年幼时候，其家庭至少是中等收入。1690年，14岁的汉密尔顿进入苏格兰历史最悠久的圣安德鲁斯大学，三年后获得学位，在格拉斯哥大学完成硕士学习后，进入爱丁堡大学攻读法律。据谣传，在爱丁堡大学，汉密尔顿因密谋詹姆斯二世党活动被捕。十年后，亚历山大同样因涉嫌政治密谋遭到追捕。尽管詹姆斯二世推崇天主教，汉密尔顿仍支持驱逐荷兰裔英王威廉三世，重新确立斯图亚特家族为英国的合法统治者。除担心被政府官员以颠覆罪揭发、逮捕外，汉密尔顿或许还曾卷入一宗谋杀或殊死决斗。成年后，为便于以清白之身逃往美洲，据载他曾在一段时期内更名为特伦特。

安德鲁在弗吉尼亚东海岸的北安普顿县做了一名普通的私人教师以躲避风头，在那里他结交了富裕、无子的福克斯克劳夫特夫妇。汉密尔顿为他们管理大片房产，夫妇二人为他提供栖身之所，并将这位谈吐优雅、博学多才的年轻人引荐到上流社会和政界。汉密尔顿还结识了一位权威的律师，在他的事务所重新开始学习法律，不久便获得律师资格。1702 年，汉密尔顿的资助人埃萨克·福克斯克劳夫特（Issac Foxcroft）去世，两年以后他的遗孀布里奇特（Bridgett）也相继辞世。布里奇特在遗嘱中将福克斯克劳夫特家族的巨额遗产赠予汉密尔顿，称他为"我的爱友"。这引起了当地人的流言蜚语，断言这位年轻的继承者寡廉鲜耻，财迷心窍，以花言巧语博取夫妇信任，并极有可能在埃萨克生前身后都与布里奇特关系暧昧。无证据表明福克斯克劳夫特夫人对安德鲁的青睐超越了母爱和柏拉图式的情谊；毫无疑问，流言大多出于对他绝佳智慧、魅力、运气的嫉妒。无论如何，安德鲁 28 岁即获得财富保障，不必迎合缺乏诚信的客户，无须忍受律师业务中庭审的愚弄——尽管在法律方面他天赋异禀，然而这种我行我素的作风也难免有损他的人气。

于是汉密尔顿北上马里兰，事业平步青云，妻子来自费城势力强大的贵格会家庭，曾为他介绍过一位阔绰的诉讼委托人。汉密尔顿在切斯特敦小镇附近购置了 600 英亩的房产，从马里兰首府安纳波利斯到商业中心巴尔的摩，横跨切萨皮克湾。为给其律师资信增色，汉密尔顿重返英格兰，进入伦敦四大律师团之一——格雷律师公会，其后获准进入英格兰律师协会。在返回美洲之前，汉密尔顿积累了宝贵的人脉。[5] 他的贵格会姻亲为他在费城打开门户。1713 年，汉密尔顿受佩恩家族代理人委托，处理约克公爵加冕为詹姆斯二世国王前赐予佩恩家族的土地所有权争端。汉密尔顿与佩恩家族的关系极大提高了其在费城的地位：他在费城购置房产，开办事务所，同时获得巴尔的摩勋爵家族的准入，作为马里兰参议院议员参与选举政治。很快，他在费城因组织编纂殖民地法成名。1717 年，他将所有业务活动转移到宾夕法尼亚，经常在殖民地最高法院出任辩护，并受命担任该地检察长；之后更晋升殖民地参事，并被提名为费城刑事、民事法官和最高法院案卷主事官（即书记官长），前提是他愿意放弃私人律师业务。1726年，他入选宾夕法尼亚议会。两年后荣升殖民地高级别选任官职——宾夕法尼亚议会议长。当好友詹姆斯·亚历山大恳请他为曾格出庭辩护时，他仍身居此一要职。

汉密尔顿的律师资信并无为新闻自由激烈辩护的声誉。恰恰相反，作为总督一名参事，他曾两度参与咨议院对费城《美国信使周报》出版商安德鲁·布拉德福德诽谤一案的非难、起诉和处罚。1722年，布拉德福德被控印刷一本匿名宣传册，并在自家的著作中公然援引其中一篇抱怨"殖民地世风日下"的文章。这一事件被看作对政府的诋毁，罪不可赦。布拉德福德受到严重警告：未经总督本人或其代理人允许，严禁对宾夕法尼亚公共事务发表任何评论。七年后，《美国信使周报》刊载了一封署名为"布鲁图斯"的读者来信，号召读者"摒弃对英王及其政府的一切臣服"——其中想必包括宾夕法尼亚政府。参事会通过决议监禁布拉德福德，此一决议也再次得到汉密尔顿首肯；出版商告饶后才被释放。

然而，汉密尔顿这样技艺精湛的律师在法律纠纷中可支持任何一方，因此亚历山大说服他为曾格做无罪辩护是明智之举。且不论汉密尔顿公认的才华，外地人身份也为他的辩护平添了优势。他鲜为纽约公众所知，因此免受殖民地日益白热化的政治氛围影响而能洁身自好。当地也没有任何律师可以像他一样掌控市政厅的局面，并能够使得全体陪审员洗耳恭听。对汉密尔顿而言，即使受人之托同意免费辩护，倘若能为贫穷的印刷商解围也颇为值得。尽管他口碑良好，经常帮助贫困的委托人，但数年来不断遭到《美国信使周报》印刷商布拉德福德的抨击，谴责他与佩恩的儿女为伍对抗宾夕法尼亚总督大人。曾格案为汉密尔顿提供了现成的舞台反击布拉德福德的父亲威廉——其名下的《公报》可谓科斯比总督大人的御用喉舌。

亚历山大对请来高人一事严格保密，直到汉密尔顿现身法院。

此举既为了使检察长措手不及，也为了防止政府官员（尤其是首席大法官）编造借口阻止汉密尔顿作为曾格的协理律师在法院出现。汉密尔顿很可能没有在纽约执业的资格，德兰西没有理由对此视而不见，他可以堂而皇之劝其退庭。曾格在事后对庭审的描述中写道：汉密尔顿德高望重，使"他们对这种专横的极端做法有所顾虑"[6]——曾格可以补充一点：法院已断然拒绝了声望卓著的詹姆斯·亚历山大出庭辩护。

在汉密尔顿秘密抵达纽约至开庭的间隙，已被免职的曾格的法律顾问全力以赴与这位杰出的到访者交接调查成果，并提出一项钱伯斯不愿采纳的庭审战略。当然，钱伯斯已得知须移交其首席辩护律师一职；否则，如果在庭审当天得知这一消息，他可能会公然反对，德兰西也会趁机反对换人。或许是为了确保钱伯斯得知降级后同意合作，维护其尊严，确保其不向科斯比派透露所换高人的身份（虽然他一贯作风忠诚，但当下无此道德义务），钱伯斯被授权进行首轮辩护，至少是首轮辩护的绝大部分。如此该辩护对委托人可谓既无助也无害。这一律政新手随后将发言权移交给行家里手。

二

安德鲁·汉密尔顿的辩词对现代听众而言有时过于冗长，但他的开场白尽显活力和智慧，如莎剧演员的华丽出场。市政厅的旁听者无不为之动容。

他并未强调钱伯斯在首轮辩护中提出的观点，即政府须证明曾格刊载过有诽谤嫌疑的言论公然针对科斯比；这些观点只是隔靴搔痒，并未切中要害。对费城律师而言，症结在于冒犯言论的真伪。因此，汉密尔顿遵照亚历山大被取消辩护律师资格前在笔记中记录的策略，陈词开始即向法院表示：无可否认，"平心而论，我认为只要情况属实，自由主体均有公开抗议的权利。因此不必劳驾检察长大人传唤证人证实，我即可代表委托人坦承他委实刊载出版过两期有上述言论的报纸——同时我认为他此举无罪"[7]。

他无所顾忌地进一步承认诋毁文章的确是针对总督——该意图同印刷商身份一样不证自明。然而，汉密尔顿接受这两项指控风险巨大，因为在由法官主导的特殊裁决中，陪审团据此即可给诽谤者定罪。若被告承认相关指控，首席大法官可当即终止审判程序，引导陪审团递交有罪裁决，由法院判决出版言论的诽谤与否。德兰西计划流产的原因不得而知。或许是令人敬畏的律师发表的出乎意料的辩词暂时冲昏了首席大法官的头脑。抑或如斯坦利·卡茨所述："原因可能是德兰西缺乏经验，同时总督对当局限制了英国人法律特权这项指控有所顾虑。"[8] 根据后一推测可合理推断：德兰西希望诉讼正常进行而非庭审初始就强加特殊裁决指令，以免激起批评，指责其侵犯被告在公正的陪审团审判中理应享有的权利。

然而，检察长未请求法院当即终止审判并引导陪审团递交有罪裁决的原因更加不为人知。相反，布拉德利向法官陈述：既然他不再需要原计划传唤的证人来证实汉密尔顿已接受的指控，可以将他们释放，包括曾格的印刷工和两个儿子。接下来是一阵紧张而持久的沉默，其间布拉德利可能对是否断然请求法院终止审判、诉诸特殊裁决已深思熟虑，或许他是在为德兰西不请自明、主动提出特殊裁决争取时间。倘若如此，首席大法官并未领情，因为他最终打破了沉默向布拉德利发问："那么，布拉德利先生，是否继续？"

起诉人并未将此问题视为其当即主动要求特殊裁决的契机，却试图使陪审员对其最终裁决坚定不移。"既然汉密尔顿先生已承认刊载出版过这些诽谤言论，我相信陪审团一定会为国王陛下做出公正裁决，"布拉德利说，"因为即使言论属实，法律规定诽谤罪事实上不会因此减轻，反而会加剧。"以上主张引自1716年霍金斯条例第六章关于诽谤罪的条款，规定"因为恶意谩骂真实性越高，煽动性越强"[9]。换言之，对政府的腐败勾当揭露越真实、越准确，就越易破坏社会稳定——公众往往群情激愤，甚至要求政府惩处腐败官员——判例法规定，这是更为严重的犯罪行为。

汉密尔顿即刻反驳布拉德利自以为是的假设。"并非如此，检察长大人，"他打断道，"曾格认罪有两个条件。我认为刊载出版报纸本身不构成诽谤。在判定我的委托人为诽谤者之前您还有其他事要做；因为言论本身必须是诽谤性的——虚构的，恶意的，煽动的，否则我方无罪。"[10]

汉密尔顿的还击令布拉德利身躯一震：对手不可小觑。于是他不顾汉密尔顿的反驳而直接切入本案核心——诽谤罪的法律原理。检察长宣称，由于政府在保护王国臣民生命、宗教、财产安全中发挥着至关重要的作用，必须时刻严防一切对官员及当局相关人员的诋毁，"尤其是对最高长官（即国王）的诋毁"。正因"侮辱、谩骂官员是重罪"，因此存在"许多因扰乱公共稳定而受到严厉审判和惩罚的判例"[11]。为支持其论述，布拉德利引述了霍金斯的权威条款及其中多项案例，上溯星室法庭时代《科克关于公共诽谤的报告》，并列举了当代的法律条款。他宣读了一些选段，其中诽谤罪被定义为受"神和人的律法"责难的犯罪行为（文章引自《使徒行传》第二十三章第五节："保罗说，兄弟们，我不晓得他是大祭司。经上记着说，不可毁谤你们自己的官长。"）。布拉德利汗流满面，继续说道："曾格以臭名昭著、极端恶劣的方式冒犯了总督阁下。"而殖民地参事会及议会也同样遭到该刊诋毁，声称目前人民的自由和财产"岌岌可危，他们和子孙后代可能遭到奴役"，议会"应对总督的讥笑视而不见"，殖民地"法律已夕阳迟暮"，因为陪审团及审判官任凭总督裁撤。"如果这些言论不是诽谤，"布拉德利说，"那我不明白什么才是……因此，总督下令起诉，以制止这一煽动、恶劣的行径。"[12]

检察长对曾格报纸的严厉斥责仍在拥挤的走廊中回荡，钱伯斯即开始辩护，指出布拉德利论证其援引《周报》中的言论为诽谤论据不充分。政府要想定罪，必须证明其指控的言论是虚构的、造谣中伤的、具有煽动性的。此后，年轻律师不再发言，汉密尔顿继而在接下来的审判中辩护。

"我同意检察长所说的政府是神圣的，"汉密尔顿说道，"但我反对他所暗示的，部分人对当局行政不当的公正控诉是对政府的诽谤。"汉密尔顿坦言，该案即是这种情况。据他的看法，"从各阶层群众当庭围观"即可看出政府控告曾格该行为有罪这一事件显然在殖民地引起了广泛关注。为赢得旁听者的支持，他补充道："我有理由认为当局此次控告意味深长，人们相信此案涉及他们的切身利益，超乎我的想象。"[13]

汉密尔顿继续深入，抨击在他看来起诉人赖以"支持其诉因"的星室法庭判例。他将之称为对英格兰人自由造成最严重威胁的法院宣布的"已被废弃多年""令人生畏的判决"[14]。他讽刺布拉德利"早知如此，何必妄图在此成立星室法庭，将时人的宣判作为今人的判例"。然而，正如检察长大声斥责曾格的报纸违法不能证明事实的确如此，汉密尔顿谴责星室法庭宣判残暴、专断的裁决不能改变其对诽谤罪的判决（尤其是针对政府的诽谤）仍载于判例法典，作为主导判例的事实。身为一名慧黠的律师，汉密尔顿不得不避免陷入这一僵局，于是他辩护的重心转移到请求法院和陪审团摒弃陈规，秉持公正合理的原则，对政府滥用职权进行直言不讳的批评并非犯罪。汉密尔顿称：众所周知，一人在星室法庭时代构成叛国罪的言论"后来……被合法化"。其他曾在某地使用的法律条款后来在他处被废弃的例子更是不胜枚举。

另外，汉密尔顿指出检察长对煽动诽谤罪的理解有误，其引例假设国王作为王国最高长官应得的臣服和尊重对其臣子同样适用。他再次以讽刺的语气诘问："比如，市长或市政自治机构长官可以要求享受陛下的神圣权力？"他暗示总督也不可自诩无可挑剔："我们不可将国王独享的拥护冒昧地移情他人。"[15]

之后，庭审转为一场辩论。布拉德利反驳道，即使星室法庭在其他方面有失公正，并已于近一个世纪前解散，但其中煽动诽谤罪的原则一直以来仍具法律效应。既然汉密尔顿承认曾格出版了涉罪的报刊，还喋喋不休，以故作镇静的语气"控告所援引言论是诋毁的……蓄意煽动、扰乱殖民地人民的意识，这点再明显不过了。假如这些报纸不是诽谤，我不知道还有什么能算作诽谤"[16]。布拉德利的对手正试图将公众注意力引向对星室法庭《公共诽谤》裁决的权威性的质疑，而他恰恰忽略了汉密尔顿提出的核心问题——对性质恶劣、滥用职权的地方和公共官员的责备是否应被认定为犯罪行为。

对此，汉密尔顿提出异议：他承认的确存在诽谤之说，但对其委托人的指控则不在其列。曾格当天供认的仅是他出版了令政府不满的言论，而非不法的诋毁、诽谤。二人就布拉德利向法院描述曾格出版的文章是否使用过"虚构"一词短暂地针锋相对。布拉德利承认他的确使用过该词，同时自我辩解这与此案无关，因为无论如何"如前所述：即使言论真实，仍构成诽谤"。

这一分歧推动了汉密尔顿即将展开的辩论核心，并对布拉德利不屑一顾的态度展开攻势。"对此我与检察长大人观点相左。"汉密尔顿说道，并再次强调事实上他已经提请法庭免除曾格所控之罪——该指控声称印刷商出版了"明显虚构的、恶意的、具有煽动性的诽谤"——而其中"'虚构'一词必有其含义，不然何以置于彼处？我希望检察长大人不会说他将该词放在彼处事出偶然。我认为该控告若没有该词便不充分（有效）"。文章的虚构性是核心问题，因为期刊的言论不可能同时满足虚构性和确凿真实性（或至少大概真实性）。汉密尔顿斟酌辞令，质问"如果指控印刷出版真实言论，情况是否相同？换言之，检察长大人在英国法律中可否通过判例支持上述控告？"该问题当然是虚张声势，因为汉密尔顿同样无法找到任何判例支持其暗指的辩护，即真实的诋毁不曾、不能或不应被判有罪。在其对手回答前，汉密尔顿抢先一步："不能。是虚构造成了毁谤，同时构成了诽谤罪。"为了给法庭节省时间，也为了免于劳驾检察长，他甚至同意如果布拉德利"证明我方遭到指控的言论不实，我会将之归咎于毁谤、煽动，构成诽谤罪"，承认其委托人犯有所控罪行。

汉密尔顿的辩护基于言论的影响，诽谤（尤其是的确带来广泛社会后果，甚至政治动荡的煽动性诽谤）行为中，真实性是辩护的决定性因素这一点在判例法中并无判例或法定权限，这是一项新的突破。他在建树理想中公正的诽谤法，而非墨守当代业已达成的法律共识。亚历山大的笔记显示，他也曾面临相同的障碍。两人为庭审做准备商议时，一定意识到将真实性作为挡箭牌来招架对诋毁、诟病政府的刑事起诉是铤而走险。因为其坚持表达自由以口头、书面言论真实为前提比其观点缺乏法律判例或法定权限更加经不起推敲。这一辩护尽管相当吸引人，但将真实的概念夸大成了不加藻饰、普遍承认的理想状态。似乎真理可以被客观定义，确定无疑，颠扑不破——其内在逻辑恰如笛卡尔关于人类存在的自我认识的著名主张：我思，故我在。"汉密尔顿不曾领会到，"法律史学家伦纳德·W.利维（Leonard W. Levy）说道，"真实是混淆视听、蛊惑人心的标准，经常有悖常理或认知，因此不可一味奉其为证据规则……该标准对一人为真，对另一人为假。一些政治观点即使令众人怨声载道，也无法证明其是非对错。"[17]

如此挑剔汉密尔顿的措辞，质疑其对真实摇摆不定、难以捉摸之常态的理解，显然低估了他超常的智慧和经验。汉密尔顿可能寄希望于布拉德利缺乏就真实的相对性提出利维所说的观点所需的思维深度和敏捷度。但如果布拉德利这么做，汉密尔顿会就检察长的判例所依托的"虚构""错误"等词提出势均力敌、完全相同的反驳。然而如此一来，汉密尔顿会因控方更为猛烈的反对而不堪一击。因为虚构如果同真实一样，是一个模糊且不稳定的概念——首先，政府将难以证明曾格的诋毁性文章是虚构的；其次，汉密尔顿无法将实话实说作为反驳诽谤指控的灵丹妙药。更糟糕的是，比布拉德利更精明的思考者会尖锐地指出，既然真实和虚构均不是绝对、确定的，而是不确定、易被曲解的概念，星室法庭排除二者作为诽谤是否充分诋毁足以受刑的决定因素是完全合理的。因此无论真假，诋毁政府并引发内乱都是罪大恶极。

但是布拉德利只是一位平庸的律师，他错过了克敌制胜的机会，反而认为汉密尔顿的要求与本案无关。"我们无须证明这一点，"他说道，因为曾格已供认印刷了诽谤言论，"但即使有必要——虽然我并不这么认为——我们如何证明不存在滥用职权？"[18] 对他而言，关键在于"即使所有言论属实，对他们（被告）也没有帮助"。他援引了 1704 年皇家法院首席大法官约翰·霍尔特在图钦案中做出的判决，此案距星室法庭编纂严苛的诽谤法近一个世纪。霍尔特写道，原告即使受到王室官员的不公对待也应自己承担责任，因为"对所有政府来说，得到人民的高度评价十分必要"[19]（原文如此）。

汉密尔顿避开霍尔特的判决，选择反驳检察长无法证明指控是虚构的这一断言。他说事实上此事可以证明，例如表明所谓的谋杀案受害者事实上仍健在，或据称被盗窃的马匹未曾离开其马厩——他可以补充一点，或者不在场证明证实被告远离案发现场。不过，汉密尔顿假发慈悲，提出免于劳驾布拉德利证明曾格的诋毁是虚构的，请求首席大法官允许辩护方传唤证人"证实那些所谓诽谤的报纸真实无妄"。

该请求即刻遭到德兰西干预。"不允许你举证与诽谤相关的事实，"首席大法官声称，"诽谤不可以被开释，即使所言真实仍构成诽谤。"[20]

但是德兰西指出了汉密尔顿辩论的核心：以真实性为诋毁言论开释，并使其合法化。"我为法庭如此仓促地决定使用那种法律感到遗憾，"辩护律师反驳道，"我宁愿对控方观点有所耳闻。可惜我从未涉猎过有当局声称在诽谤控告中不允许我方举证之事实。"[21] 简言之，即基于事实的谴责有正当的目的，是为了揭露并引起人民对其政府滥用职权的关注，但那并未将诽谤转化为犯罪行为。

德兰西不承认这一分歧。"法律很明确，"他说，"你不可为诽谤开释。"

三

汉密尔顿来纽约之前并未料到，法官年龄仅是他的一半，却差点令他威风扫地。在此关键时刻，他向法官做出让步，承认诽谤达到损害名誉的程度通常即被定为诽谤罪，正如一旦被告实施了谋杀、侵犯人身或殴打等行为，就无法否认其所作所为，也无法不认罪。"但这并不妨碍被告举证，法院也通常允许被告提供事实真相或其他事件作为证据，帮助其释罪——例如在谋杀案中，被告可证明该行为是在保护其生命、住所等；在侵犯人身或殴打案中，被告可举证对方出手在先。两个案例中被告均会得到赦免。"[22]

这一恰如其分的论据动摇了德兰西。"请证明您可以举证与诽谤相关的事实。"

这一契机使汉密尔顿迅速发挥其辩才。尽管对他而言，援引判决可充分满足首席大法官要求的案例实属不易。他以对 14 世纪后半期的煽动诽谤者（北安普敦郡的约翰）的判例开场。约翰致信王室枢密院，声称皇家法官疑受国王之谕"将行不善之事"——暗指不法行径或不当裁决。该言论因诱导国王误会其法官，甚至怀疑国王私下纵容法官的不法行径而被视为诽谤。该案未经宣判即被中止，主要因为其中的言论难以判定真伪，仅是对未曾发生也可能不会发生的行为做出的假设或提出的观点。通过援引该案例，汉密尔顿希望由此推论——真实将胜诉，因为所涉及言论没有被证明为虚假。

他循序渐进，引用了 1688 年著名的七主教案，该案中七位主教因将致詹姆斯二世的请愿书公之于众，被控行为不当贬损国王。他们请求国王作为英国国教领袖解除他们的主教之职，并向全体教会人士宣读谕令，废止议会禁止非英国国教徒在政府和军队供职的法案。教士们辩解他们不曾诽谤，只是基于大量法律案例就国王越权提出质疑。听取案例后，四位法官就主教们论点的真伪问题平分两派；陪审团认为教士们无罪并听从了辩护律师的论点，同意该问题的确是对王权尺度的合法意见，而非对国王的恶意抨击。汉密尔顿称其提出此案是为证明"书面言论是否虚构、恶意、具有煽动性均须得到证实……坚持书面言论若构成诽谤罪必须为假，我们并非首创"，因为正如鲍威尔法官向七主教案陪审团陈述的那样，他并未在教士们的请愿书中发现不实之处，因此不存在诽谤。但是，请愿书的真实性也并未作为免罪因素，这点正是德兰西要求汉密尔顿证实的；所有案例真正展现出的是冒犯性言论的真假可能无关紧要，因而无法决定诽谤是否构成犯罪行为。

最终，汉密尔顿认为自己在 18 世纪早期的诉讼，如 1702 年的富勒案中，找到了更加有说服力的证据。该案中被告被控联合一位琼斯先生恶意出版如下虚假声明：(1) 国王代表贿赂琼斯 5000 英镑来破坏富勒的名声；(2) 法国国王贿赂英国官员 18 万英镑。后一声明控告受贿者犯有叛国罪。富勒报道了国王代表恶劣的腐败行径，这种做法是对政府诽谤罪指控的极端挑衅，促使首席大法官霍尔特向其发问："你能证明它们（琼斯的声明）是真实的吗？"霍尔特向被告保证，法院会允许发出传票传唤证人为该声明作证，因为被告曾出版"被控声明，自负证明其真实性的责任。如果你有任何证人，我将听取他们的证词。你怎么会出版内容不实的书呢？"[23] 尽管富勒没能举证证实其出版的内容，但首席大法官霍尔特（汉密尔顿顺便将其奉为伟大的法官）必然相信煽动诽谤案中被告有权证实诋毁言论的真实性并因此得到豁免，否则霍尔特为何向富勒发问？

遗憾的是，汉密尔顿仍陷于霍尔特在富勒案及两年后的图钦案中自相矛盾的观点。在图钦案中，首席大法官声称公众对政府的高度评价对王国和平与稳定十分必要，所以即使对官员的声讨属实也应受到惩罚。汉密尔顿称图钦案"似乎是检察长大人的主要典据"，他试图通过复杂的论证将其推翻，与检察长抗衡。审判中，国王的法律顾问被告图钦的报纸中关于皇室官员的不端行为的报道是否属实（若属实或可减轻指控），但汉密尔顿说道，"其从未自称报道属实"。他试图通过图钦发表的指责未经证实这点来扭转不利局面，"首席大法官因此无话可说"——因为他没有机会对真实性是否可以使得出版的诋毁材料合理化这一问题发表意见。

汉密尔顿的熟练手法并未完全掩饰他正孤注一掷，他请求法院根据他表述的霍尔特的准则，允许传唤证人证明曾格报纸中的受控言论属实。或是出于对辩护律师自信的尊重，抑或出于对引证的怀疑，德兰西要求亲阅汉密尔顿携带的法典，检验其引证的出处。根据曾格对庭审的描述，首席大法官研究文本用了"相当长的时间"。

这一间断引发了猜想：如果汉密尔顿此处说服德兰西允许传唤证人，或可证实周刊控诉的威廉·科斯比在纽约的弊政，结果又将如何？谁是费城律师手中的王牌，愿意冒着触怒总督的风险，证实他所做过的暴虐违法之事？科斯比对殖民地参事会的高压统治无疑是违法行为，例如排挤政敌亚历山大和范达姆参加会议，旁听并间或操纵参事会立法审议。其他被揭发的违法行为是否同样可以得到严格意义上的证实？科斯比是否是另一位正在行使其合法权利的皇室官员，而与其不和之人恰好便是大胆放肆的不法之徒？若汉密尔顿获准在延长庭审中询问证人（检察长也可能得到在延长庭审中通过严谨的质证劝退证人的机会），其身体状况是否允许？科斯比是否允许此事发生，在此过程中将自己置于进一步无休止的人格毁谤中？假设费城律师斗胆传审总督，要求总督屈尊证实周刊指控的准确性，实际上将其自身的行为而非曾格的行为作为受审对象，结果又将如何？鉴于汉密尔顿与宾夕法尼亚总督长期的冲突，他无所畏惧，极有可能试图这样做。尽管法院向科斯比发出传票的可能性微乎其微，可他一旦拒绝，将为受其管辖的司法体系所不齿。

然而，上述多种可能性无一实现。权衡汉密尔顿的引例后，首席大法官询问起诉人对辩护律师的主张有何意见。布拉德利拒绝就对手的任一观点发表意见，并坚称："我所主张的法律非常明确——不得允许对方（被告）为诋毁言论开释，根据我已经当庭宣读的典据，诽谤罪不会因其真实性而减轻……这道理似乎显而易见。"

考虑到法院可能立刻会如马戏团一般人声鼎沸，德兰西听取了检查长的意见。"本院认为，被告不应获准证实报刊的言论，"他说道，并再次引述霍金斯条例，"相关内容的真实性不可使诽谤合法化……因为恶意谩骂的真实性越高，煽动性越强。"接下来双方的对话如下：

汉密尔顿：这些是星室法庭的案例，我希望法院能够将其废止。

德兰西：汉密尔顿先生，本院已发表了意见，请你尊重。你无权违抗本院的意见。

汉密尔顿：我服从，但即使在极其庄严的法院我也不曾听说尊重就是要……

德兰西：本院发表意见后，坚持被否决的观点是无礼行为。

汉密尔顿：本轮我将不再发表意见。我明白此处法院与我方观点相左……我希望获准声明……

德兰西：尊重本院的意见，你的合理要求即会得到最大限度的满足。[24]

"感谢阁下。"汉密尔顿答道，之后他转身离开法官席走向陪审席，事实上向所有其他到庭的人发表了个人意见，差点触犯藐视法庭罪。此时汉密尔顿肯定，此次庭审不会传唤任何证人，首席大法官会在庭审结束时引导陪审团诉诸特殊裁决，希望陪审团服从法官对曾格的审判。汉密尔顿不希望陪审员这样做，于是说："那么，尊敬的陪审员们，我方必须向你们上诉，传唤证人证实对我方有利的事实，法庭对此无权拒绝。"

德兰西本可以在此时此刻一锤定音，劝退汉密尔顿，留下新手约翰·钱伯斯在曾格辩护之路的乱石碎土中踽踽独行。

四

首席大法官再次放弃使用手中至高无上的司法权力，允许这位不凡的辩护律师公然蔑视法官。毕竟，德兰西在陪审团离席审议前有最终决定权。

为鼓励陪审员们在法庭达成终审判决之前毫不动摇，汉密尔顿开始向他们陈词："用这种方式向大家提出请求，我无意冒犯，保证依法行事，以理服人。"他说，法律认为"之所以在涉嫌案件当地择取陪审员……是因为他们最了解审判所涉及的事实"。如果陪审员对他的委托人持有异议，他们必须负责任地说出"受控报刊……是虚构、煽动、诽谤的，但我不欣赏此做法"。陪审员们是纽约市民，深知"我方举证的事实并非个别现象——而是臭名昭彰的真相，因此我方的安危取决于你们的公正"。

在判例法的判例中，陪审员而非法官有权最终决定被告有罪或清白，因此汉密尔顿援引了布谢尔案。在那场1670年的诉讼中，陪审团反对法院判决威廉·佩恩在伦敦会集300名教徒组织贵格会祈祷仪式有罪。政府声称这些教徒"非法、混乱集会，扰乱治安"。陪审员们因藐视法院被处以罚款，其中布谢尔因拒绝缴纳而入狱。他提出上诉，在民事诉讼法院上首席大法官约翰·沃恩（John Vaughan）宣判其无罪。六十五年后，汉密尔顿向曾格的陪审团承诺，沃恩的判词仍是人民反对法院左右陪审团的保障。若一名法官仅凭借其阐释的证据就决定该案适用何种法律——而不经陪审团多方检验事实，定夺法律是否适用——陪审团若不服从即受处罚的话，沃恩写道："陪审团还有什么必要性和实用性，何须他们来推进审判呢？"

汉密尔顿传达给陪审团的信息很明确：他们应像勇敢的布谢尔一样行使裁决曾格有罪与否的权力，而不是交由法院裁决。他故意回避十三年后首席大法官乔治·杰弗里（George Jeffrey）的裁决。这名斯图亚特派臭名昭著的"喜欢判处绞刑的法官"曾审理英勇反抗查尔斯二世专制压迫的阿尔杰农·西德尼煽动诽谤一案。他主张在事实充分的煽动诽谤案中，法官有定夺法律适用、要求陪审团服从的神圣权力（当时情况如此；愿阿尔杰农·西德尼安息）。

为巩固其案例，汉密尔顿诱导起诉人向陪审团确切解释判例法及评论家们所说的煽动诽谤罪的构成。当布拉德利答应汉密尔顿的要求，引述霍金斯条例中公认的权威条款时，汉密尔顿责备这些条款概念不清并质疑道，"法典规定依据什么确定的标准"判断被控文章是"恶意的"或"毁谤的"，文章是否的确可能扰乱治安，"足以激发个体或其亲友的报复行为"——尤其是在援引言辞寓含嘲讽之时。

接下来在法官和两位律师就控诉或讽刺言论是否可视为诽谤并扰乱治安的辩论中，德兰西指出应由"言论审判者"判断其是否诽谤。汉密尔顿即刻反驳道："我很高兴法院执此观点。那么接下来陪审团的 12 位成员一定认为控告中的言论构成诽谤——不成立。"但德兰西打断他说："不，汉密尔顿先生——陪审团须证实曾格印刷出版了那些报纸，交由法院判定其是否诽谤。你知道这种情况很普遍——是特殊裁决的本质，陪审团将法律方面的问题交给法院。"[25]最终，首席大法官诉诸特殊裁决指令的意图暴露无遗，尽管这一以限制陪审团权力、地位为目标的专制做法广受殖民地居民谴责。

汉密尔顿立即就对其对审判权的维护表示反对。他解释道，陪审团在法律陈述问题上可能遵从法官的意见，"但我同样知道他们可能反对。他们的确有权定夺法律和事实。如果他们对法律没有异议，则应自由行使该项权利"。汉密尔顿借鉴布谢尔案中约翰·沃恩宣判被告无罪的判词，坚持如果交由法院判定曾格的受控言论是否诽谤会"架空陪审员们的权力"[26]。

辩护律师老当益壮，不辞辛劳继续"论证检察长大人的主张不可避免会前后矛盾"。首先，他需要挫伤在诽谤罪中被奉为圭臬、几乎为所有其他案例效仿的《公共诽谤》。汉密尔顿坦言，事实上"直言不讳在过去有罪，许多伟大而勇敢的人在黑暗的星室法庭因此受累"。他补充道，幸而检察长和首席大法官认为 1605 年的裁决"不是当今的法律"。他同意"对任何人的诽谤均是卑鄙而无益的……但当统治者个人的失败甚至劣性影响其执政，损害了人民的人身或财产权益时，则不可将二者相提并论"。因为"我认为在自由的政府中，当人民感到压迫时，一切站在权势的立场上对统治者和达官显贵的谄媚都无法扼住人民的喉咙"[27]。

汉密尔顿此时更加大胆，同时小心提防受到煽动叛国的指控。"尽人皆知，我们由最伟大的国王统治。"他说道。当局官员除享受检察长所说的尊敬和尊重外，"也应遵守普通法的准则……我们母国的法律同样一视同仁"。其后，虽未提及科斯比的名字，他矛头直指总督，将陪审团引入本案核心。"问罪当权者的不法行为尤其困难，特别是殖民地总督，在殖民地他们坚持不受控于任何投诉。"在这种情况下，公众只能诉诸某种形式的内乱。该做法完全合理，因为"无法律强迫人民拥护破坏殖民地或人民特权的总督。殖民地和人民特权受到任命总督的国王陛下和法律的共同约束、保护和支持"。事实上，他再三强调如下要点：

> 我将进一步阐明控诉是与生俱来的，是特许的，所有自由人应得的并享有的权利……当他们受到伤害——有权抗议滥用职权，有最强有力的条款支持……他们的邻人为其监督当权者的诡计，甚至暴力，并勇敢声明他们享有天赐的自由。

那正是彼得·曾格通过其周刊要声张的正义，汉密尔顿指出陪审团的职责很明确，因为"如果每个遭总督欺压的个体必须保持沉默，如果向邻人坦露自身遭遇的人必遭诽谤指控，那么这一强大特权有何用处？"[28]

汉密尔顿不断加码的陈词接近尾声，他看似在给起诉人戴高帽，其实在强调自己激进的论点来反对布拉德利保守的立场。汉密尔顿让步说，对投诉、反抗统治者的个体与生俱来的权利进行合法约束"只能延伸到错误的地方。因为事实本身就是一个借口，可以为任何一个人抱怨当局的不良行径进行开脱，我认为没有理由原谅一个提出虚假控告或谴责的人……真实性是整个诽谤事件的关键"[29]。他无疑在委婉表达惯例法对公共诽谤核心残酷的规定——内容属实不能为诽谤开释——从本案开始应被推翻。汉密尔顿辩词的主旨的确铿锵有力，引人注意，但"真实"作为一种常态却易变而短暂，影响了汉密尔顿用华丽辞藻点缀的核心假设，像华服上的一处裂口。幸运的是，其对手没能向陪审团指出这一缺陷，通过论证诋毁言论的真假不能也不应作为定罪的因素来使星室法庭的规定合法化。并且，汉密尔顿并未解释公众应如何获取"与生俱来权利"投诉滥用职权的统治者。显然他认为没有必要，因为目前他在进行一场政治论证反对判例法关于煽动诽谤的定义中残留的不公，而非一场法律论证。

他再次顺便挑衅检察长——并非轻描淡写——而是间接指出法官和陪审员在何为诽谤罪这一问题上分歧加大。汉密尔顿暗示这所谓的趋势与宗教、信仰方面发展的观点并行不悖。他强调，如今可自由表达的观点两个世纪之前可能将说话者送上火刑柱。他说，幸好检察长布拉德利不是在指控异端的宗教信仰，因为"在纽约，个人显然可自由选择信仰——但是他必须对其总督谨言慎行"。

汉密尔顿大谈信仰自由，反驳起诉人引用《圣经》典故来说明人民毁谤其统治者这一做法有违上帝的律法。辩护律师相反引用了《使徒行传》第九章第十六节："领导者使得人民误入歧途，被领导的人民毁灭于此。"汉密尔顿嘲讽道，如果有纽约人敢引述该文章，布拉德利可能会曲解文字以达到其目的，即平息对政府官员滥用职权的批评。法院听众对汉密尔顿锋芒的辩护做出的反应从卡德瓦拉德·科尔登（当时可能在场）对《圣经》典故的评述中可见一斑："汉密尔顿此处冒了巨大的风险，但博得了许多旁听者的掌声，他们赞许的神情使法院认为不另行通知即通过决议为上策。"[30]

　　尽管盛夏酷热难耐，汉密尔顿已伫立良久——我们无从得知当天诉讼持续了多久，法院中途是否休庭——这位久经沙场的律师仍将辩护推向了法学辩术的高潮。汉密尔顿赞扬了布谢尔案被告的勇气及陪审员们对法官指令的蔑视。他呼吁曾格的陪审员们做出良心的表决："无论结果如何，判决将由你们决定，勿将自己的表决权委托他人行使。"他当然在指德兰西和副首席大法官弗雷德里克·菲利普斯。菲利普斯审判中始终默默听从首席大法官的意见，并对首席大法官对陪审员的干预没有异议。"如果你们认为曾格报纸中的言论属实，"汉密尔顿宣称，"恕我直言——你们甚至应说不……这是你们的权力，你们的决议和公正事关重大。"接下来，他做了一个贴切的比喻：

　　　　权力恰似一条大河。约束得当则水光潋滟，泽润万物；
　　水漫堤岸则来势汹汹，势不可当；它排山倒海，所到之处
　　灾难重重。如果这便是权力的本质，我们至少应该履行自
　　己的职责，同崇尚自由的智者一道竭力维护自由。它是不
　　法权力唯一的堤防。从古至今多少勇士曾为权力疯狂的欲
　　望和膨胀的野心洒下热血。[31]

　　汉密尔顿感谢上帝让他生活在"充分理解，自由享有自由"之政府的领导下，他旋即补充道：经验证明政府可能失误。因此"我不禁认为我及每个正直的人在依法服从当权者的同时，有责任在察觉权力给自己及他人带来潜在影响时提高警惕"。此时他稍作停顿，现身说法："大家看到，我在此压力下辛苦工作多年，积劳成疾。尽管我年迈体衰，若需要我效犬马之劳，走向风口浪尖以平息当权者妄图剥夺人民谴责、控诉权的检控之火，我义不容辞。"[32]最后汉密尔顿进行如下说教：

法庭和诸位陪审团先生所面对的不是小事，也不是私事。你们审判的不是一个可怜的印刷商人的案子，也不仅仅是纽约殖民地的诉讼。不是！其结果可能影响到生活在英国治下美洲大陆上的每一个自由人。这是头等大事，是关乎自由的大事。我毫不怀疑，你们今天的高尚行为不仅将使你们受到其他公民的爱戴和尊敬，还将赢得所有崇尚自由、反对奴役的人们的祝福与尊敬，因为你们抵抗了暴政的企图；通过公正廉明的裁决，为保障我们自己、我们的子孙和邻居奠定了崇高的基础。是上天和我国法律给了我们这个权利——通过说出和写出真相来揭露与反抗专制权力的自由。[33]

尽管一些历史学家和法律评论家对汉密尔顿在法庭上的部分表现提出异议——尤其是他牵强附会地引述案例支持本案——但汉密尔顿当天热情颂扬了口诛笔伐政府滥用职权之自由，熟悉这些言论的人们几乎达成普遍共识，将其视为美国政治和司法体系中最鼓舞人心的事件之一。

起诉人被这一系列振奋人心的辩词击垮，他情绪低落选择草率收场，反驳对手的话语中略带钦佩、难掩嫉妒。理查德·布拉德利向陪审员说道，汉密尔顿故意"讨好"听众。但他反对辩护律师的观点，其引例也与本案无关。检察长拒绝驳斥汉密尔顿的任何观点，他无力还击；曾格供认印刷的报纸"的确"是诽谤，对总督阁下出言不逊。此处简短引述曾格对庭审的回忆：布拉德利可能在其最终对周刊言论毁谤性的阐释中省略了"虚构"一词。若是如此，可见汉密尔顿何其敏锐地揭示了政府不愿并无力证实言论虚假。布拉德利结尾称其"坚信"陪审团会判定被告有罪，"并将审判权移交法院"——这是对汉密尔顿引述布谢尔案及陪审团无礼蔑视法官权威的最后反驳。

德兰西心知肚明，辩护律师整场发言都在公然向陪审团上诉，希望陪审团决议不为法院所约束。然而他并未打断汉密尔顿，反而给了他极大的自由和充裕的时间来陈述观点，甚至容忍他再三声明毁谤言论的真实性可为曾格释罪，尽管年轻的首席大法官同样坚决地裁定其违法。然而，最终德兰西的愤怒溢于言表。"汉密尔顿先生竭力证明陪审团无须重视法官的意见，"他向陪审员们说道，"无疑意在诱导你们忽视我对本案的意见。"[34] 之后，他向陪审员们做了简短而模糊的指示，既否定了汉密尔顿的观点，又有所让步。

德兰西开场声明"控诉中的事实和言论得到供认"，推断曾格承认起诉人控诉中援引的"事实或言论"是"虚假的、毁谤的、恶意的、具有煽动性的"。但汉密尔顿强调其委托人并未供认他曾诽谤——仅供认了他曾印刷周刊中援引的言论。德兰西诡计多端，出乎汉密尔顿的预料，他掩盖了上述分歧。首席大法官继续说道，既然曾格已经供认，"你们面临的唯一问题就是控告中的言论是否构成诽谤罪"。该问题既明确又模糊，因为曾格是否供认其出版文本含有明确的诽谤一事仍悬而未决。"那无疑是法律方面的问题，"德兰西说道，"你们可交由法院解决。"为什么用"可以"交由法院而不用"必须"、"被要求"或"我命令你们"？是口误还是微妙让步于汉密尔顿的慷慨陈词——法官若强迫陪审员们上交判定被告有罪与否的宝贵权力，陪审员将形同虚设？德兰西似乎担心热情的辩护律师的恳求可能引起陪审员们的注意，使他们屈服。德兰西结尾提醒陪审员们"博学、正直的"首席大法官霍尔特在图钦案中的判词：如果反抗者"对政府不满煽动人民不应被问罪的话，政府将无法维持，因为对所有政府来说，得到人民的高度评价十分必要"。

本案将专制的魔爪试图攫取并掌控权力这一阴谋暴露无余——

在这一点上，任何法官、统治者、哲学家或学者，无人能比。彼得·曾格的陪审员们是否洞悉其中的奥秘？如果是这样，那他们是否有勇气与印刷商及其支持者一道追求自由，在皇室官员手下对政府提出不满，无论善恶真伪都免受处罚？王室通过判例法否认言论自由的存在，而汉密尔顿认为自由是人"与生俱来的权利"。纽约市这 12 位正直公民是否同意他的观点并主张废除残酷的律法，谴责滥用职权的政府？还是彼得·曾格在 1735 年 8 月 4 日这天会因他二十五年前决定到美国追求更加美好、自由的生活而懊悔不已？

注　释

1　"小房间"：卢瑟福，作品同上，第 61 页。

2　"我认为这义不容辞"：卡茨，《述略》，第 146—150 页。

3　安德鲁·汉密尔顿，一位注册律师：这位安德鲁·汉密尔顿先生既不是第二章中提到的安德鲁·汉密尔顿，也不是那位崇拜青年刘易斯·莫里斯的新泽西殖民地总督。

4　"其自信无以复加"：W. 史密斯，《纽约省历史》，第 2 卷，第 21—22 页。

5　汉密尔顿交友甚广：福斯特·C. 尼克斯，《青年安德鲁·汉密尔顿在北美殖民大陆上》，《威廉玛丽学院季刊》，第 3 辑，第 21 卷，第 3 期（1964），第 390—407 页。

6　"汉密尔顿德高望重"：卢瑟福，作品同上，第 63 页。

7　"凭心而论"：出处同前，第 69 页。

8　"原因可能是"：卡茨，作品同上，第 226 页第 22 条注释。

9　"因为恶意谩骂真实性越高"：霍金斯，作品同上，第 353 页。

10　"曾格认罪有两个条件"：卡茨，作品同上，第 62 页。

11 "布拉德利论政府不可侵犯"：出处同前，第 63 页。

12 "如果这些言论不是诽谤"：出处同前，第 64 页。

13 "我同意检察长所说的"：出处同前，第 65 页。

14 布拉德利，"早知如此"：出处同前，第 66 页。

15 "我们不可"：出处同前，第 66—67 页。

16 "这点再明显不过"：出处同前，第 68 页。

17 "汉密尔顿不曾领会到"：利维，《新闻自由的历程：从曾格到杰斐逊》，第 32 页。

18 "我们无需证明"：卢瑟福，作品同上，第 80 页。

19 "十分必要"：《豪厄尔的国家审判》，第 14 卷，第 1128 页。

20 "诽谤不可以被开释"：卡茨，作品同上，第 69 页。

21 "我宁愿对控方观点有所耳闻"：出处同前，第 70 页。

22 "但这并不妨碍被告举证"：出处同前。

23 "被控声明"：出处同前，第 74 页。

24 "相关内容的真实性不可使诽谤合法化"：出处同前。

25 限制陪审团权利、地位：卡茨，作品同上，第 76—77 页。卢瑟福，作品同上，第 93 页。

26 "但我同样知道"：卢瑟福，作品同上，第 93 页。

27 "卑鄙而无益的"：卡茨，作品同上，第 79 页。

28 "那么这一强大特权有何用处"：出处同前，第 79—83 页。

29 "真实性是整个诽谤事件的关键"：卡茨，作品同上，第 84 页；利维，作品同上，第 54—55 页；卢瑟福，作品同上，第 101 页。

30 "汉密尔顿先生此处冒了巨大的风险"：科尔登，作品同上，第 337 页。

31 "如果你们认为"：卡茨，作品同上，第 96 页。

32 "大家看到，我在此压力下辛苦工作多年"：出处同前，第 99 页。汉密尔顿实际上并不是一把老骨头，但正如卡茨所料，他之所以在公众面前显老，其实是想博得陪审团的同情；这位律师当时才59岁。

33 "法院和各位尊敬的陪审员所面临的"：出处同前。

34 简短而模糊的指示：出处同前，第 100 页。

Chapter. 10｜第十章

永不消逝的墨迹
Indelible Ink

一

持续一天的漫长审判过后，夜晚来临，那也是彼得·曾格近九个月监禁的最后一晚。黑马酒馆为40位客人举行庆祝晚宴，祝贺安德鲁·汉密尔顿大获成功。莫里斯一派经常在此小聚，曾格由于尚在狱中，未能参加。陪审团的成员只休息片刻——据报道称他们只商议了十多分钟就返回法庭。陪审团主席托马斯·亨特告知法庭书记员：他们认为被告并未犯所控之罪。"那时大厅里人潮涌动，欢呼声此起彼伏，"曾格后来说道，"第二天我就被释放了。"

他并没有说他是否也在好心支持者的人群中，送别汉密尔顿乘船返回费城。他成功地将原本对印刷商的判决，转变为对总督滥用公权的谴责——这位机敏的律师赢得了判决：其间没有哪位传唤的证人可以证实曾格报刊上所印之词属于诽谤。但这个由纽约人组成的陪审团对他的言辞深信不疑；港口内的船只礼炮齐鸣——想必这些船上都没有升起皇家军旗——这座城市似乎以这种方式向他致敬，并满怀感恩之情送别这位伟大的律师。是他鼓舞这座城市公开谴责威廉·科斯比阁下。

无论是作为总督喉舌的《公报》，抑或是其他殖民地报刊——波士顿的本·富兰克林以及费城的安德鲁·布拉德福德除外，都没有登载这次事件，曾格自己的报纸在接下来的一周也没有什么动静。只有一则由这位新近获释的报刊业主所写的低调的启事："这位重获自由的印刷商遵从上帝的旨意，印成了纽约市宪章，并将于下周出版。"但他并没有因为正义得以伸张而狂喜，也没有打算把独立出版社像自由火炬那样高高举起。《周报》只是在接下来一周的版面上刊登了一则关于审讯的简报。

由于其他刊物几乎没有报道此次事件，曾格案的胜利或许已成为一个严格意义上的局部现象，这反映了纽约人傲慢的本性以及长期以来对当地统治者的桀骜不驯。就连他们在得知判决时迸发出的欢乐也渐渐减弱，似乎是害怕科斯比一怒之下实行像戒严令那样的严厉措施，或是以造反者的名义肆意逮捕莫里斯派，抑或是如果曾格的报刊继续刊登威吓总督的文章，就给他安上新的罪名。然而，尽管科斯比并非公正清廉的典范，但他也并不傻，很可能考虑到如果他用力过猛，人们对他固有的敌意或许会突然爆发，升级为暴力抵抗。

　　双方由于相互顾忌而相安无事。六周之后，民众对曾格案判决结果仍暗自窃喜，同时更希望 9 月 16 日召开的纽约市参事会对此能予以公开确认。主持会议的是市长保罗·理查兹，他之前是首次组建的大陪审团成员（本案共组建三次大陪审团），而当时该陪审团一致裁决：对《周报》出版商免于起诉。9 月 16 日那天，市政议会长老们投票表决：作为纽约市民"自由的保护神"，授予安德鲁·汉密尔顿纽约荣誉市民称号，并于两周后向费城人民发布致谢通告："……他机智并慷慨地捍卫了人类权利和出版自由，为这座城市的人民做出卓越贡献。在约翰·彼得·曾格案中，他在身体抱恙的情况下仍慨然为之辩护，并谢绝了任何辩护费或奖赏。"[1]作为回报，由纽约市几位头面人物和乡绅出面，将一枚刻有城市纹章的椭圆形金盒赠予汉密尔顿，该金盒三英寸长、两英寸宽、四分之三英寸深，重达五盎司半——市政官斯蒂芬·拜亚特奉命前往费城赠送这一礼物，盒盖上镌刻拉丁铭文"虽法律沉没，自由崩落，但它们终会再度兴起"。盒盖内侧还刻有颂词："金钱不足恃，美德最动人"[2]

　　从那时起，汉密尔顿的事迹就一直被美国律师界传颂，并不是因为他在辩护中表现机智，拨开了他和委托人所遇到的一片棘手的法律灌木丛，而是他的辩护成为一个典范：这是他本人追寻已久的崇高愿望。就像法学家埃本·墨戈兰在书里所写的那样，汉密尔顿已经向世人证明，"律师之业不仅仅是一个交易——律师的美德就是对正义的追求"[3]。

二

在曾格案审判过后，纽约的政治权力结构表面上并没有什么变化。莫里斯派和反科斯比派的同盟掌控了市政府，总督通过否决换届选举的议员资格来控制议会，但他仍左右着殖民地参事会以及殖民地的执法机关。尽管刘易斯·莫里斯在伦敦极力推进对总督行为的审查，但没有迹象表明他成功做到了这一点，或是科斯比在政界的地位受到了动摇。事实上恰恰相反，8月，就在曾格案判决后（当然，判决结果几个月之后才传到伦敦），贸易委员会批准了科斯比的请求，将詹姆斯·亚历山大和瑞普·范达姆逐出市参事会，并将这一决定呈报枢密院核准。此外，军方高层把总督的军衔从陆军上校提至陆军准将，并附带任命他为海军中将。这象征着在他行使民事管辖权的两个殖民地，他的权力凌驾于当地驻防的所有军队。

然而，在仲秋前总督的好运就到头了。12月6日，纽约殖民地议会注意到科斯比被报道出来的对欧博朗诉讼裁决进行干预的企图。起初，弗朗西斯·哈里森参事密谋策划剥夺莫里斯派领袖们的土地转让权——他们组成财团，打算将沿纽约—康涅狄格的5万英亩土地转让出去——而弗朗西斯·哈里森议员则主张将这宗土地转手交给英国上流社会的一群投机者。这一纠纷自年初起就被搁浅，那次是在无陪审团的大法官法院，总督作为唯一的审判人，行使了他作为首席法官的职权。他在严厉打击其政敌时犹豫不决，而且很可能在等待英国当局的指示，看国王是否会纵容其前后矛盾、异乎寻常的裁决——将欧博朗封地授予因哈里森的蓄意报复行为而受益的投资者们。但是在1735年秋天之前，哈里森就逃离了殖民地，据传闻他是为躲避债权人、逃避法院罚款以及帮科斯比收取赃款而返回英国。如今科斯比应该很急于摆脱这一麻烦，并想报复莫里斯派，因为他们在曾格案中羞辱了他。将欧博朗名下的土地奉献给英国人，还能获得一笔高额的酬金，何乐而不为？然而，他尚未着手，纽约议会便收到口风，得知科斯比在欧博朗一事上另有所图。王室法庭在审理权益案件时不设陪审团，并且会在总督命令下剥夺殖民地居民的土地所有权，他们一直以来都对此深恶痛绝，因此殖民地的立法者们做出决议："总督在未经大议会同意而控制或利用一个大法官法院……是违反法律、不被允许的，并且会给人民的自由及财产带来危险后果。"科斯比大概是意识到了他可能会捅马蜂窝，就像他起诉范达姆的案子石沉大海，于是他对欧博朗一事没有采取进一步的行动。

在二十天后的伦敦，枢密院又给了总督令他颇为难堪的一击。莫里斯在伦敦进行了长达一年的竞选活动，由于在此期间，他列出一长串针对科斯比的投诉以期获得当局的关注，刘易斯·莫里斯被冷落——但就他傲慢的性格而言，他绝不会善罢甘休。他对科斯比行为不端的指控没能成功，因为没有提供有力证据或是议会对他所做之事的官方认可。但是他又提出一个更为真实的案例，那就是总督剥夺了他首席法官的职位，仅仅是因为在范达姆一案中他违背了科斯比的个人意愿。莫里斯请求恢复职位，这终于促使枢密院下令科斯比对这一指控做出回应。总督认为回应傲慢无礼的莫里斯有伤尊严，对此十分恼火，也大失风度。根据詹姆斯·亚历山大于11月8日从一位能接触到王室高层的伦敦记者那里收到的信函，"总督在整个指控过程中（尤其是他对莫里斯的驳斥）所表现出的古怪、愤怒和偏狭人尽皆知，没人站在他那一边"。

　　莫里斯获准出席并对枢密院发表演说，枢密院里有一批忠实的科斯比支持者，其中包括他的岳父哈利法克斯勋爵和他妻子的堂兄纽卡斯尔公爵。但莫里斯毫不气馁，很快便与纽卡斯尔公爵开战，莫里斯指控公爵所领导的贸易委员会不分轻重缓急，帮助经济困顿的科斯比扣掉范达姆一半薪水用于自己作为殖民地代理长官的补贴。几场会议之后这一丑闻渐渐传开，纽卡斯尔公爵不再出席接下来的会议，对于自己曾试图为堂弟科斯比洗脱撤掉莫里斯职位的过错也拒不承认。11月26日，乔治国王签署了枢密院做出的裁定：莫里斯在证据不足的情况下从纽约最高法官任上被无端免职。[4]

　　对于莫里斯来说，这真是一场来之不易的胜利，但显然还不够。国王的枢密院并未建议他恢复首席法官一职，法院和行政部门里散布着一个流言，说是因为莫里斯公开表露不满，还胆敢自费公开发表他在范达姆一案中所表达的大量观点，并附上他写给科斯比的信件，里面说他做出这个决定与个人无关，这些都有违早已确立的英国的政治规矩——有人说："解散议会重新选举下议院。"说得更准确些，帝国领土的代理人都是实用主义者，枢密院很清楚如果撤销对莫里斯的免职决定，那么科斯比的权威将遭受致命一击，并使两个英国皇家殖民地处于政治真空之中。此外，首席法官的继任者詹姆斯·德兰西和沃波尔政府关系密切，所以即使英国政府如今承认莫里斯被撤职并非公正之举，詹姆斯德兰西也不会有降职至第二法官的危险。而且，德兰西正享受着新居高位的满足，并无让步之意，更不会给莫里斯什么方便，毕竟他的家族长期以来都对莫里斯十分不满。德兰西会在接下来的二十四年留任直到他去世。他两次出任殖民地代理长官一职，任期将近四年。

　　11月24日，科斯比一蹶不振，也就是在两天后，国王准许枢密院为撤掉莫里斯职务这一不当之举正式向莫里斯道歉。根据当时大部分对科斯比身体状况的记载，他患上了肺结核，并且在随后的十六周持续高烧，缠绵病榻。

就在科斯比病倒的时候，从贸易委员会传来消息，证实了他曾暂停范达姆和亚历山大在殖民地参事会的职务。总督曾把参事会召集到他的床榻，在等待枢密院批准之际，擅自决定将这两位莫里斯一派的成员解职，并任命他的好友乔治·克拉克为新的参事会——他的资格仅次于范达姆，如果科斯比病倒了，他很可能就是殖民地代理长官。国内冲突在曾格案之后再一次爆发，范达姆质疑对他免职的合法性，理由是枢密院尚未批准贸易委员会对科斯比请求的答复，并坚持认为克拉克升职为参事长为时过早。《周报》上再次出现了讽刺尖刻的言论，指责科斯比派的爪牙赤裸裸地攫取权力，而范达姆向枢密院请愿，要求防止科斯比的专断独裁卷土重来。由于克拉克与英国上层社会关系密切，并且长期担任殖民地的秘书和法官，他几乎是在同时也敦促贸易委员会尽快确认他的职位，以免纷争。

在这个可能具有煽动性的大环境之下，大概是在1735年的最后几周或是1736年1月，詹姆斯·亚历山大提出一个设想：利用前一年夏天曾格案的知名度并从中谋取新的政治利益。通过发表一篇详细报道讲述那些法律诉讼的细节，展现莫里斯派的正义和汉密尔顿令人印象深刻的辩护——正是他的辩护，让人们看到应受谴责的是总督，而非印刷商。亚历山大打算亲自撰写这篇报道，当然是以曾格之名，正如他一直以来秘密地为《周报》撰稿一样。如若此时暴露他之前一直匿名撰稿，那整件事将会被搞砸，而且会让他看起来像是一直在通过卑劣手段利用曾格，而曾格却勇敢地为报刊上的诽谤之词背了黑锅。如果亚历山大公然撰写这则报道，那实际上是在坦白他就是那个一直以来在报刊上使科斯比饱受痛苦之人，同时也可能使汉密尔顿失去早日被纽约律师圈重新接纳的希望。因此他向三个参与审判的律师询问审理记录，开始做曾格的代笔人。检察长布拉德利断然拒绝，大概是疑心曾格阵营的人会带着轻蔑的眼光描述发生在他的法庭上的种种情况。显然约翰·钱伯斯一开始犹豫过，或许是因为在此案中，汉密尔顿最后的豪言壮语远远盖过了他的风头，他对此很是不满。而汉密尔顿本人同意尽快整理好一组审理记录，然后送给他的朋友亚历山大。然而，由于寒冬延长，加上科斯比的身体每况愈下，亚历山大更加急切想要发表这篇审判报道，来支持莫里斯派风头正劲的舆论宣传。汉密尔顿的记录对此至关重要，但还没有送达。

与此同时，莫里斯还在伦敦，对科斯比的病情毫不知情，枢密院狠狠地羞辱并谴责了科斯比，但莫里斯并不觉得这能证明他的无辜。他正式向部门请愿，希望给予科斯比免职处分，因为他在职期间严重管理不善，削弱了纽约和新泽西殖民地居民对他本人以及王室的信心。莫里斯还发挥了他的写作才能，草拟了一份长达 1.2 万词的针对科斯比的起诉书，里面包含了科斯比所有的负面报道，但可惜这些报道并未经过证实。莫里斯还提到，科斯比的支持者们都是一帮心存叛意的纽约人，他们打算实施行动，直接向乔治国王发泄不满和怨愤。

整个过程使人筋疲力尽且花费高昂。莫里斯曾在 1736 年 1 月写信给亚历山大，告诉他每一项针对科斯比的指控都必须以一份宣誓书的形式提交。"假如你投诉了 20 件事，那就需要有 20 个证明人，20 份指示文件，20 份副本"，这样下来每一份诉状都要花去他大约 10 英镑。然而，政府无论是以温和的或是强硬的态度劝告科斯比，莫里斯都能料到，科斯比最终还是会我行我素。于是他又在信中绝望地写道："事情会好转的，但只有上帝知道何时才能好转……总之，我们做再多也是无济于事，必须尽力学会去承受痛苦，直到运气或天意将我们从这一切中解脱出来。"[5] 除了枢密院命令科斯比禁止在涉及立法工作时出席殖民地参事会或参与投票之外，莫里斯先前揭发的总督的种种劣迹在 1736 年年初未曾被提起过。

莫里斯对科斯比毫不留情的讨伐在 3 月 10 日那天变得没有丝毫意义，那天科斯比去世，享年 46 岁。科斯比生前并未受到人民些许爱戴，反对者们因为他的冷待而肆意谩骂他。在科斯比去世不久之后，莫里斯一派对他的憎恶之情表露无遗。他们给《周报》写了一封匿名信："作为一个真正热爱本殖民地的人，我十分希望科斯比政府所采取的种种措施被当作是需要避免的危险，而非未来暴君的模范；长久以来人们都对专权不满但却不敢发声。"[6]

令那些支持范达姆成为候选人的莫里斯派十分懊恼的是，科斯比在任时的参事会很快就任命克拉克为殖民地代理长官，同时由于缺乏枢密院的确认，范达姆也没有被免职。议会处于休会中并且只有总督有权召开大会，因此即使立法机关另有所图，也不能阻止克拉克就职。但一切都尚未成定局，克拉克这位长岛绅士阶层的知名人士，比科斯比更深谙政治之道，但却没他那么贪得无厌，他明白何为法治，并对殖民地制度的所有细节了如指掌。作为一位稳健精明的王国政府官员，他承诺要恢复和平并使两个对抗的阵营达成和解。但是亚历山大和其他莫里斯派领导人扬言要绕过科斯比的追随者们重新掌权，并不断发出斗争的信号。当人们都在等待伦敦的指示时，克拉克强烈要求他们不要惹事。同时，他命令乔治堡的驻防军队加强戒备，防止类似 17 世纪早期莱斯勒叛乱那样的内乱重演。

汉密尔顿碰巧就在科斯比去世的那天给亚历山大寄去了一个包裹，里面有他要的曾格案审理记录，另外他还附上一封信，开头是"亲爱的吉姆"，落款是"你挚爱和谦卑的仆人"。在信中，这位费城律师为他没有按时给亚历山大记录而道歉，责怪事务所给他安排了去宾夕法尼亚议会演说的任务，另外还有很多待处理的案件。"这些记录我编辑得有些潦草，"他不好意思地说道，"写完后我没有时间再仔细读一遍……我说这些的意思是还需请你按照自己的想法做些修改和更正。"[7]

就好比法庭剧的中心人物被全权委托一样，亚历山大要着手把汉密尔顿、钱伯斯和自己的记录结合起来——当然，他的记忆力十分敏锐——然后做出一份以假乱真的审判记录，以曾格之名编写序言和一些叙述性内容。亚历山大在摆脱党派之争指控的免责声明中特别提到"从未烦劳检察官大人（布拉德利检察长）给出一份他的论证"，并且小心翼翼地把检察官的轻视之词巧妙地融进整个文本中，使其不易被察觉。文中也没有对汉密尔顿热烈的或是不露痕迹的赞美之辞——当然，亚历山大有自由表达的特权，或增或减由他决定。在公正不倚的假象背后，对辩护律师那滔滔不绝、充满激情的辩护和起诉人平淡无奇、简短概述的发言的描述明显存在偏颇。1736年6月21日，《周报》宣布发售一本名为《〈纽约周报〉印刷商约翰·彼得·曾格的案件及审判简报》的小册子，这本小册子有40页且结构紧凑，很快便吸引了广大读者。在纽约印刷了几版被迅速传遍之后，又很快在波士顿发行并在北美各个殖民地广泛流传。接下来的一年，这本小册子在伦敦出版了五次，并在18世纪余下的时间里定期地再版。正是因为这篇报道，曾格案还有塞勒姆审巫案成了北美殖民地时期最有名的法庭事件，这位印刷工以及他的辩护律师也成了勇敢捍卫新闻自由的传奇人物。

三

出版这篇对曾格案的详细报道，除了能引来公众对辩护律师在法庭上的勇敢之举的敬佩和赞美，而且还用敏锐的眼光细细审查了一些律师，他们不以为耻地献身王权并其抹杀一切辱骂政府行为的异议。曾有这么一个老是唱反调的人，其笔名为"盖格鲁—美利坚", 他用尖酸的笔调写了两篇文章并于 1737 年夏天发表在巴巴多斯的《基梅尔公报》上, 那里有一位著名作家, 乔纳森·布伦曼 (Johnathan Blenman), 他担任国王在殖民地的法律顾问。这个写手措辞激烈地否定了汉密尔顿在法庭上的精彩表现, 虽然这个反对声音起初是出现在加勒比海岸一个小的英国前哨, 但很快就通过小册子的形式再版, 从而传遍整个国家, 在伦敦尤为广泛, 主要是因为布拉德福德一家、威廉和安德鲁利用他们在纽约和费城的印刷所不断印刷小册子, 试图要消灭曾格的那位雄辩的辩护人的英雄形象, 从而把他塑造成一个抹杀王室威严的凶手。

"盎格鲁—美利坚" (在下文记为"盎美") 从一开始就声明他的职责是要揭露汉密尔顿在法庭的辩护中所存在的"恶法、歪理……以及明显的谬论"[8], 并且质问汉密尔顿曾引用过的案例, 他在引用时声称真相是对抗诽谤指控的防御盾牌。盎美断言这是"严重虚假的陈述", 他认为那些案例并不适用于曾格案并且使案件变成并非真相的决定性因素。援引这些案件是一种扭曲, 盎美在想"汉密尔顿是真的无知还是想故意隐瞒些什么"。尽管如此, 汉密尔顿还是坚持称曾格出版的破坏名誉的文字不能算是诽谤, 因为这些文字都是事实, "要不就提交给国王的法律顾问看能不能证明这些事实是虚假的"——这当然是个合情合理的要求, 公平起见, 盎美理应将这句话也记下 (但他并没有), 因为政府已提出控告, 表示那些报刊上所印诽谤之词并不属实。相反盎美还抱怨, 在检察官回应假话不能被证实之后, 汉密尔顿提出要证明那些针对科斯比的控告的真实性, 法庭认为真相不能为诽谤辩护并且让辩护律师停止申辩。因为疑点重重, 盎美有声有色地说道, 汉密尔顿本应该基于事实去证明《周报》所指控的总督"习惯性滥用行政权力"。诽谤者的特点就是像曾格报刊那样"添油加醋、夸大事实"。盎美声称科斯比当政时，（多个）法官随意被免职（其中有两位被免职也并非没有道理），另外（多个）法庭是非法设立的（当时便充满争议，最终也归于失败）。盎美质问道，汉密尔顿是否能证明《周报》上某篇文章里所争论的"法律本身已走向终结"，或是"只要总督愿意，带有陪审团的审判都可以取消"，"如果我没记错的话，汉密尔顿当时是在一个正规的法庭向陪审团做辩护"[9]。

盎美又回到了他的目标上，质疑汉密尔顿未能成功"给出任何一个案例，里面有辩护律师传唤的且法庭承认的目击证人来证明诽谤的真实性。但如果他真的这么做了，那将值得我们注意"。但盎美在这里没讲实话，因为他明白法庭必须遵守星室法庭的法官意见，一般情况下不会允许辩护律师引用证词以证明被指控的诽谤之词是事实，并且这会削弱整个指控。的确，汉密尔顿在审判过程中做出相反的论证来对付盎美轻蔑的挑战——在有些案件中，被告因书写或出版攻击政府的一些绝对属实的言论而被定罪，而这些案件没有哪一桩最后得到利落裁决。和大法官布拉德利一样，盎美在驳斥汉密尔顿依靠真相辩论这一事实时未能有理有据地提出，真相和虚假的灵活性常常无法客观地加以证实并多存在于个人判断中，致使这两者在判定具体文本中诽谤言论是否属于犯罪工具时不足以成为恰当的标准。可惜，盎美未能证明星室法庭1605年裁定书完全违背了3世纪英国成文法所坚持的虚假即为诽谤罪的本质，或许这才是某位时事评论者对汉密尔顿的正确评判——即便是很多法令条文因为过期失效，或是君主即位时没有按议会要求续期或更新而被认为不再具有适用性，在曾格案审判时，虚假作为诽谤罪的决定因素还是会被引用为历史事实，而星室法庭不该全然不顾这一事实，反而导致《诽谤法》完全失效。

"盎格鲁—美利坚"要是再继续下去，他会更多地暴露自己的反民主倾向，而并非揭露更多汉密尔顿作为倡导者的缺点。由于汉密尔顿的"法律观点似乎已不再受法律权威所左右",盎美谴责道,相反,辩护律师仅仅依靠政治论点,忽视了法治是依赖于社会架构的维系,而不是个人行为的道德价值,"以及他们危害社会的倾向,维护社会的和平与安全是法律要达到的主要目标"。汉密尔顿提出,公民是没有法定权利或者说"自然权利"去公开批判政府,除非他们用一种"法律许可的方式"进行评判。盎美将之定义为,人们可以向地方法官、法院、议会甚至是国王本人提出他们"合理的申诉",但他们并没有权利向邻居表达对政府的不满,因为国家和个人一样,都有权利保护自身"不受诽谤性批评的伤害"。心怀不满的公民应该首先向伤害他们的一方发泄他们的愤懑——不管这个过程是多么费钱费时,徒劳无用(虽然盎美并没有费心做出任何让步)——而不是试图通过口头或出版的言论获得广泛的社会支持,以此向滥用权力者施压进而改正他们所谓的邪恶行径。盎美对国家公正的政府充满信心,他提出,如果政府认为曾格报刊所提出的控诉有一半是事实,那科斯比当然会被免职。

盎美生怕自己被指控为反对新闻自由,曾明确地郑重宣誓,"我相信新闻自由是其他所有自由的保障,也是抵御暴政压迫的最可靠的手段"。随后他也显露出来他那令人不安的独裁倾向,"但是,新闻自由仍是一把双刃剑,因此如果这个自由掌握在一个心怀不满的傻子或是有所图谋的骗子手里仍是让人不放心的"。然而,谁能在一个自由的社会里区分清楚两者呢?那里一个人的"不满愚蠢或是狡猾阴谋"可能会成为另一个人的受到激发的自由勇士。"盎格鲁—美利坚"和他同时期的许多人一样,对这一说法有些陌生,那就是真正的新闻自由意味着那些你鄙之为愚昧或无赖之人也和你一样享有尽情表达的自由。

但人们在母国所发出的声音和看法也传到了美洲,以支持汉密尔顿和表达政治抗议的言论自由。根据一份富兰克林的《宾夕法尼亚公报》驻伦敦记者 1738 年 5 月 18 日的报道，曾格案已成为"所有咖啡馆里、城里（金融圈）的或是镇上的法庭里人们都在讨论的话题"。记者还写道：

> 我们国家不同派系的政治作家，从来没有在其他问题上达成一致，但他们在文章中提到曾格案时都透露着狂喜和胜利的欢欣。一位学界和政界的重要人物是这样表达他对汉密尔顿先生辩论的看法的："这不是法，但却胜过法，也应成为法，在自由盛行之处将永远是法律。"那本关于此案的《诽谤法》曾在三个月之内再版四次，各个阶层的人们都渴望读到它……我们把曾格的律师视为公共自由和英国人权利、特权的光荣的维护者。

在汉密尔顿生命中的最后几年，他仍是所在殖民地的城市名人，继续担任宾夕法尼亚和特拉华议会的议长、首席海事法官，他还是负责监管宾夕法尼亚议会大厦设计与施工的小组委员会的一位活跃成员，这里将会是立法议员们碰头的地方。这栋建筑被后一代人称为独立大厅，有些人认为它的设计应该归功于汉密尔顿，这是误传，但他当时确实提供了一部分早期的设计图。汉密尔顿在 1741 年逝世，他去世十几年后，这座殖民地中最为宏伟的公共建筑才完工。整整六年前，他曾为曾格及全人类争取了批判那些不顾人们生命和自由的统治者的权利。《宾夕法尼亚公报》在 1741 年 8 月 6 日汉密尔顿的讣告上写道：

> 他为人坦率诚实，生前也不是没有敌人，但他尽心竭力地去撕下伪君子的假面，大胆抨击那些狡诈之人，不顾他们是什么身份，来自什么行业……他坚定不移地守护自

由大业……由于他看到在殖民地权力经常被滥用，所以他不与强权为友，很少与总督交好……他始终在他的行业里地位最高……尽管他表面看起来严厉苛刻，但他实际上是一个富有同情心且不爱惩戒别人的人……（他）坚持不懈地为消除偏见而努力……他是底层大众的朋友，对穷人和受压迫者从不吝惜自己的钱财或帮助……

汉密尔顿去世二三十年之后，一位研究律师的历史学家小威廉·史密斯，发表了关于曾格案辩护的文章，措辞前所未有的严厉刻薄——可以说是检验他名誉的试金石。小威廉·史密斯7岁的时候，他同名的父亲与和他关系亲近的同行詹姆斯·亚历山大都参与了曾格审讯（两人在那年春天同时被首席法官德兰西取消律师资格）。人们可能会想，这位小史密斯应该会在他的关于纽约殖民历史的文字中留下一些对汉密尔顿的客气话，因为他当年的雄辩为曾格的主要支持者，即他父亲及其莫里斯派盟友们赢得了胜利。但史密斯却痛斥了汉密尔顿。他指责这位费城律师用华而不实的胡说八道攻击那些坐在陪审席和法庭里的"无知的观众"，并设法"巧妙地把委托人明显有罪的案件变成对这些控诉的辩护"，汉密尔顿"迷惑了众陪审员使之相信那些所谓的诽谤实为事实，曾格并未犯罪"，并把一切归咎于之前的案例。他认为那些"从诽谤案的种种含义中居心叵测地断章取义无法准确证明他的论点"，那就是真相使得所谓的诽谤性出版物合法化。的确，"那些出版物是这个雄辩家诡诈地运用自己的机敏，严重谩骂总督和他的追随者们，陪审团……宣布罪犯无罪，因为他们相信他们的统治者是有罪的"[10]。

史密斯给曾格贴上"罪犯"的标签，当然是为了避开案件和审理中的核心问题：无论一个公民以何种方式，诚实地或错误地、真实地或扭曲地大胆质疑或批判政府行为，并且被认为是摧毁了民众对国家当权者的信心或满意度——这当然就是作者下笔的意图，在这种情况下，他是否能够或理所应当因此被定罪。

史密斯没能领会——或者至少说他没承认——汉密尔顿在曾格案辩护中做到了一个伟大的律师在面对严酷的、不人道的法律阻挡了他们的委托人追求正义的情况下该做的事情；他强烈要求这样的法律应该被良好的判断力和正义的审判所取代。这是极为高明的策略，而非骗人的诡计。近代史上类似的案例发生在 1953 年，瑟古德·马歇尔（Thurgood Marshall）和来自全国有色人种协会（NAACP）法律辩护基金会的同事们向当时的美国最高法院提出，即使种族歧视在法律层面有据可依，即使消灭种族歧视可能会引发社会动荡和暴力抵抗，被视作不人道而且非正义的校园种族隔离也应该被废除——事实上，对"隔离但平等"这一法律条款的质疑自 1896 年以来，六度被提交高院，又六度被否决。

几十年后，有一个人对汉密尔顿在曾格案中的辩护给出了比威廉·史密斯的抨击更为宽容、合适的评判，那就是古弗尔·莫里斯（Gouverneur Morris）。他同他的祖父刘易斯·莫里斯一样都是优秀的律师，他是大陆议会的成员，也是美国宪法的主要起草者之一。他称他的同行费城律师安德鲁·汉密尔顿为"美国革命的启明星"——点亮国人通向自由及摆脱殖民主义束缚之路的灯塔。

四

1736 年春，那时威廉·科斯比的死讯还未传到伦敦，他的赞助人纽卡斯尔公爵试图阻止刘易斯·莫里斯不停催促王国有关人员对总督涉嫌滥用权力进行惩罚。公爵采用了一个毫不含蓄的策略把这个不知疲倦的麻烦制造者调离纽约，这样科斯比就可以不受骚扰地继续当政。公爵以美国各殖民地监督人的名义向莫里斯提供了新泽西总督一职——很快他就可以不受纽约总督的管理。

莫里斯一直以缺席的新泽西殖民地参事会资深成员自居，这一提议对他而言无疑十分诱人。三十多年之前，他曾在背后操纵，使得新泽西由一个业主自治领地转变为英王直属殖民地，那时他很渴望得到这一职位作为奖赏。然而，此时为了明确表示自己的原则，他断然拒绝了这一诱人的贿赂，理由是：纵然官复原职令他大为高兴，但这并非他来伦敦的目的；他的主要目的是催促科斯比下台，要求进行改革，赋予殖民者在政府中享有更多的发言权。

他这一无私之举显然徒劳无益。国王的参事会和大臣们不让这个来自美洲殖民地的麻烦制造者将明显对科斯比不利的官司送呈君主。到了年中，总督的死讯传回英国，莫里斯的使命变得毫无意义，他对帝国政府全面改革的希望也随之破灭。很快他便启航回家，于 1736 年 10 月 8 日抵达纽约，发现纽约已然处于政治混乱的险境：等待伦敦决定——是选择乔治·克拉克还是瑞普·范达姆担任殖民地参事会的领导和殖民地代理长官。对他的领导力和执行力记忆犹新的拥护者，在道路两旁列队迎候；而莫里斯本人也俨然是殖民地政治的救世主，自告奋勇要求出任地位仅次于范达姆殖民地代理长官的首席法官一职。[11] 他向所有支持者保证，在他离开伦敦之时，他并不知道，至少那时并不知道克拉克接替科斯比的命令已经下达。莫里斯怀疑如果王室驳回范达姆统治殖民地的任命，克拉克和支持他的商人帮派有可能会演变为篡夺权力的"新科斯比"——有人曾听到莫里斯向他狂热的支持者们抱怨："如果你不吊死他们，他们就会来把你吊死。"[12] 几天后，他带领一众追随者闯入紧锁的议会大门——议会掌权已长达九年——由于克拉克不愿解散议会，莫里斯要求自行解散议会并举行大选，表达殖民地真正的政治诉求。

克拉克在其党羽的支持下握紧权力不放，万一莫里斯派动用武力夺取政权，他会去乔治堡寻求庇护。

武力夺取政权的威胁在 10 月 13 日戛然而止，那一天"奋力号"帆船抵达纽约。一同抵达的还有枢密院的决议，任命克拉克为参事长；还有一份补充指令，任命其为副总督和殖民地军队总司令。卡德瓦拉德·科尔登将之前关于克拉克不会得到王室同意管理纽约的传闻称为"假情报"，而快速传播这一情报的莫里斯很快就失去了他在公众心目中的个人魅力。莫里斯仓皇退至新泽西，似乎未加留意自己的政治光环已不复存在，结果弄得更为声名狼藉。他声称自己是殖民地参事会的资深成员，在那里供职四十五年之久，他还说在枢密院着手确定把新泽西划出克拉克的管辖权的同时，他还是应该作为殖民地代理长官行使职权。任职时间紧随其后的一位新泽西参事，曾在科斯比去世后担任殖民地代理长官一职，他断然否定了莫里斯这一说法，并指出王室法律规定，未经总督准许离开本殖民地超过一年——莫里斯离开时间更长——将会丢失职位。莫里斯并不以为意，他坚持己见并且擅自发布公告，直到政府对他下达逮捕令。这只跛脚老狮子勉强逃回莫里桑尼亚，回到他家人在西切斯特的避难所。他在那里等待着克拉克及其随从失去权势，莫里斯一派残余的盟友从而可以东山再起。

莫里斯可能是等不到这一天了。克拉克在伯内特担任总督期间被剥夺了部分权力，在那之后十几年间，他成为反莫里斯派大将。但尽管如此，他依然是一个勤勉认真的官僚而非一个有党派观念的政客。王室准许他担任殖民地代理长官之后，他马上采取精明的措施，安抚了各个敌对的派别。随着参事会渐渐处于他的掌控之下，1737 年 5 月他解散了议会并要求重新进行选举，这是对莫里斯派系做出的重大让步——科斯比到任后曾经也有类似的举措，但没有成功。莫里斯从高位突然跌落，但他相信自己就算是个无名小卒也可以领导他的党派不断发展壮大，或许可以利用民粹派对王室的抗议，他们反对王室对于在科斯比死后把以往过错一笔勾销一事保持沉默。詹姆斯·亚历山大在科斯比当政期间深受其害，此时当选为纽约县议会议员；刘易斯·莫里斯父子都从西切斯特重返立法机关，小刘易斯当选为议长；此外约翰·彼得·曾格接替威廉·布拉德福德，被任命为殖民地王室印刷工，这对他来说似乎是赎回正义的天意。

这段时期对亚历山大来说格外令人激动。有了小莫里斯的支持，他提出改革措施，防止大会成员收受礼物（尤其是政府赠地）或用来购买影响力的恩惠职位——这一提议最终遭到那些实用主义的议员同事们的反对。但是克拉克为得到莫里斯一派的配合而做出重大让步，促使议会通过立法规定亚历山大和威廉·史密斯复职回到纽约律师协会，大法官德兰西在此之前鲁莽地将两人停职两年半。为庆祝自己官复原职，亚历山大在百老汇街建造一座华丽的豪宅，他的妻子深谙装修之道，因此家中陈设精美，屋后还有一座花园，其中的玫瑰远近闻名。作为一位开明的人民领袖，他还大力推进净化城市的街道、港区和水道。

克拉克在政治生涯的上升期，立法部门积极配合其工作，政治局面稳定，很快莫里斯一派便在大会选举时失去了对纽约大议会的掌握，紧接着失去了整个殖民地的支持。这个损失在一定程度上是他们咎由自取。当克拉克通过向他们有名无实的领袖（及其子）提供资助，成功地吸纳了先前节操高尚的莫里斯派成员，他们对此也欣然接受。克拉克还授权他们解除科斯比派法官以及西切斯特其余顽固不化的公务人员的职务，并任命自己这一派的人选。这种放肆的政治分赃制正是刘易斯·莫里斯与其同盟最为不齿的卑劣行径——当年科斯比就是凭借这一制度，肆意开除那些违背他意愿的公职人员，并用亲信和谄媚的奴才取而代之。在此情形下，莫里斯派的领导力大打折扣，整个组织结构也于 1738 年轰然崩塌。刘易斯·莫里斯突然辞去议会职务，将他衰微但尚未耗尽的政治能量转移到新泽西——将近半个世纪以前，他曾在该地政治舞台大放异彩。

为了帮助克拉克稳固他对纽约政府的控制，王室出人意料地任命莫里斯为新泽西的独立总督，这是新泽西成为皇家殖民地以来的第一位独立总督——这在一定程度上是对他在 18 世纪转折时期所扮演角色的迟来的认可。从莫里斯所激怒的人，尤其是他在伦敦对付科斯比时曾触怒纽卡斯尔公爵，可以看出他不畏强势，铮铮傲骨：早期别人曾允诺授予他新泽西总督一职，只要他不再纠缠科斯比，但他拒绝了这一职位。在他的老家纽约遭遇挫折导致名誉扫地之后，莫里斯很乐意跨过哈德逊河，接受他垂涎已久的政治权力，即使现在看来只是安慰他的一个奖励。

1739 年 3 月在克拉克解散纽约议会之后，他重新组织选举，希望能将莫里斯派一举击溃。在选举中，由菲利普斯和德兰西派系领导的贸易巨子势力强大，以挥霍无度为由指控他们的政治对手，并夺回立法机关的领导权。小刘易斯·莫里斯自身难保，被前任议长阿道夫·菲利普斯所取代；詹姆斯·亚历山大已黯然下台，四位代表纽约的新晋议员又恰好都是反莫里斯派。新选举的议会不愿意让彼得·曾格玷污威廉·科斯比的高大形象，于是解除其殖民地官方印刷商一职，并将此职归还威廉·布拉德福德——此时距曾格获任仅一年时间。[13] 乔治·克拉克巧妙地保住了总督之位，在位的七年局面和平稳定。

在 1743 年国王陛下的舰队司令乔治·克林顿接替克拉克之后，亚历山大和他的同事威廉·史密斯才从私人事务所回归到公众视野，担任新总督身边的顾问。克林顿恢复了亚历山大在殖民地参事会的职位，十年前科斯比曾无情地将他从殖民地议会中驱逐出去，同时他还保留了自己的密友兼同事、苏格兰人卡德瓦拉德·科尔登，他那时已是任期最长的议员，同时还担任殖民地测量总署署长。在克林顿就职的那年，科尔登发表了一系列文章，把1741—1742年间流行的严重的黄热病与城市肮脏的生活环境关联在一起——这是美国公共卫生编年史上具有开拓意义的研究报告。

<h1 style="text-align:center">五</h1>

刘易斯·莫里斯一生的事业就是一场权力的角逐。他与那些掌握权力的人进行激烈斗争，而那些人则利用职权挫败他的企图，最后也使得他们变为莫里斯执意推翻的暴君。然而，当他自己获得权力之后，他也变得得意忘形，忘记了自己的初衷，逐渐沦为他曾经嗤之以鼻、大力抨击的恶魔。当他最后僭取新泽西总督一职之时，他已然成为一个恶魔。

莫里斯一上台，他那变色龙的习性就显露无遗：英王对美洲殖民地的冷漠和弊政，一度令他极度憎恶，并为之大声疾呼，现在他却掉转了腔调，转而为王室帮腔。加上时运不济，如今他在王室的边远领地的统治权——他自己对臣民的统治逐渐减弱——在那个时代，各殖民地逐渐演变为由自治政体组成的松散联邦。新泽西殖民地议会并没有像莫里斯要求的那样服从他，而是不准许他和他的参事修改财政法案，出于恶意促使他否决很多立法者已通过的民主改革措施，包括三年一次（甚至更频繁）的强制性选举，这也是莫里斯去伦敦时提出的用来审查科斯比涉嫌独裁的重要证据之一。总督突然变为王权的狂热支持者，几乎是条件反射般打击人民和他们的民意代表遇到的侵占性事例，以至于他一度敦促贸易委员会向议会提出议案，要求各个殖民地长官把王室在国外殖民地的所有收入——按照他们认为合适的方式上交给国王以供其开支。莫里斯在其整个职业生涯都主张殖民者们应像一个真正的英国人在母国那样参与他们的政府活动，因此他的这一提议简直是一个 180 度大逆转。[14] 他甚至不再支持贵格会信徒担任公职，让纽卡斯尔取消了他们的这一权利。

莫里斯在总督任期内做的最具讽刺意味的事就是，他承袭了其政治对手威廉·科斯比的自我扩张的傲慢态度——而且还远不止此。他派他 26 岁的儿子罗伯特·亨特·莫里斯到新泽西参事会任职，在那里他可以做他父亲的耳目和律师，也是殖民地的大法官，就好像是为了弥补他没得到纽约同样高位的损失。他也很贪婪（似乎是在模仿科斯比的作风）当议会投票决定他的薪水为 1000 英镑，他勃然大怒，即使这些薪水已经不少——比之前那些兼任新泽西事务监督人的纽约总督都要多。更能说明问题的是，他重视王权多于本地诉求，使他失去了在议会中一开始控制的多数优势。他曾五次想要分散议会的势力，希望由此能壮大他在立法机关的少数派，但都没能成功。

肆意欺压反对派的时代已经一去不返。莫里斯担任总督七年，民怨不断，与市民之间毫无信任可言。[15] 1746 年 5 月 21 日他在任期内去世时，享年 74 岁，他使自己落了个万人辱骂的恶名。他所在的殖民地处于破产的边缘，因几处有争议的土地而爆发的社会骚乱像瘟疫一样再次席卷了新泽西殖民地。

一开始充满光明希望的职业生涯，最后却因为他性格上的致命弱点而以悲剧收尾，这也就解释了为什么历史不愿将由美国殖民地政治家推进的自由与社会公正之大业归功于莫里斯的重大贡献——当然也是他在历史舞台的自我表演。在他的精心策划下，三个劣迹斑斑的皇家总督先后垮台，首家报社在新大陆创建，目的是冒着极大风险抗议英国滥用王权。《周报》的抗议可能已经被夸大为用来获取公众的关注，这不应该使子孙后代忘记这些抗议为了把新闻自由上升至美国人的核心价值观所做出的开创性努力。

就在莫里斯去世后两个月，约翰·彼得·曾格也撒手人寰，他坚守本分直到最后一刻。他去世时 49 岁，抛下妻子和 6 个孩子，同时留下良夫慈父的好名声。他的遗孀安娜继任为《周报》的所有者，两年半后，她把这一重任交给约翰·曾格，他是彼得和第一任妻子短暂的婚姻所生之子。约翰·曾格做了三年报社的业主。1751年 3 月 18 日，报社出刊了最后一期，第 1017 期。

值得注意的是，在报社停刊后的五年期间，詹姆斯·亚历山大作为报刊的创始人、编辑及主要出资人，从未承认过自己在报社运营中的核心作用，就好像是有意为之。在他沉默的动机背后，我们只能猜测一二。为了使报刊能够继续直言不讳，他舍弃了在殖民地法律界的领军地位，并被皇家当局贴上了破坏分子的标签。莫里斯派领导层决定，如果亚历山大站出来承认那些促使指控《周报》诽谤的文章是出自他之手，一切就会毫无意义——的确，如果他被拘留或检举，那将会比曾格入狱更使得报社的生存岌岌可危——曾格直面所有针对犯了错的总督的攻击之词，并因此忍受牢狱之灾，亚历山大有责任把这一历史性的荣誉让给曾格。毫无疑问的是，倘若他站出来揽过作为《周报》精神向导的赞誉，那他的律师就会在审判结果理想的情况下尴尬现身。倘若他真的在曾格已退场而且已不能质疑或否认他所揭发之事之后还这么做，那他会看起来更加恬不知耻。因此，詹姆斯·亚历山大这个一手策划轰动一时的曾格事件、执笔写下大部分谩骂权威政府之词的人，仅仅作为一名殖民地律师被历史冷落。

卡德瓦拉德·科尔登是莫里斯派小集团最后一个幸存者，由于他在科学、政治、文学方面造诣较高，知识渊博，早期他是一位理想主义的辉格党人，被认为是唯一有所作为的公务员。他认为，政府的权力来自人民，当政府不能保障人民幸福安康时，科尔登认为应该替换政府官员，正如他对此感到愤恨并力求遏制富商和土地大亨的权力。在科斯比及克拉克长达十年的总督任期快要结束时，科尔登作为总督克林顿的顾问逐渐登上政治舞台：起初难以察觉，但他却慢慢成长为一个王权的强有力的支持者。到 1760 年，他已是殖民地参事会的资深成员并开始了他代理总督的第一任期（他总共四度出任该职）。他支持王室反对议会及其精英多数派，后来依从了不得人心的 1765 年印花税法案，然后他的雕像被暴徒烧毁，因为他下令把枪炮转向乔治堡并瞄准城市，以此阻止抗议进一步征收税款的武装起义。

即使在寻求政治和解的时候，科尔登的民意也在下降。1769 年，他支持了议会提出的一项措施，拨款 2000 英镑支援英国军队，这遭到了纽约人的反对，他们认为那是一支占领军，而非国王要求的抵御外国或美洲原住民入侵的保护措施；作为交换，议会获得了王室批准，发行 12 万英镑的债券来偿付公共债务、振兴经济。当亚历山大·麦克杜格尔（Alexander McDougall），这位商人、政治活动家、"自由之子"地下运动的领导者发表了一篇题为《致那些出卖城市和殖民地的纽约居民》的攻击性长文，指责这一交易出卖了殖民者的权利，使王国政府对他们的奴役进一步加剧。在代理总督科尔登的强烈支持下，议会以煽动性诽谤罪对作者提出指控。在麦克杜格尔拒不认罪，并提出由陪审团加以审理的要求之后，科尔登安排了一次大陪审团听证，陪审团成员都是家境富裕的保皇派。结果作者受到起诉，尽管他能轻松负担保释费但却拒绝保释，而是像曾格在三十五年前那样，待在狱中获得大众的支持。确实，曾格案得到广泛关注，新版关于审判的《述略》在城市里很畅销，而科尔登这个曾经的莫里斯派坚定分子、新闻自由的实践者，如今却与压制人民的政府站在一边。只有当关键证人否认事实，麦克杜格尔才能幸免于难，可惜这位关键证人也就是他那些煽动性小册子的印刷工在他的陪审团审案开始之前便已死去。

到了科尔登作为代理总督的最后任期（1773—1774），他和刘易斯·莫里斯一样在政治生涯结束时遭到唾骂，不仅是因为他对托利党表示同情，还因为他行为腐败——他曾经指责过科斯比犯下这种错误，例如将大量政府土地卖给朋友和盟友——这些人所付的费用使科尔登的腰包渐鼓，令人不齿。他于1776年9月在皇后郡去世，终年87岁，四天后英国军队从乔治·华盛顿仓皇撤退的小股部队手中夺回了纽约市。

六

若有的话，那么由约翰·彼得·曾格及其报刊创始人酿造的这场风暴，究竟是凭借什么冲破当时盛行的地方观念而名垂青史？

这个小插曲应不应该只被看作一场引人注目的道德剧，剧中饱受压迫的受害者一身正气，勇敢地战胜了十分卑劣的统治者？通过前文描述可以看出，如果你如此解读所发生的一切，那未免太过天真。威廉·科斯比总督在纽约任职的三年半期间，无疑几乎已成了一个不光彩的人物，但他果真像殖民地批评者所描述的那样可恶？也许一半也没有——那些人并没有列出确凿的证据证明他的可恶，他的那些整整齐齐站在道义一方的莫里斯派政敌也未能给出证据。据当时纽约殖民地的社会动力学权威斯坦利·卡茨所说，曾格的支持者们"实际上是一个寻求直接政治利益的颇为狭隘的政派，而非寻求长期的政府或司法改革"[16]。虽然比殖民地的同行稍强一些，但曾格的报刊本身也没有为读者提供太多硬信息，更谈不上上升到文学高度。它有其他的目的，就是证明即使现在曾格的名气已不如当年，但他在青史留名自有其道理。

像詹姆斯·格雷厄姆和乔治·班克罗夫特（George Bancroft）这样的19世纪历史学家把曾格案评价为一件仍然能引起共鸣的著名审判，标志着美国从专制的帝国手中夺取自由这一斗争的开始。班克罗夫特在1868年写道，创办《周报》是为了"捍卫得民心的事业"——如果他指的是一个反保王分子运动，那这在现实中几乎不会存在——曾格审判的结果使得美洲殖民者因"自由的胜利"而欢欣鼓舞。然而，一个世纪之后的学者们用一种更为温和的观点看待这一事件。普利策奖得主、宪法历史学家、《新闻自由的出现》（*Emergence of a Free Press*）一书作者伦纳德·利维宣称：

> 一直以来，殖民时期的美国被描绘成一个珍视言论自由的社会，这其实是一种忽视历史的情感上的幻想……当然，人们习惯声明，殖民时代备受"皇家法官"和要求拥有自由批判政府权利的美国作家和印刷商们之间持续斗争的折磨……这种斗争实际上是不存在的。此外，曾格案对于纽约殖民时期的新闻界的自由或是自由的缺乏没有什么明显影响。[17]

斯坦利·卡茨在他1963年《述略》的编辑版明晰的引言中做了更进一步的揭露。他评论道，曾格案不是"法律的历史或者新闻自由的历史的里程碑……诽谤法改革和新闻界的相关改革应运而生，仿佛彼得·曾格一人从未存在过一样"。不过，在长达33页的引言结尾部分，他还是说道，抛开那些加在此案上过多的重要意义，它的名气"绝对是应得的，因为在曾格案辩护时所提出的所有论点代表了对美国政治中出现的民意基础早期的一种赞赏，对它的完整认识也最终带来政治和法律的改革"[18]。

我们可以接受卡茨的第二个观点，他认为曾格案并未直接导致美洲殖民者与英国同胞的心态与思维模式产生明显分歧，只是表明有这一征兆。1732—1735 年间纽约发生的社会动乱的背后，其实是莫里斯派利用报刊，暂且不说报刊业主别有用心，通过在美洲首次公开抗议王室滥用权力，从而不顾领地内的现行法律把他们的自由置于险地。曾格风波是这样成为美国新闻自由来临的先兆的：它作为必不可少的催化剂，创造并维持了一个民主社会，这个社会有权在统治者偏离清廉公正原则之时批判他们。曾格报刊的撰稿人们可能和那些他们曾经激烈谩骂的目标们一样，和高尚无私毫不沾边，但是正如帕特丽夏·博诺米在《分裂的人民》中所提到的，莫里斯派很善于宣传争议来吸引广泛的公众接受他们自己的价值取向和政策，这一点她表示赞赏，他们"对新闻业的发展做出了直接的贡献……并且有效地使用印刷的宣传作为反抗的武器"[19]。

　　曾格的《周报》后来可能是被拿来做了赌注，但它向公众灌输了一种思想，那就是通过鼓励陪审团不赞成将自由发表言论当作犯罪行为进行打压，足以证明公开反对一个压迫人民的、不公正的政府既是一种社会需要，也是一种民事权利。曾格案的审判结果使得新闻成为一个值得称赞的职业，而且直接质疑了星室法庭无知的宣言："真理越明，诽谤越凶。"

　　当科斯比、莫里斯、曾格这些名字成为人们关注的焦点，如此一来那些年在纽约市及其周边发生的事件加快了定罪，即使英国殖民主义有时实行"善意忽略"的政策，但也变得无法容忍，因为王权对于海外资产无限压榨剥削。从根本上来说，美洲殖民地是英国本土的直接财产、公用事业和远距离卫星，他们忠实于王室，当地居民与其说是英国同胞，不如说是封建租户。倘若被曾格的报刊加剧了的科斯比与莫里斯冲突并没有引起人们呼吁彻底改革美洲宪法体制，这场闹剧还是预示了接下来发生的一些事。紧接着的几十年，新闻界及其愤怒的檄文执笔者和尖锐的讽刺作家对社会产生了深远的影响。

学者们会把曾格审判对煽动性诽谤后来的法律地位所产生的影响最小化，这也许是合情合理的，原因是只有法官的裁决而非陪审团裁决被纳入了决定性主体，也就是人们所说的普通法。曾格案之后再没有哪个法庭案件或是英国或殖民地法庭的法官意见严重质疑过针对政府及其官员的诽谤攻击是否属于犯罪行为。此外，在殖民地时期余下的时间里，议会和美洲的立法机关都没有慎重考虑过能使星室法庭抗议者免受因发泄政治怨愤而受到责罚的法令。英国法学家、牛津法学教授威廉·布莱克斯通（William Blackstone）的四卷《英国法释义》在曾格审判后的三十年后问世，再次证实了和霍金斯对煽动性诽谤的定义："对任何人的恶意中伤，尤其是对地方行政长官……其目的是激怒他，或是让公众憎恶他、鄙视他、嘲笑他。这些诽谤的直接目的就是破坏和平。"因此，煽动性诽谤属于犯罪行为。布莱克斯通并没有界定什么构成了"恶意"的中伤，也没有考虑到那些不是为了破坏和平而是敦促政府更加公正公平统治的投诉。"就诽谤的本质而言，诽谤本身是真是假并不重要，因为是诽谤行为，而不是虚假，要受到刑事处罚"，布莱克斯通至少还聪明地加了一句："不过毫无疑问，不实的诽谤会加重罪责和相应的惩罚。"

但是如果因为曾格案没能改变普通法中关于诽谤的部分而轻视其作用，这是目光短浅的看法。正如马里兰大学历史学家艾莉森·奥尔森所说，有些怀疑论者一直在强调：曾格的胜利是具有法律约束力的先例的法庭裁决，这一说法缺乏证据。他们"使我们忽视了曾格案真正的成就"——在她看来，就是"曾格案使殖民地作家出版关于官员的政治幽默，尤其是讽刺作品的环境相对安全，殖民地的政治表达也越来越积极……审判过后，把讽刺作家告上法庭的政客都是愚人"[20]。

事实上，曾格审判通过传播相对较广的《简报》而被公众熟知，在那之后，殖民地几乎再没有陪审团宣告那些被控煽动诽谤罪的作家或编辑有罪。到18世纪40年代，从马萨诸塞到北卡罗来纳的出版社都被判无罪，因为他们提供了证据，能证明被指控为诽谤的言论是事实。而且，皇家指挥官作为自由新闻媒体主要的抨击对象而遭到殖民地立法者的排挤。美国的立法者们坚持要享有与英国上下两院同样的、免受公众对其行为监督的特权，他们依旧把关于他们行动和投票情况的新闻报道看作有悖于他们神圣不可侵犯地位的做法。立法机关不需要召集大陪审团进行起诉或是召集一个小型陪审团进行定罪，作为自己做主的法院统一体，可以随意起诉任何没有得到授权就质疑或公开他们活动的人。这是一种不同的但却同样可悲的滥用权力，这些滥用权力的人是被选出来代表他们的左邻右舍的，尽管如此他们还是希望对如何管理人民事业这一问题不做回答。幸运的是，那些攻击纽约议会中特权人士的人很少受到严厉责罚，通常是狼狈地道歉之后就逃脱了惩罚。鼓励消息灵通的公众通过自由报刊获得新闻报道，会使殖民地的立法者们产生一些会引起麻烦的幻想。

然而当英国在1765年通过印花税法案，新闻界更加坚定其立场，这一法案是对美洲殖民地有严重影响的首个征税措施，一经推出，就被看作对印刷商生计的可怕的威胁。他们开始公开谴责皇家政府专横暴虐，到1768年3月，《波士顿公报》声明："我们是自由的报刊，没有什么是值得担忧和恼火的，这对于暴君及其手下和幕后操纵者来说，才是真正可怕的事情……那些一直注视这一切的人抱着嫉妒和恶意的眼光，企图摧毁人类自由的权利。"[21]煽动性诽谤罪在激愤的市民中间几乎是不可能强制实施了。但是，正如莱纳德·利维全面记载过的，一个获得大众支持的自由报刊是不能同时成为一个公正的报刊，这在一个始终两极分化的社会中与政治现实是矛盾的。在革命时期为了维持业务，大多数报社业主不得不迎合激进的反保皇派的民意。

华盛顿在1781年的约克城大捷，标志着美洲殖民地不再受王室统治，但还是没有使新闻界摆脱法律的束缚。可以肯定的是，在13个新成立的殖民地里面，有一些没有忘记新闻界对他们成功反抗英国所做出的贡献，开始在他们的法令中纳入言论自由的承诺。例如，在杰斐逊还担任总督时，弗吉尼亚1783年宪法宣布对印刷物的所有事先审查为不合法，但仍坚持了布莱克斯通提出的约束，允许将不实的中伤起诉为诽谤罪。[22] 四年后起草美国宪法的时候，对新闻自由的神圣不可侵犯只字未提。两年后实行《权利法案》时将这一缺陷予以纠正，就在第一修正案中正式宣布"国会不得制定……任何剥夺言论自由、出版自由及和平集会自由的法律"，而且是第一个以书面形式把与人民之间保障表达自由的契约列入立国之本的新兴国家。但是新闻自由到底有多自由呢？例如，第一修正案并未明确提出在英国普通法之下保护新闻界不受煽动诽谤罪的指控，此法仍是美国新法律的支柱。同样重要的一点是，这个修正案适用于国会不能侵犯新闻自由，它并未将之扩展到殖民地政府或是联邦机构的其他两个分支：行政机构和司法机构。

清晰地确定何为宪法保障的"自由新闻"是一个缓慢的过程，在《权利法案》颁布后的第七年，它迎来了第一次严峻考验。面对着惨淡的政治前景以及对第一修正案的保护持狭隘观点，约翰·亚当斯（John Adams）总统及其联邦党试图通过《1798年侨民及煽动叛乱法》来坚守权力，此法规定发表针对政府及其行政长官的"虚假的、诽谤性的、恶意的文字"即为犯罪。亚当斯阵营随即实施了新法案，检举和压制那些支持副总统杰斐逊日益壮大的共和党的批评者们。杰斐逊的朋友兼主要盟友詹姆斯·麦迪逊在起草宪法和《权利法案》时都起到核心作用，他勃然大怒，公开指责《1788年侨民及煽动叛乱法》不过是一部美国版的英国煽动诽谤法，就其本身而论是第一修正案所无法容忍的。他在充满激情的《1799弗吉尼亚报告》中声称："仅仅对于新闻界来说，尽管其中充满了不公，但通过理性和人性获得的胜利使整个世界受益。"因此，"保证新闻自由需要……使许可证颁发者不仅免受事前审查，而且不受后续的法律处罚"。麦迪逊问道，假如这些反煽动言论行为，比如1798年法令禁止所有可能会使政府当局卷入耻辱或坏名声的出版物，"被强制执行来反对新闻界"，"那今日的美国是否就不会毫无生机，在外国的束缚下痛苦地呻吟"？亚当斯的辩护者们争论道，新法只会对虚假恶意的言论予以惩罚，并允许作者和出版商去证实他们诽谤性的言论，对此麦迪逊反驳道，"简单明了的事实都会问题重重，在一些案件中，即使有法庭上所必要的完整正式的证据，指控政府还是存在相当大的困难、麻烦和困扰"。当冒犯的话语表现为舆论、推断和推测性观察时，在法庭证明"真实"依然会有较多的问题。至于驳斥被指诽谤中"恶意"的成分，"在不损害自由讨论公众人物和公共措施的权利的情况下，去惩罚那些使政府官员卷入耻辱或坏名声的意图显然是不可能的，因为那些参与这种讨论的人必定是想要或是打算激起一些令人不快的情绪，只要他们认为这是应得的"。

麦迪逊对限制报刊法令的正义之怒帮助杰斐逊在次年登上总统之位，而且他的党派在最高法院考虑其合宪性之前，于1801年终止了《1798年侨民及煽动叛乱法》。在第一修正案对所承诺的"自由报刊"的自由度和豁免权做出详细说明之前，还有很长的一段路要走。美国也就是联邦政府直到1866年通过第十四条修正案才对于压制新闻自由的权利予以否认。又过了六十五年，最高法院在尼尔诉明尼苏达案中驳回了一次针对恶言谩骂诽谤的出版物的禁令，认为这是对新闻自由事前限制的违宪行为，即使这个出版物是对社会礼仪极大的冒犯。

尽管如此，还要等到过了一代人的时间，这个国家的最高法院才把煽动性诽谤罪作为对新闻自由潜在的毒害，最终坚决地废除。在高院对"《纽约时报》诉沙利文案"1964 年的决议中，法官们撤销了阿拉巴马最高法院的裁决，该裁决赞成蒙哥马利市几位官员获得巨额赔偿金，因为他们声称由于一篇抗议警察残酷镇压废除种族隔离倡导者的整版宣传中存在一些小的事实错误，他们受到了刑事诽谤。反映事实的诽谤性言论长期以来是美国法庭和法官们公认的拒绝诽谤指控的充分理由，但是负担通常就会落在被告身上，因为被告需要去证明这些攻击性言论的真实性。可是，仅仅保护真实的诽谤并不能满足第一修正案的要求，也就是最高法院在沙利文案中所提出的。一个自由的报刊也需要宪法保护——可称为呼吸空间——出版一些不实或错误材料的空间；不然，记者和编辑们有可能会在自我审查时止步不前，不敢出示证明行政官员行为不端的证据，因为害怕一些微小错误可能会导致巨额赔偿。不同于英国，这笔负担如今转移到了原告身上，法官威廉·布伦南（William Brennan）为合议法庭写道，一个自由的报刊有权免于因"无心做出错误言论"而受到诽谤诉讼，表明虚假有别于无心之过。宪法需要"一个联邦规则来阻止公务人员因为对他公务行为的不实诽谤而取得赔偿，除非他能证明这些言论是有'预谋'的——换言之，明知是虚假的还要出此言论，或是毫不顾忌这些言论是真是假"[23]。

由此煽动诽谤罪作为之前美国司法中的刑事犯罪而被彻底消除。经过 231 年的辛苦努力，这场"疟疾"终于被根除。发起这一场运动的彼得·曾格、詹姆斯·亚历山大、刘易斯·莫里斯等人，还有他们难以磨灭的报刊墨印，将会一直存在下去，永不消逝。

注　释

1　汉密尔顿受到纽约参事会表彰：1735 年 9 月 16 日，曾格的面孔又一次出现在纽约市参事会当中。虽然经过一番漫长的牢狱之灾，但曾格的身体已恢复如初，他在会议上向众人展示了在其被捕入狱的前一年里市政官委托他出版的纽约市新宪章——宪章由六个副本装订而成，采用羊皮纸纸质。新宪章被认为是曾格的上乘之作。

2　"金钱不足恃，美德最动人"：卡茨，《述略》，第 230 页，第 59 和 60 条注释。

3　"律师之业不仅仅是"：《细看曾格》，第 47 页。

4　莫里斯从纽约最高法官任上被无端免职：卡茨，《纽卡斯尔的纽约》，第 117 页。

5　"事情会好转的"：博诺米，作品同上，第 126—150 页。

6　科斯比去世无人悲哀：《纽约周报》，1736 年 3 月 15 日。

7　汉密尔顿向亚历山大寄去案件审理记录：伯顿·阿尔瓦·康克尔，《安德鲁·汉密尔顿的一生》，第 108 页。

8　汉密尔顿受到"盎格鲁—美利坚"批评：卡茨，《述略》，第 239 页第 1 条注释。

9　汉密尔顿是否能证明：出处同前，第 152—181 页。

10　史密斯论曾格"明显有罪的案件"：史密斯，作品同上，第 2 卷，第 20 页。

11　代理总督范达姆的权威：博诺米，作品同上，第 131—133 页。

12　"如果你不吊死他们"：谢里丹，《刘易斯·莫里斯》，第 178 页。

13　解除曾格殖民地官方印刷商一职：卡茨，《纽卡斯尔的纽约》，第 154 页。

14　莫里斯的提议简直是一个 180 度大逆转：特纳，《刘易斯·莫里斯总督及殖民政府的明争暗斗》，第 271 页。

15　莫里斯七年任期：出处同前，第 262 页。

16　"实际上是一个寻求直接政治利益的颇为狭隘的政派"：卡茨，《述略》，第 1 页。

17　"一直以来"：伦纳德·利维，《曾格案是否至关重要？》，第 35—60 页。

18　卡茨评判曾格案：卡茨，作品同上，第 34 页。

19　"对新闻业的发展作出了直接的贡献"：博诺米，作品同上，第 136 页。

20　"殖民地的政治表达也越来越积极"：奥尔森，作品同上，第 224 页。

21　"没有什么是值得担忧和恼火的"：利维，《新闻自由的出现》，第 67 页。

22　仍坚持了布莱克斯通提出的约束：利维，《新闻自由的历程：从曾格到杰斐逊》，第 liii 页。

23　《〈纽约时报〉诉沙利文案》中布伦南大法官的意见：《〈纽约时报〉诉沙利文案》（《美国联邦最高法院判例报告》第 376 卷，第 254 页）。

从曾格到斯诺登

时至今日，美国新闻自由所达到的程度，正如人造卫星探测到太阳系边际的程度，这对曾格及其同时代人来说简直是不可思议。在标志性的"《纽约时报》诉沙利文案"判决半个世纪以后，蓬勃发展的新媒体进一步扩张了新闻自由的领域，深入充满不确定因素的赛博空间。在那里，新技术对信息传播的影响丝毫不亚于古登堡时代。

当然，如果深入观察的话，人们会发现捍卫新闻自由依然面临新的挑战——就某种程度而言，它今日遭遇的威胁跟英国星室法庭时代并无二致：即为国家长治久安，政府完全有权压制一切异议与不满。在当下的美国，人们说起"国家安全"，也视之为最主要的——甚至是唯一的——新闻审查的理由。在21世纪之前的美国，新闻的自由传播无论受到何等干预，也很少与颠覆罪相连（通过损害政府形象破坏现行秩序从而引发叛乱）。但在全球化反恐和核军备竞赛的背景下，媒体在信息披露方面一旦稍有出格，极易招致坚决的惩处。

为确保公共健康、安全与便捷，新闻媒体的一项基本职责就是旨在为读者、听众和观众提供信息汇总和梳理的服务。当然，为媒体提供资讯的渠道本身可能是出于一己之利或谋财图名，因此，长期以来法律和社会习俗一直要求媒体在向公众发布此类消息之前务必要经过审核、加工和筛选。但是新闻调查记者应该不在此列——他们所揭发的非法的、不道德的、反社会的种种行径本来就"怕见光"——新闻记者由此也成为高危人群。有时候，起诉的证据近在眼前，记者毫不费力就能得到。但更多时候，至关重要的新闻线索往往来自内部，线人或告密者由于害怕报复，他们一般要求不暴露其身份。诚然，今天发布此类信息不致遭到当初沙利文"恶意诽谤罪"之类的起诉，然而事实上，司法人员在当事人面临刑事指控的前提下，却不得不要求——有时甚至需要恳求法庭授权——披露记者的信息渠道来源。可是，假如日后公众知晓新闻记者并不能保守线人的秘密，他们的调查必将大大受限，而新闻自由的空间也必定会被大幅压缩。因此，泄露线人身份应被视为非法行为。

在 1972 年"布兰兹伯格诉海斯案"的判决中，最高法院拒绝给予记者以特别知情权——像医生之于病人，牧师之于信徒，以及律师之于委托人，因此在庭审中他们不得以此为借口掩藏其信息渠道来源。本案认定新闻记者像普通公民一样无权向检察官隐瞒任何信息，由此其新闻调查能力必定大受影响，因为之前新闻媒体为获取内幕消息而做出的保护线人隐私的承诺，被迫让位于所谓的司法公正——而后者据说是比新闻自由更古老也更重要的一种权益。但波特·斯图尔特大法官对此却提出异议，因为下级法院一再吁请，在司法公正和新闻自由之间进行平衡测试：确保检察官要求记者吐露隐私，其目的并非钓鱼执法，而且公众强烈要求公开信息渠道以及此信息与受控行为之间存在密切关联，并且舍此别无他策。一开始，布兰兹伯格判决貌似是对新闻记者的沉重打击。因为不肯出庭作证，有些记者被威胁——甚至锒铛入狱，但与此同时，检察官的权力也受到很大限制，或许因为公众对新闻记者遭受胁迫深表同情——通常记者被关押的时间很短。在迄今为止最受关注的案例中，《纽约时报》记者朱迪斯·米勒（Judith Miller）因为在事关"国家安全"的事件中拒绝披露线人姓名被关押 85 天。

这一判例，也为各殖民地及国会通过对新闻记者的"保护性"法律条款提供了依据——只要他们愿意。事实上，怀俄明殖民地除外，美国其他各殖民地都在宪法第一修正案及各殖民地宪法的框架下，制定相关措施保护新闻记者调查的隐私权；在一些地方，斯图尔特平衡测试则广为采用。不仅于此，在某些殖民地，如加利福尼亚殖民地和亚拉巴马殖民地，新闻媒体甚至享有豁免权——因为他们是"专业的"记者。当然，如何认定某人是"真正的"、合格的专业记者也引发了司法争议：新罕布什尔殖民地高等法院的一次庭审，甚至将这一权利延伸至博客写手和网络管理员等互联网从业人员，其理由是"新闻自由是最基本的人权，并不局限于报纸和杂志"。随着纸媒的衰退，公众日益转向电子媒介获取信息，网络的信息提供者也致力于运用第一修正案来进行自我保护。这一种新型的信息提供者往往被指为缺乏责任感，有时甚至被称为自大的媒体，因为它们不像传统媒介一样要经过新闻审核的程序。毫无疑问，假如真的存在自由表达，在民主宪政体制下怎么可能设立一种人为的准入制度——规定谁才有权手执麦克风对着互联网做演讲？

但是要将这一举措上升到法律层面却难上加难：因为迄今没有一条联邦法令明确这一特权。国会三番五次对此加以审议，结果却因为担心有鼓励国安系统内部泄密之嫌转而放弃。可以说，自沙利文案判决以来，没有哪个案例的重要性比得上这一争端——它反映出官民之间日益紧张的态势：政府坚信以国家安全的名义，在必要情况下有权采取任何措施，而公众则坚持他们必须享有知情权，否则如何判定一个背离了社会正义和公平的极权政府到底是保护公民还是恶意加害于民？这也是彼得·曾格案的要害所在。

在过去一个世纪美国经历的热战和冷战进程中，国家安全政策的底线何在，始终是引发公众争议的焦点问题。尤其是在 20 世纪后半叶影响深远的冷战延长期，人们（哪怕被指为绥靖主义者甚至叛国者）不禁要问：所谓随时可能遭遇的国家安全威胁到底实有其事还是夸大其词？政府的应对措施到底是有理有据，还是出于沙文主义的傲慢任性和全球军事冒险？毕竟，德怀特·艾森豪威尔（Dwight Eisenhower）总统（退休的五星上将）在他的告别演说中曾谆谆告诫国民：由"军火商与工业巨头联手构成的巨无霸"才是自由最大的敌人。遗憾的是，在艾森豪威尔讲话之后，这一同盟又吸纳了野心勃勃、阵容强大、门户森严的情报组织，并进一步扩张为三巨头联盟，权势煊赫，连走马轮替的总统班底也徒唤奈何。

自 1971 年《纽约时报》和《华盛顿邮报》披露所谓的"五角大楼文件"以来，媒体就美国在朝鲜战争后的亚洲战场事关国家安全的行动做过三次深入报道。这些报道是基于政府内部告密者所提供的情报——根据 1917 年美国反间谍法案——他们将以战时通敌罪被起诉，与此同时，媒体却安然无恙。与之相反的是，在"五角大楼文件"案中，从国防部获取的 43 卷卷宗，由于事关越战，被贴上"绝密"标签，却揭示出美国发动战争的理由很是令人狐疑，揭示出美国政府恃强凌弱的本质，也揭示出政府官员如何瞒天过海，欺骗国会和民众。由此可见，这场战争付出的惨重伤亡和经济损失可谓得不偿失。政府要求司法部门下令禁止出版上述文件，宣称这将威胁到仍在前线奋战的将士，破坏旨在结束战争的外交斡旋，并且会影响到美军战俘的康复。但最高法院却以 6∶3 的优势裁决"政府无法证明这一信息披露会给美国或美国人民立刻带来直接的、明确的、不可挽回的损失"。雨果·布莱克（Hugo Black）大法官认为，"国家安全"一词词义"过于宽泛、笼统和含混"，"而唯有一个自由且不受拘束的媒体才能将政府的欺诈行为公之于众……为了军方利益或所谓外交秘密而牺牲公众的知情权，这不是真正的公共安全"。由于搜集证据程序非法，也由于诉讼程序错误，针对"五角大楼文件"案告密者、兰德集团军事分析家丹尼尔·埃尔斯伯格的指控最后无疾而终。

无论谁主政白宫，对情报机构也无可奈何，这一现象激发了以报道美国自由民权为己任的知名记者的愤慨，如《纽约时报》记者安东尼·刘易斯，他在《禁止立法》(*Make No Law*, 1991) 一书中写道："在当今时代，总统以出于国家安全考量为理由，掩盖了政府越来越多的秘密勾当。情报机构每年花费数十亿美元，公众对其去向却一无所知。"[1]

十年以后的9·11事件，是自日军偷袭珍珠港以来在美国本土发生的对美国国家安全威胁最为严重的事件，美国由此被拖入所谓全球化反恐的泥潭之中。一个易受摆布的总统，加上神经过敏的国会，使得军情机构借机四处伸手，声称要查找并消灭幽灵一般穷凶极恶的敌人。"爱国者法案"的出台以及"国家安全局"的创设，不可避免地与新闻自由的理念发生冲突：媒体在政府的压力之下对美国反恐方略进行调查报道时往往失之于盲从轻信。尽管如此，在最近披露的两个重大事件中，媒体成功地引发了公众对政府过度干预行为的关注：无论其用心何等良苦，其行为却愚不可及，因为这必然将美国导向极权专制。

其实早在2010年，即美国在伊拉克和阿富汗发动战争的第八个年头，23岁的美国军事情报官布拉德利·曼宁 (Bradley Manning) 便从国务院和国防部数据库中窃取了75万份敏感文件，并将之传送给非营利性的、自封为"信息门户"的维基解密。[2] 维基解密在瑞典注册——该国法律对告密者极为友好——由自称为"互联网激进分子"的澳大利亚人朱利安·阿桑奇 (Julian Assange) 主导，旨在针对战争中的暴行以及政府对媒体和公民的各种打压行为。

通过曼宁和维基解密提供的材料，媒体形象地向公众表明，美国在交战区发动的军事行动大量伤及无辜——披露出来的战略决策及实施步骤显示：向处于 180 个国家的 271 座使领馆发出的 25 万份绝密电报都事关越战；年龄从 14—89 周岁不等的阿富汗和巴基斯坦人，经过若干年审讯，仍被关押在关塔亚摩监狱，尽管毫无证据表明他们对美国国家安全构成任何威胁。大量的证词将反恐战争丑陋的一面暴露在公众眼前，并在举国范围内引发了美国人对大规模使用武力以及美国人最深恶痛绝的肉刑的恐惧和担心，以此来抚慰西半球自相残杀的穆斯林部族更非明智之举——此举不仅无助于增强美国国家安全，相反却会激发并繁衍出更多对手和敌人。美国政府对此颇感困惑，比如在 2011 年 4 月发表的一份声明中曾这样评述："很不幸，《纽约时报》和其他媒体决定刊载从维基解密非法获取的有关关塔亚摩监狱的文件……但此类文件未必能代表被关押者此时此刻的感受。"其实，真正"不幸的"或许是政府的观点，好在政府也并未采取行动压制新闻报道。倒是曼宁本人，以间谍罪受控，被降为列兵，并被判处 35 年监禁。

比曼宁和维基解密更严重的，也是跟美国人的切身利益更接近的并且更能引发高度关注的，是《华盛顿邮报》和英国《卫报》在2013 年 6 月披露的消息。从国家安全局的秘密文件存储空间提取的170 万份材料显示：包括美国在内的 16 家情报机构负责对全球范围实施监控。这一次的告密者斯诺登，是一位 30 岁的电脑黑客，曾先后受雇于中情局、国家安全局下属机构以及两家为间谍机构布置安全监控的私人公司。

斯诺登窃取的来路不明的文件披露出若干骇人听闻的信息，比如国家安全局根据"爱国者法案"，曾获得法院的秘密授权，对手机营运商巨头威瑞森的电话通信记录进行监控：数百万美国人每天打出多少电话，每次通话时长多少，一切尽在掌握。更令人发指的是，国家安全局经过法庭授权，对普通公民登陆谷歌、雅虎等搜索引擎的记录进行监控，并从海底电缆传输的信号中收集在上述引擎拥有账户的全球数千万民众的个人信息。此外，国家安全局还截获了上百万份电子邮件地址、通讯录及其内容。同时，它还对远在德国、法国和巴西的无数居民进行监视，对包括德国总理安吉拉·默克尔在内的35国领导人进行电话监听，并对入侵政府网站的电脑黑客进行定位跟踪。斯诺登还进一步披露，自2013年以来，美国政府投入620亿美元的巨额预算支持情报活动，国家安全局在一份任务报告书中曾夸下海口：到2016年，"它能够在任何时间、任何地点获得任何人的情报"。之所以将如此耸人听闻的信息公之于众，斯诺登认为此举公然违背宪法第四和第五修正案（反对非法和程序不当的公民搜查），也是对"世界人权宣言"的公然践踏；他本人的行为无可指责，因为为防范对人权的暴力侵害和犯罪，每个公民有公民不服从的权利。另外，斯诺登还补充说，他此前曾通过电子邮件向同事和主管投诉：他最终揭示出的监控内幕属于非法行为，但抗议无效，谁也没拿它当回事。所谓内部泄密问题，斯诺登说，是因为"你不得不向对此负责的人举报该违法行为"。对此国家安全局驳斥说，通过个别对质和讯问，没有任何记录或证据支持斯诺登这一说法。结果到目前为止，以间谍罪被起诉的斯诺登仍流亡国外。

国家安全局对数百万公民隐私权的大肆侵犯——照斯诺登的说法，其中90%对国家安全根本不可能构成任何伤害——令公众十分震惊：在"爱国者法案"即将于2015年春失效之际，国会势必应该采取强制措施，限制国家安全部门随意采集有关公民个人信息的大数据。如此一来，电话公司便有权保守客户的通话记录，除非情报部门能获得法庭的特别侦查许可。但除此之外，斯诺登文件中所涉及的其他秘密监控手段无一受到限制。在参议院就"爱国者法案"是否需要延期进行表决的最后一刻，奥巴马总统警告说，倘若立法者执意废除这一法案，必将招致恐怖主义者对美国的全面攻击。"一旦离开情报部门的监控，我们将身处幽暗之中，眼前一片漆黑，"总统说，"假如我们可以通过逮捕一个涉嫌危害国家安全的家伙来阻止一场恐怖袭击，结果却因为参议院的不作为而无能为力，我们岂不是要问心有愧？"在《纽约时报》的一篇述评文章中，总统还补充说，"然而国内一些自由派却将行政部门的预警视为制造恐慌气氛的谣言，其目的是阻挠对政府监控权力进行审查。"[3]

斯诺登事件将美国人置于两难的境地。一方面，他们固然可以接受政府的一套说辞：(1) 恐怖组织史无前例的频繁活动极大地威胁到世界和平与稳定；(2) 为维护国家安全，美国政府被迫肩负起全球反恐的重任；(3) 为确保反恐战争的胜利，政府必须调动一切可以利用的技术手段；(4) 这一大规模的监控计划必须秘密实行——至于这一场全球性情报战的手段、范围以及花销多少，对不起，无可奉告，但——(5) 但请相信我们，我们政府，一向不会侵害你们，你们人民的自由——除非你们干了不该干的勾当。

当然美国人也可以理直气壮地反问，凭什么在所谓国家安全问题上要毫无保留地相信政府——它的官员可以不经审讯将平民关押多年，它在越战问题上一再撒谎，不惜歪曲真相，它（在一个虚假的前提下）让举国陷入难以控制的、无休无止的伊拉克和阿富汗战争的泥潭，还寡廉鲜耻地对公民隐私实施大规模监控。

无论是顺从还是反抗，美国人不妨停下脚步仔细想一想：他们所处的世界是两极分化的世界——一类是民主政体，其统治以民意向背为原则；另一类是极权专制，其统治以暴力恐怖为原则。一个真正的民主国家，在未经胁迫和欺诈的前提下，必须经过全民一体表决，统治者才能取得合法统治权。但现状却是，假如泄密者四处被追杀，忠实的媒体如何能警醒不明真相的公众，告诫他们有一种来自政府的威胁，跟全球恐怖组织一样，是他们秉持的价值观的天敌——在一个自由、公平的社会里，这一政府居然赋予它的情报官员以特权，可以凌驾于人权之上？

注　释

1　"总统以出于国家安全考量为理由"：安东尼·刘易斯，《批评官员的尺度：〈纽约时报〉诉警察局长沙利文案》，第 242 页。

2　美国军事情报官布拉德利·曼宁：在经历了变性手术之后，曼宁的名字现在改成了切尔西。

3　"然而国内一些自由派"：《纽约时报》，2015 年 3 月 30 日。

Acknowledgments | 致谢

在本书构思和写作的过程中，三位人士在不同时期给我提供了莫大的帮助。首先，普林斯顿大学伍德罗·威尔逊公共与国际事务学院的斯坦利·N·卡茨先生（普林斯顿大学艺术与文化政策研究中心主任）令我倍受鼓舞。卡茨先生的学术生涯始于两部著作，而它们对于我的研究也起着至关重要的作用，同时还激励我饱览群书。我也很荣幸能和研究助理萨拉·克拉姆齐（Sarah Cramsey）共事。当时她正在加利福尼亚大学伯克利分校完善她的欧洲史论文，现今任职于杜兰大学。在重要资料的搜集工作上，萨拉可谓是得心应手，并能持之以恒。而且她提出的建议极富建设性，总能令我豁然开朗。我的妻子菲利斯，总能着眼于细节之处。她替我反复斟词酌句，不厌其烦，并不时提出修改意见。

我心存感激，感谢以下人员的慷慨相助：纽约历史博物馆馆长迈克尔·瑞恩（Michael Ryan），手稿阅览室管理员塔米·凯特（Tammy Kiter）以及她的同事们；纽约公共图书馆手稿及档案分馆副馆长托马斯·G.兰农（Thomas G. Lannon）；新泽西历史协会代理执行会长史蒂文·特塔曼蒂（Steven Tettamanti）；纽约州档案馆馆员杰克·麦卡彼得斯（Jack McPeters），该档案馆隶属于纽约州立图书馆。在加州大学伯克利分校的多伊图书馆及法学院图书馆，参考书阅览室的各位馆员对于我的诸多请求，仍是毫无怨言，耐心相助。我深深感谢三一大学（德州圣安东尼奥市）的美国历史与经济学荣誉教授约翰·J.麦卡斯克盖尔先生（John J. McCusker），感谢他提供了殖民时期的货币与现代货币等价换算的计算方法。我尤其要感谢朱迪思·克劳福德（Judith Crawford）及约翰·K.道尔（John K. Doyle），感谢两人让我有幸一睹《图说曼哈顿岛》全集，在这一番景致别样的天地里探索，并有所发现。

最后，本书能作为美国出版自由的产物得以问世，这与我的出版代理人乔治斯·博尔夏特（Georges Borchardt）积极投入的工作态度密不可分，同时也得益于 W.W. 诺顿股份有限出版公司约翰·格洛斯曼主编（John Glusman）及其同事，正是他们的工作项目让我成竹在胸，并大大地加速了写作进程。

理查德·克鲁格

A Note On Sources | 参考资料来源

尽管市面上有很多书籍和文章（包括学术著作，通俗读本）从侧面记录了约翰·彼得·曾格事件，但至今为止还没有一部鸿篇巨著就曾格的职业生涯及法庭审理案件进行详细描述。之所以出现这一缺憾，是因为出版商曾格虽然名声在外，但他为人谦逊，低调行事，因此他几乎没有给后世留下任何的记录，让人们知晓他的个人生活，政治立场或是生意往来——即使是有，它们也很快被历史所湮没或因保管工作的疏忽就此湮没。正因如此，对于曾格创办和发行《纽约周报》一事，一直以来就存在着不少的误解。比如，作为实用且常用的网上搜索引擎，维基百科却经常提供失实的信息，网站将曾格的职业描述为"新闻撰稿人"。目前尚无档案资料可以证明曾格为自己的报纸发文撰稿；曾格的功劳见之于他为那些挑战权威的殖民地人民做掩护，因为后者虽然有意声讨英国总督滥用职权，借此推翻其残暴统治，但碍于英王及诽谤法的威严而不敢公开向权威发起挑战。

多亏了两类不可或缺的第一手资料，笔者才得以透过历史的广角镜头，从美国政治这一更大的维度上来把握曾格——更准确地说，那些在编辑工作和经济援助方面对曾格给予支持的幕后人员——其营造新闻报道新气象的功勋，并指出，追求新闻自由正是这一代创举的核心之所在。这两类资料是：曾格于 1733 至 1751 年间发行的大部分报刊的复印本，以及一些《关于约翰·彼得·曾格审判案件的简报》的注释本。《简报》是一本小册子，在曾格案一年过后由曾格自己的印刷厂发行流通。《简报》的作者据说是曾格本人，但实际上它出自曾格的首席律师詹姆斯·亚历山大和报社编辑之手。许多大学图书馆，一些公共图书馆还有少数几家私人图书馆内都藏有《纽约周报》的缩微胶卷或电子版文件——笔者曾有幸在加州大学伯克利分校的多伊图书馆，纽约历史博物馆以及纽约公共图书馆内接触到这类资料。曾格本人及其遗孀、子嗣约翰共出刊 1017期，其中三分之二的内容都可以在新闻信息库旗下 Readex 分公司的"美国历史文档"系列数据库中查阅到（参见其子数据库"美国历史报纸"，标题为《1730—1753 年间的殖民地社会》）。关于曾格（或亚历山大）对 1735 年 8 月 4 日审判案件的实录，目前有三大主流版本，它们除了全方面再现那场发生在纽约市政厅的法庭诉讼，还提供了各自编辑所写的序言。目前最有研究价值的当属斯坦利·N.卡茨编辑的版本，由哈佛大学出版社出版。该版本以犀利的言辞开场，其中的注释极为详尽，书后附录也是极富启发性。此书和卡茨随后另一本著作《纽卡斯尔的纽约：1732—1753 年间英美政治大观》，可谓是相得益彰，不愧是探索曾格世界的入门之作。利文斯顿·卢瑟福的《约翰·彼得·曾格，曾格印刷业，曾格审判案》和文森特·布拉内利的《彼得·曾格审判案件》同样也是开卷有益，只不过提供的信息不如第一手资料。布拉内利还在曾格事迹研究的学术期刊上发表过几篇生动翔实的文章（详见"参考文献"部分，可找到该节所有著述的完整引用）。

　　另外三本著作也是令人获益匪浅，它们勾勒出曾格及同时代殖民地领袖所处的社会和政治画卷。首先是帕特丽夏·U.博诺米的《分裂的人民：殖民时期纽约的政治与社会》。另一部翔实的著作是尤金·R.谢里丹的通俗传记《刘易斯·莫里斯，1671—1746：早期美国政治研究》。这部传记，另外还有谢里丹编辑的莫里斯文稿四卷本，及其他相关档案文件，都让读者清楚地意识到，纵使莫里斯性烈如火，但其能力却不容置疑，他才是曾格事件中的主导者。如果莫里斯对总督威廉·科斯比罢免其纽约最高法院首席法官一职毫无恨意，那么历史上也就不会有《纽约周报》，曾格也难以名垂青史。贝弗利·麦卡恩尼尔（Beverly McAnear）于1936年在斯坦福大学完成了她未出版的博士论文，题为《纽约殖民地的政治：1689—1761》。她的论文对曾格时期殖民地的政治风云进行了细致的描写，对现今卑鄙肮脏的政治活动仍产生了巨大的反响。在近来众多有关曾格案件和故事发生背景的学术著作中，埃本·墨戈兰（Eben Moglen）的《细看曾格：殖民时期纽约的朋党政治和律师界》（载《哥伦比亚法学评论》，1994年版）可谓是无人能及。墨戈兰有理由相信，曾格事件究其本质而言，是律政界不同派系之争。他们在革命前夕的纽约大喊特喊，与其说是宣扬新闻自由的思想，倒不如讲是为了自身的权力而呐喊。

赫伯特·L.奥斯古德（Herbert L. Osgood）的《18世纪的美洲殖民地》和伦纳德·W.拉巴里的（Leonard W. Labaree）《美洲的皇家政府》是研究英国如何统治美洲殖民地的权威著作。读者若想深入研究曾格特殊的人生轨迹，那么在欣赏完卡茨妙趣横生的《纽卡斯尔的纽约》之后，还不妨拜读小威廉·史密斯的两卷本《纽约省历史》和迈克尔·卡门（Michael Kammen）那令人目不暇接的大作《殖民时期的纽约：一部历史》。史密斯的作品另辟蹊径，虽然明显带有主观色彩，却别有一番趣味，因为它词严义密，是当时唯一一部留存至今的编年史。在他的《论英国出版自由，1476—1776》中，弗雷德里克·S.西伯特（Fredrick S. Siebert）从各方面考虑，认为早期的新闻自由不仅只是一个理论设想，还是一个漏

洞百出的政治理念。而在他生动的研究著述《新闻自由的出现》和
档案汇编《新闻自由的历程：从曾格到杰斐逊》中，伦纳德·W.
利维（Leonard W. Levy）把目光聚焦在美国新闻自由的演变进程
上，他的想法也和西伯特不谋而合。有趣的是，作为一位知名度很
高的宪法研究学者，利维竟不顾历史事实（曾格报纸是殖民地第一
份敢于正面批评英国政府的报刊），在书中一味贬低该报在推动美
国新闻自由历程上发挥的作用。这样的做法，未免有失公允，令人
难以信服。

现藏于纽约历史博物馆和纽约公共图书馆手稿及档案分馆的
《卢瑟福文集》收录了詹姆斯·亚历山大的文稿。要想了解莫里
斯派政治联盟及其与曾格报纸的渊源，研究人员可以在这部《文
集》和纽瓦克市新泽西历史协会的馆藏中找到最重要的相关档案资
源。此外，新泽西历史协会的部分馆藏档案由威廉·A.怀特海德
（William A. Whitehead）整理编辑，后以《新泽西殖民史文献汇
编》命名并印刷发行这批文件（参见《新泽西卷宗》第一辑，第五
卷，1720—1737）。

Selected Bibliography | 参考书目提要

Andrews, Charles M. The Colonial Period of American History, vol. 2 (Yale UniversityPress, 1934–38).

Anonymous, History of the County of Westchester, vol. 2 (New York, 1848), collection of the New-York Historical Society.

Bonomi, Patricia U. A Factious People: Politics and Society in Colonial New York (Columbia University Press, 1971).

Boorstin, Daniel J. The Americans: The Colonial Experience (Random House, 1958).

Botein, Stephen, ed. Mr. Zenger's Malice and Falsehood: Six Issues of the New-York Weekly Journal, 1733–34 (American Antiquarian Society, 1985).

Buranelli, Vincent. "Governor Cosby's Hatchet Man," New York History, vol. 37, no. 1 (January 1956): 26–39.

——. "The Myth of Anna Zenger," William & Mary Quarterly, vol. 13, no. 2 (April 1956): 57–68.

——, ed., with introduction and notes. The Trial of Peter Zenger (NYU Press, 1957).

Cantor, Norman F. The English: A History of Politics and Society to 1760 (Simon & Schuster, 1967).

Cheslaw, Irving G. John Peter Zenger and "The New-York Weekly Journal": A Historical Study (privately printed ca. 1952; title page cites author as "Lecturer in History, Columbia Univ.").

Churchill, Winston S. A History of the English-Speaking People, vol. 3, "The Age of Revolution"(Dodd, Mead, 1957).

Colden, Cadwallader. The Letters and Papers of Cadwallader Colden, vol. 9 (New-York Historical Society, 1937).

Cooper, Kent. Anna Zenger: Mother of Freedom (novel; Farrar, Straus, 1946).

DeArmond, Anna Jenney. Andrew Bradford: Colonial Journalist (Kessinger Publishing, 1949), originally a University of Pennsylvania doctoral dissertation, 1947.

Epps, Garrett, ed. The First Amendment—Freedom of the Press: Its Constitutional History and the Contemporary Debate (Prometheus Books, 2008).

Hawkins, William. A Treatise on the Pleas of the Crown, vol. 1, 6th ed. (Gale ECCO Print Editions).

Kammen, Michael. Colonial New York: A History (Oxford University Press, 1975).

Katz, Stanley N., ed. A Brief Narrative of the Case and Trial of John Peter Zenger, Printer of the New York Weekly Journal by James Alexander (Harvard University Press, 1972).

——. Newcastle's New York: Anglo-American Politics, 1732–1753 (Harvard University Press, 1968).

Keene, Ann T. Entry for John Peter Zenger in Immigrant Entrepreneurship: German-American Business Biographies, 1720 to the Present, vol. 1. Edited by Marianne S.Woceck (German Historical Institute, 2013).

Konkle, Burton Alva. The Life of Andrew Hamilton (National Publishing Co., 1941).

Kornstein, Daniel J. Thinking Under Fire: Great Courtroom Lawyers and Their Impact on American History (Dodd, Mead, 1987).

Labaree, Leonard W. Royal Government in America (Yale University Press, 1930).

Lepore, Jill. New York Burning: Liberty, Slavery, and Conspiracy in Eighteenth-Century Manhattan (Knopf, 2005).

Levy, Leonard W. "Does the Zenger Case Really Matter? Freedom of the Press in Colonial

New York," William & Mary Quarterly, vol. 17, no. 1 (January 1960), 35–50.

——. The Emergence of a Free Press (Ivan R. Dee, 1985).

——, ed. Freedom of the Press from Zenger to Jefferson (Bobbs-Merrill, 1966).

Lewis, Anthony. Make No Law: The Sullivan Case and the First Amendment (Random House, 1991).

McAnear, Beverly. "Politics in Provincial New York, 1689–1761," Stanford University doctoral dissertation, 1935.

McCusker, John J. How Much Is That in Real Money? A Historical Price Index for Use as a Deflator of Money Values in the Economy of the United States (American Antiquarian Society, 2001).

——. Money and Exchange in Europe and America, 1600 1775 (University of North Carolina Press, rev., 2001).

Moglen, Eben. "Considering Zenger: Partisan Politics and the Legal Profession in Colonial New York," 94 Columbia Law Review 1495 (1994), with a postscript; also available online at moglen.law.columbia. edu/publications/zenger.html (1998).

Morris, Lewis. "The Opinion & Argument of Lewis Morris to Governor William Cosby,1733," Proceedings of the New Jersey Historical Society, vol. 55, no. 3 (1937).

——. The Papers of Lewis Morris, Governor of New Jersey from 1738 to 1746 (New Jersey Historical Society/G.P. Putnam, 1853), no editor cited, with anonymous "Introductory Memoir."

Naylor, Rex Maurice. "The Royal Prerogative in New York, 1691–1775," New York Historical Association Quarterly Journal, no. 4(1921): 221–255.

Olson, Alison. "The Zenger Case Revisited: Satire, Sedition, and Political Debate in Eighteenth Century America," Early American Literature, vol. 35, no. 3 (2000).

Osgood, Herbert L. The American Colonies in the Eighteenth Century, vol. 2 (Oxford University Press, 1924).

Phelps Stokes, I. N., ed. The Iconography of Manhattan Island, 1498 to 1909, 6 vols. (New York: Robert H. Dodd, 1915–1928).

Reese, William S. The First Hundred Years of Printing in British America: Printers and Collectors (American Antiquarian Society, 1990).

Rutherford, Livingston. John Peter Zenger, His Press, His Trial ... (Dodd, Mead, 1904).

Schwartz, Seymour J. Cadwallader Colden: A Biography (Humanity Books, 2013).

Sheridan, Eugene R. Lewis Morris, 1671—1746: A Study in Early American Politics (Syracuse University Press, 1981).

——, ed. The Papers of Lewis Morris, vol. 1, 1698—1730; vol. 2, 1731–37 (New Jersey   Historical Society, 1991 and 1993).

Shorto, Russell. The Island at the Center of the World (Doubleday, 2004).

Siebert, Fredrick Seaton. Freedom of the Press in England, 1476–1776 (University of Illinois,1952).

Smith, Joseph H., and Leo Herskowitz. "Courts of Equity in the Province of New York:The Cosby Controversy, 1732—36," American Journal of Legal History 14 (1972).

Smith, William, Jr. The History of the Province of New York, 2 vols. Edited by Michael   Kammen (Harvard University Press/Belknap Press, 1972).

Turner, Gordon B. "Governor Lewis Morris and the Colonial Government Conflict,"Proceedings of the New Jersey Historical Society, vol. 67, no. 4: 260–303.

Whitehead, William A., ed. Documents Relating to the Colonial History of the State of New Jersey, vol. V, 1720–1737 (Daily Advertiser Printing House [Newark N.J.], 1882).

Postscript | 译后记

《永不消逝的墨迹》并非译者第一部译作，估计也不会是最后一部，但毫无疑问却是迄今为止翻译过程最为痛苦的一部。这种诚惶诚恐而又心存不甘的痛楚从一年多以前承接任务的那一刻起，一直如影随形、挥之不去，因为书中涉及大量美国殖民地时期历史、地理、宗教、政治专有词汇及背景知识，远非译者学力之所及。但既奉召，理无可退，只得横下一心贸然前行。期间所经历彷徨犹疑及种种艰辛，实在不堪回首——说实话，直到暑假前在责编催迫之下交稿，我始终不敢相信自己已将这一部长达近三十万字的大部头著作译完。

本书得以完成，首先要感谢中国社会科学院外国文学研究所钱满素研究员以及出版社的信任。作为美国文明史专家，其实钱老师才是翻译此书的不二人选，但由于她本人正在撰写更大部头的《美国通史》，因此慨然向出版社推荐译者——这不仅提供给译者展示才能的平台，也给译者一个挑战自我的机会，否则早期殖民史的功课一般人是很难痛下决心去恶补一番的。考虑到交稿时间较为急迫，出版方同意邀请南京师范大学外国学院殷红伶副教授担任共同译者。过去大半年间殷老师虽身在美国威斯康辛麦迪逊分校访学，学业及公务繁忙，但始终心系译稿，时常不顾昏晨颠倒，与译者就翻译定名及相关技术问题疑义与析、微信往返——本书能够按期完稿，显然与殷老师这一种认真负责的精神密不可分。

译者所在单位南京师范大学外国语学院及美国文明研究所在美国殖民地文献及史料查询方面也提供了便利。我的研究生文逸闻等同学在专有名词审核、索引校对等调整方面做了大量具体而细致的工作，没有他们的辛勤劳动，本书无论如何难以呈现出如此美感——在此也一并致谢。

旅美华人作家林达老师阅读了译稿，对这部书稿给予了较高的评价和热情的推荐，并提出了多处宝贵的修订意见，在此亦表示衷心的感谢。

最后还是要一如既往地感谢我的家人，没有他们的理解与支持，如此艰苦卓绝的翻译任务对我而言只能是 mission impossible.

本书分工：3-6 章由殷红伶负责，其余章节包括注释等由杨靖负责，全书由杨靖统稿。由于出版时效的原因，加之译者水平有限，错漏之处难免，恳请海内外专家学者不吝指正。

ALSO BY RICHARD KLUGER

HISTORY

Simple Justice: A History of Brown v. Board of Education and Black America's Struggle for Equality

The Paper: The Life and Death of the New York Herald Tribune

Ashes to Ashes: America's Hundred-Year Cigarette War, the Public Health,and the Unabashed Triumph of Philip Morris

Seizing Destiny: The Relentless Expansion of American Territory

The Bitter Waters of Medicine Creek: A Tragic Clash Between White and Native America

NOVELS

When the Bough Breaks

National Anthem

Members of the Tribe

Un-American Activities

Star Witness

The Sheriff of Nottingham

NOVELS WITH PHYLLIS KLUGER

Good Goods

Royal Poinciana

译者简介

杨靖

男，文学博士，南京师范大学外国语学院教授，美国文明研究所所长。兼任江苏省翻译协会理事，江苏省外国文学学会常务理事，中美比较文化研究会常务理事。近年在《外国文学评论》《外国文学研究》《世界文学》等核心期刊发表论文、译作五十余篇。代表性著作《爱默生教育思想研究》，译著《西方以东》以及《数字时代的创意写作》等。

殷红伶

女，语言学博士，南京师范大学外国语学院副教授、硕士生导师。在《外语与外语教学》《解放军外国语学院学报》等核心期刊发表论文数篇。代表性著作有《英汉动结式比较研究》，参与译著《欧洲语义学理论1830—1930：从语源论到语境性》、《肉身哲学：亲身心智及其向西方思想的挑战》。